旅游城市

每个城市都包括区域解读、旅游片区、旅游资讯三大板块。

旅游片区

每个城市划分为若干旅游片区，全面介绍，同时突出重要旅游点。

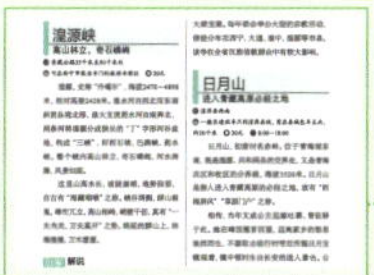

旅游景点

每个旅游景点包括介绍、攻略、链接等板块，力求景点收录全面。

旅游资讯

每个城市旅游资讯板块，包括交通、住宿、美食、购物、娱乐等内容。

U0872632

如何使用本书

1 多角度解读 全书从地理、历史、文化等多个角度解读青海。以主题地图、分类景观、精美图片等形式，力图给读者呈现出一个更直观、丰富的青海。

主题地图 精美而实用的地图，是了解青海的最好窗口。书中还有大量的区域旅游地图、景区导览图。

分色标签 每个城市都有一个特定的检索色，便于翻阅。

2 专题知识 对于认识青海具有重要意义的关键词条，书中特设专题，图文并茂，让读者迅速读懂词条。

3 精华景点 三维立体图更深度地引导读者鉴赏那些特别重要的必游的景点。

4 攻略 大部分景点配有位置、交通、门票、链接等丰富的实用攻略。

5 资讯 每个城市都包括交通、住宿、美食、购物、娱乐等资讯。

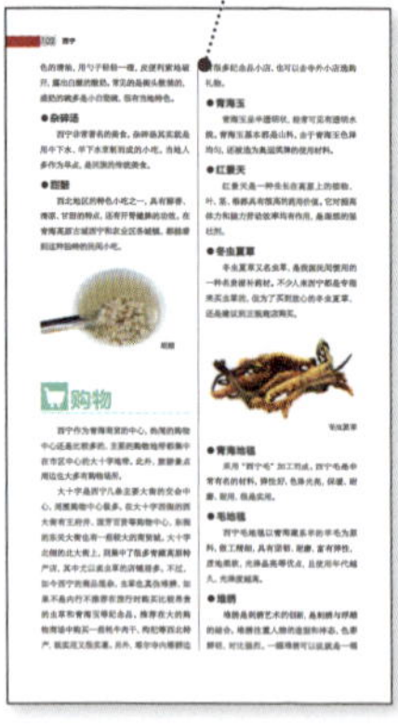

发现者旅行指南

青海（第2版）

北京·旅游教育出版社

目录

CONTENTS

地图目录

专题目录

手绘 青海

▶ 蒙古族

蒙古族是主要分布于东亚地区的一个传统游牧民族，是中国的少数民族之一。蒙古族的音乐、舞蹈艺术十分有特色。《蒙古秘史》《蒙古黄金史》《蒙古源流》被称为蒙古族的三大历史巨著。

▶ 藏族

藏族是中国的少数民族之一，是青藏高原的原住民。藏族人民创造了优秀的民族文化，在文学、音乐、舞蹈、绘画、雕塑、建筑艺术等方面，都有丰富的文化遗产。藏族雕刻技艺高超。此外，藏戏独具特色，藏医药学是中华医学的重要组成部分。

青海民族风情

▶ 回族

回族是中国分布最广的少数民族，也是中国少数民族中人口较多的民族之一。回族有三大节日：开斋节（大尔德）、宰牲节（小尔德）、圣纪节。

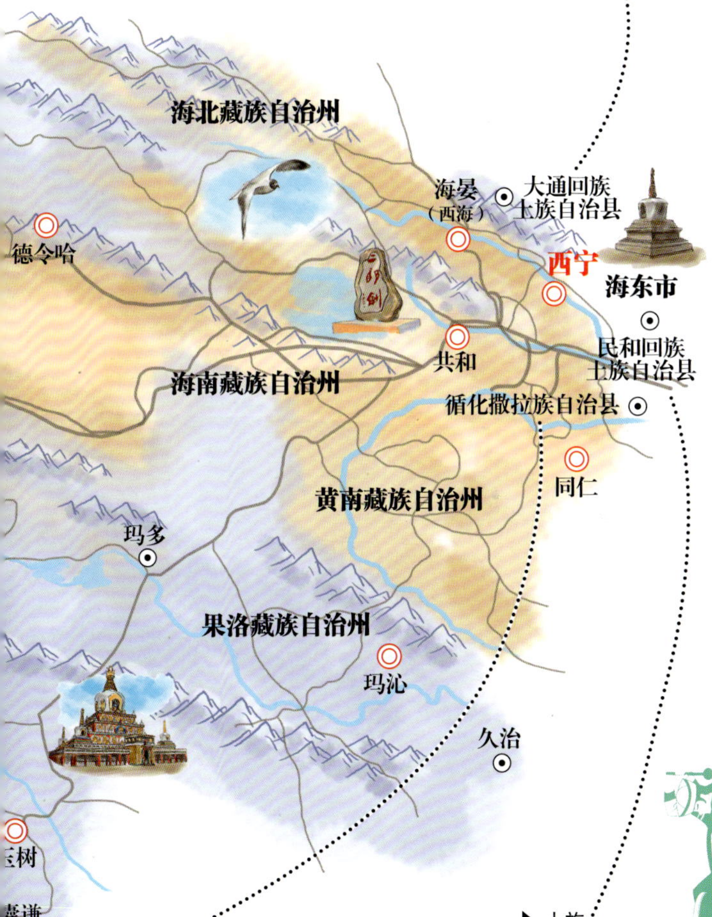

▶ 撒拉族

撒拉族是中国信仰伊斯兰教的少数民族之一。撒拉族具有独具一格的文学艺术，以民间说唱文学为主。此外，撒拉族人民擅长擀毡、织褐、打铁、凿石、制鞋等。

▶ 土族

土族是中国人口比较少的民族之一，其中青海省境内的土族约占全国土族总人口的85%。土族人民能歌善舞，有丰富多彩的民间文学艺术。土族民间文学按其内容和体裁，可分为“花儿”、叙事诗、家曲、传说故事、寓言、歌谣等。

▶ **柴达木盆地**

柴达木盆地是中国三大内陆盆地之一。它不仅是盐的世界，还有丰富的石油、煤，以及多种金属矿藏，有“聚宝盆”的美称。柴达木盆地的雅丹地貌世界闻名。

▶ **可可西里**

中国建成的面积最大、海拔最高、野生动物资源最为丰富的自然保护区之一。可可西里自然保护区主要是保护藏羚羊、野牦牛等珍稀野生动物、植物及其栖息环境。

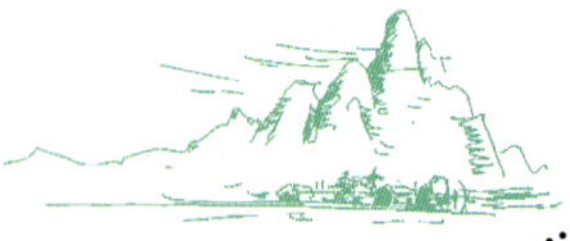

▶ **唐古拉山**

唐古拉山又称“当拉山”，藏语意为“高原上的山”，蒙古语意为“雄鹰飞不过去的高山”。唐古拉山脉主要有长江的源头——沱沱河。

▶ **昆仑山**

昆仑山在中华民族的文化史上具有“万山之祖”的显赫地位，又称“中国第一神山”。昆仑山东段最高峰玉珠峰为青海省对外开放的山峰，是朝圣和修炼的圣地。

青海自然景观

▶ 青海湖

青海湖是中国最大的内陆湖泊，也是中国最大的咸水湖。在不断变化的季节流转中，青海湖总会呈现出不同的自然美景。

▶ 祁连山

祁连山草原被评为中国最美六大草原之一。每年7~8月，与草原相接的祁连山依旧银装素裹，而草原上却碧波万顷，马、牛、羊群点缀其中。

▶ 循化撒拉族绿色家园

这里既有江南风光的妩媚秀丽，又不失青藏高原的雄伟、粗犷和险峻，同时兼具少数民族的独特风情，是游客观光、回归自然的极好去处。

▶ 门源百里油菜花海

门源县是青海省及西北地区的主要油料产区。这里的油菜花已成为一种美丽而蔚为壮观的人造景观，油菜花绵延数十千米，仿佛一幅优美的油画。

▶ 茶卡盐湖

茶卡盐湖是固液并存的卤水湖。盐湖水域宽广，银波粼粼。天空白云悠悠，远处苍山峥嵘，四周牧草如茵，羊群似珍珠撒落。

▶ 坎布拉

坎布拉国家森林公园为丹霞地貌，由森林植被、宗教文化、电站大坝、峡谷库区及藏族风情构成，集自然景观和人文景观于一身。

手绘青海

▶ 塔尔寺

塔尔寺是中国藏传佛教格鲁派六大寺院之一。殿宇高低错落，交相辉映，气势壮观。寺内珍藏了许多佛教典籍和历史、文学、哲学等方面的学术专著。

▶ 丹噶尔古城

丹噶尔古城有“环海商都”“小青海”的美称。每当黄昏来临，城内各个店铺的具有浓郁民族特点的灯箱式广告招牌，灯火辉煌，大放异彩。

▶ 贵德古城

青海乃至西北地区保存最为完整的古城之一。历史上的丝绸之路、唐蕃古道在境内交错延伸，使得这里成为通衢要道，才有古城最初的面貌。

青海文化景观

▶ 互助土族故土园

互助县是全国唯一的以土族为主体民族的自治县。景区拥有原始纯净的自然环境、雄奇独特的生态环境、古老神秘的文化遗迹等，是一处极具特色的土族民族文化风情园。

▶ 中国藏医药文化博物馆

该馆是世界上唯一一座反映藏文化的综合博物馆。通过环境再现、唐卡雕塑、文物展示、高科技模拟等方式，突出特点，充分展示中国藏医药文化博大精深的丰富内涵。

▶ 瞿昙寺

瞿昙寺是中国西北地区保存最完整的一组明代建筑群，以宏伟建筑、珍贵文物、精美壁画而闻名于世，人称“小故宫”。

▶ 青海藏文化馆

青海藏文化馆是体现现代展陈理念的文化旅游景点之一，是一个集知识性、趣味性、观赏性于一身的文化馆。整个场景充满梦幻般的神秘色彩和浓郁的藏族文化特色。

▶ 隆务寺

早期为藏传佛教萨迦派寺院。全寺依山而建，布局错落有致，藻饰华丽宏伟。大经堂位居全寺中央，体量雄阔，内供释迦牟尼佛等数十尊佛像。佛像造型精美，庄严肃穆。

▶ 热贡艺术馆

热贡艺术是同仁地区民间佛教绘塑艺术的统称，是佛教艺术中独具特色的一个流派。热贡艺术馆是青海省唯一的藏画研究机构，建筑很有民族特色。

手绘 青海

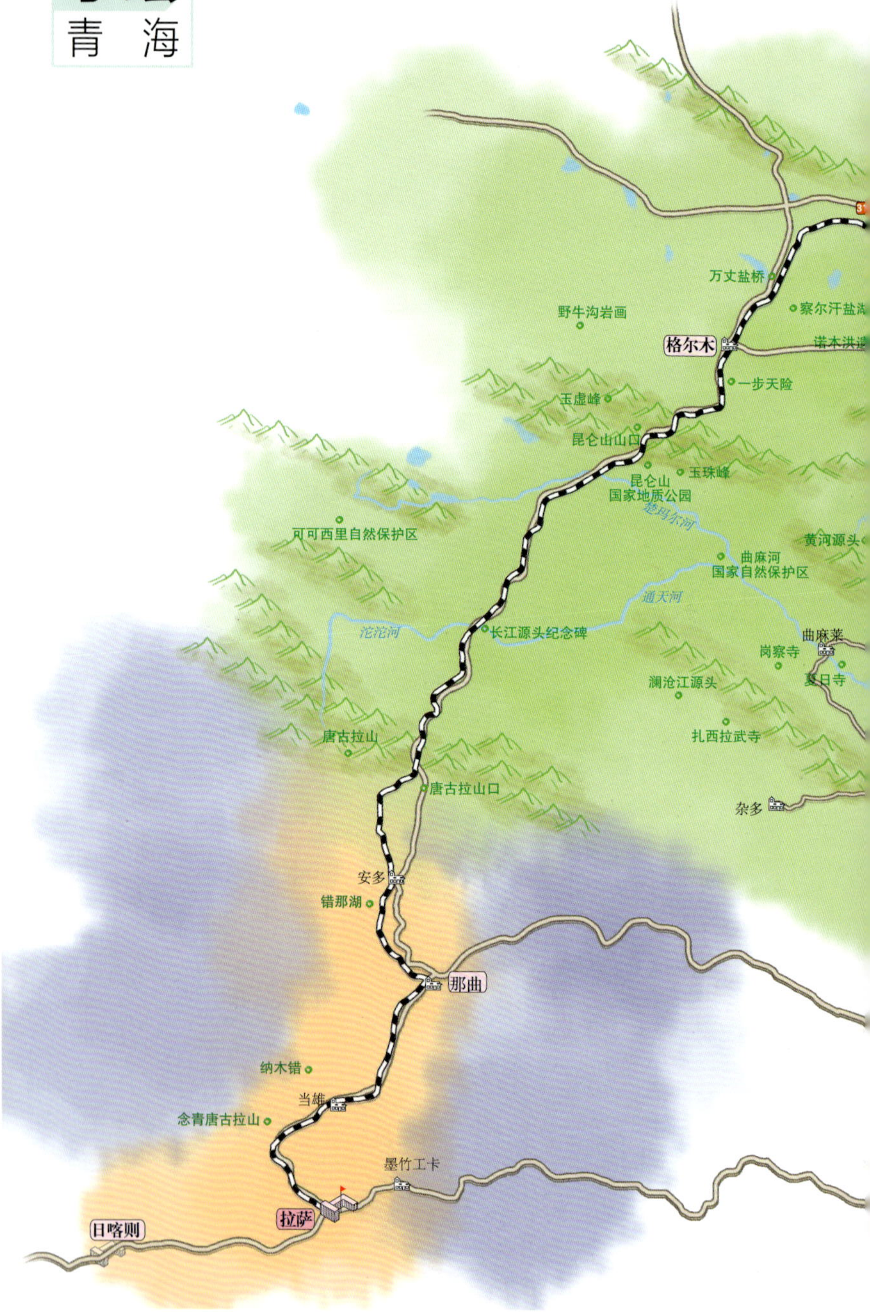
万丈盐桥
察尔汗盐湖
野牛沟岩画
格尔木
诺木洪
一步天险
玉虚峰
昆仑山山口
玉珠峰
昆仑山
国家地质公园
楚玛尔河
可可西里自然保护区
黄河源头
曲麻河
国家自然保护区
通天河
沱沱河
长江源头纪念碑
曲麻莱
岗察寺
夏日寺
澜沧江源头
扎西拉武寺
唐古拉山
唐古拉山口
杂多
安多
错那湖
那曲
纳木错
当雄
念青唐古拉山
墨竹工卡
拉萨
日喀则

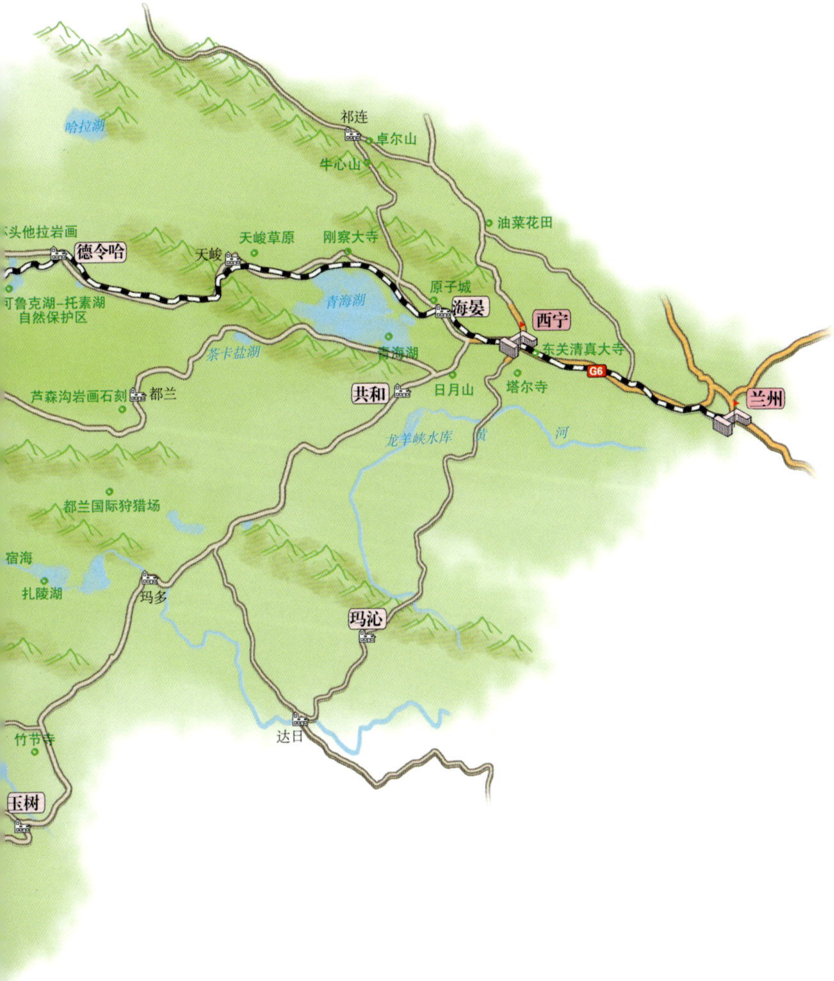

青藏铁路

青藏铁路全长1956千米，东起青海西宁，南至西藏拉萨。青藏铁路途经纳赤台、五道梁、沱沱河、雁石坪，翻越唐古拉山，再经西藏安多、那曲、当雄、羊八井到拉萨，被誉为“天路”。

青藏铁路一路景色绝美，高山草场、滚滚长河、皑皑雪山交替出现，是经典的旅行线路。虽然路途漫长，但风景独一无二。一路上，高原湛蓝的天空、清澈的湖水、珍稀的野生动物不时出现在视线里，令人难以忘怀。

卢山岩画
刚察县
泉吉乡
青海湖农场
舍布齐岩画
仙女湾
神泉
北向阳古城
吉尔孟乡
青
沙陀寺
伏俟古城
鸬鹚岛
石乃亥乡
鸟岛
鲁芒沟岩画
海心
三块石
班禅敖包
茶卡寺
黑马河乡
茶卡盐湖
橡皮山
青海南山
切吉岩画

青海湖

青海湖又名“措温布”，即藏语“青色的海”之意。蓝天、湖水、高山、岛屿、油菜花，还有好吃的牛羊肉、老酸奶，青海湖的一切太让人留恋。不论你是想看小清新的风光，还是想找个地方发发呆，青海湖都是你最好的选择。

环湖及周边主要景点为日月山、倒淌河、班禅讲经台、切吉岩画、茶卡盐湖、伏俟古城、鸟岛、海心山、北向阳古城、舍布齐岩画、尕海古城、金银滩草原、原子城西海镇、沙岛、西海郡三角城。

手绘
青 海

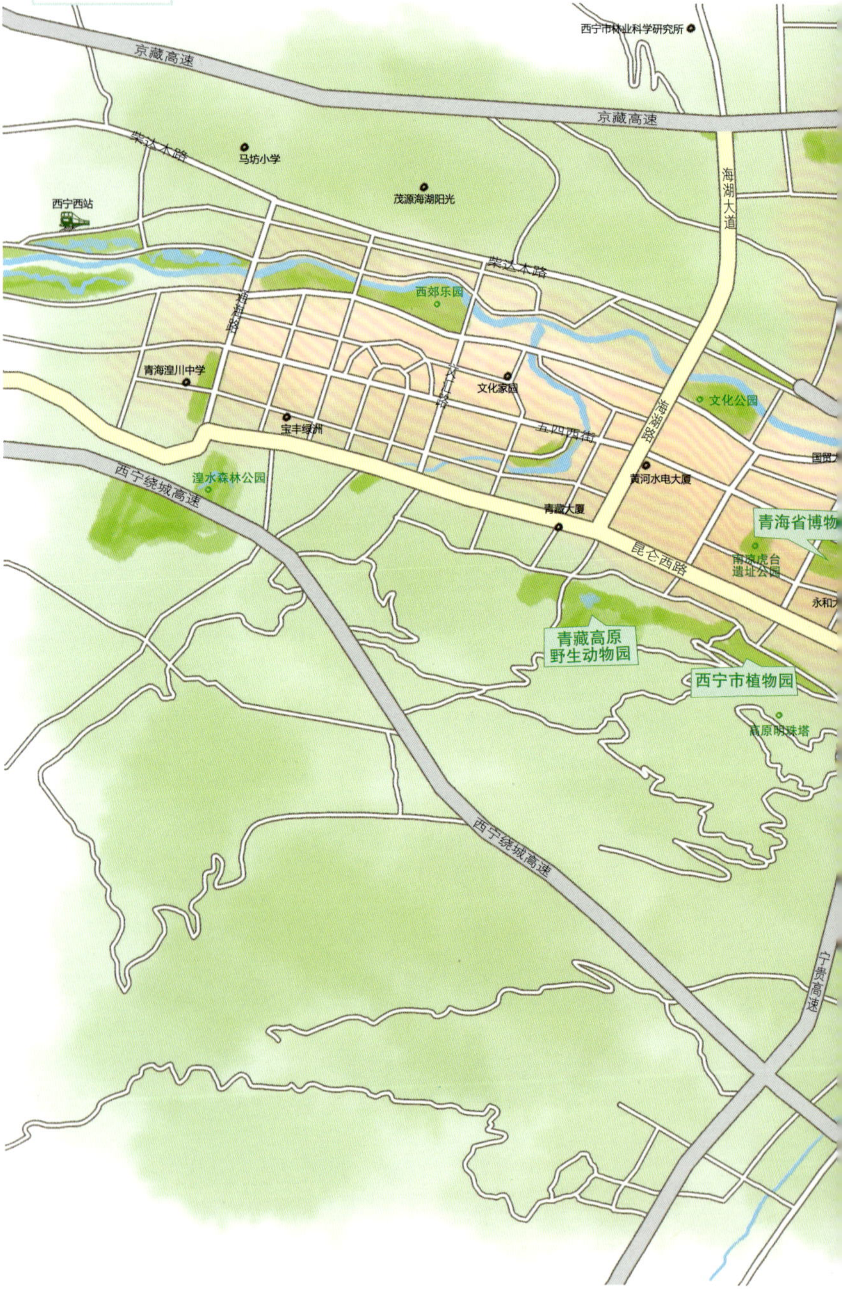
京藏高速
西宁市林业科学研究所
京藏高速
海湖大道
柴达木路
马坊小学
茂源海湖阳光
西宁西站
柴达木路
西郊乐园
青海湟川中学
文汇路
文化家园
文化公园
海湖路
五四西街
国贸大
宝丰绿洲
黄河水电大厦
湟水森林公园
西宁绕城高速
青藏大厦
昆仑西路
青海省博物
南凉虎台
遗址公园
永和大
青藏高原
野生动物园
西宁市植物园
高原明珠塔
西宁绕城高速
宁贵高速

西宁城区

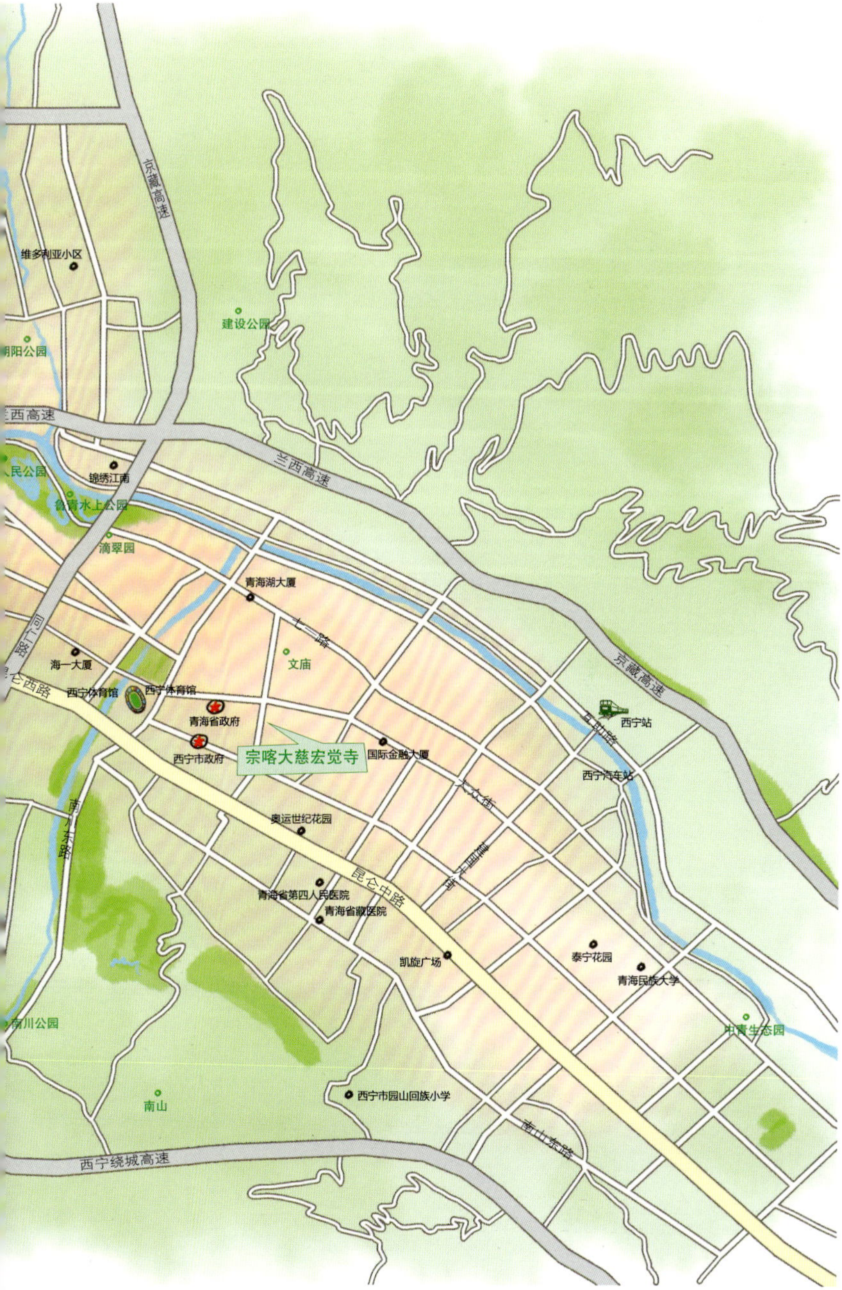
京藏高速
维多利亚小区
建设公园
朝阳公园
兰西高速
人民公园
锦绣江南
鲁青水上公园
滴翠园
青海湖大厦
七一路
文庙
海一大厦
西宁体育馆
西宁体育馆
青海省政府
西宁市政府
宗喀大慈宏觉寺
国际金融大厦
昆仑西路
西宁站
互助路
西宁汽车站
大众街
南川东路
奥运世纪花园
建国大街
昆仑中路
青海省第四人民医院
青海省藏医院
凯旋广场
泰宁花园
青海民族大学
南川公园
中青生态园
南山
西宁市园山回族小学
南山东路
西宁绕城高速

摄影
青 海

无与伦比的风景

那披银挂甲的山峰遥遥相望，高耸入云；那撒满山冈、湖畔的牛羊，安然游动。草原碧绿如洗，零星的建筑点缀在绿绒毯上，青烟缭绕，牧笛悠悠；近处的经幡随风飘动，诉说着悠悠过往。果洛的景色令人心荡神驰。

探寻至美湖泊

碧波万顷、水天一色的青海湖，有壮阔的油菜花海、碧绿的草原、成群的牛羊，也有历史古城、藏传佛教的寺庙建筑……每一处自然风光都是那么清新独特，每一处历史遗迹沉淀着岁月的沧桑。走在青海湖，你会和海子一样不经意间邂逅真实的自己。

祁连山

高耸在青海和甘肃之间的祁连山，俯瞰着河西走廊，滋养着河西走廊绿洲。到了八月，这里到处是青黄相间的碧绿的青稞田地和艳丽的油菜花海，还有悠闲地在草地上徜徉的黑白相映的牛羊……在这里，你只管去沉醉，去玩耍，去享受。

遇见坎布拉的秀美风光

坎布拉的神奇在于刚刚经历了寸草难生的丹霞，却转眼遇到这么一大片自由呼吸的森林，颜色的转换不由得让人再次感叹造物主的神奇。一边仰望是漫山遍野的桦树林，一边俯瞰却是碧绿的黄河水。群山叠嶂，长河逶迤，美景令人陶醉。

世界屋脊的生命礼赞

世界海拔最高的高原——青藏高原，景色丰富多样，非常壮美。这里冰峰峻峭，水草丰美，湖泊、小溪星罗棋布。这里是野生动植物的王国。大自然在这片原始而静谧的土地上谱写了一曲激昂的生命赞歌。

印象 青海

青海景致

茶卡盐湖

茶卡盐湖为固液并存的卤水湖。盐湖水域宽广，银波粼粼。

门源油菜花海

门源是西北地区的主要油料产区，这里的油菜花已成为一种蔚为壮观的人造景观。

唐古拉山

唐古拉山脉是长江的发源地，也是旅游景点之一。在蒙语中意为“雄鹰飞不过去的高山”。

青海湖

在不断变化的季节流转中，青海湖总会呈现出不同的自然美景。

龙羊峡

龙羊峡地势险峻，使整个峡谷成为一个巨大的天然库区。

可可西里

中国建成的面积最大、海拔最高、野生动物资源最为丰富的自然保护区之一。

印象
青 海

文化符号

青藏铁路

世界上海拔最高、线路最长的高原铁路，改写了西藏不通铁路的历史。

青海花儿会

“花儿”是青海民间的一种歌曲。“花儿会”期间，远近的百姓都登山对歌，十分热闹。

卓舞

卓舞作为藏族传统舞蹈文化中的一门比较特殊的艺术，距今已有1300多年的历史。

同仁“六月会”

同仁县境内的一种具有独特风格的民间习俗活动，已有400多年的历史。

塔尔寺

塔尔寺是中国西北地区藏传佛教的活动中心，其晒大佛活动蔚为壮观。

热贡艺术

藏传佛教艺术的重要组成部分和颇具广泛影响的一个流派，是我国文化宝库中一枝瑰丽的奇葩。

印象
青 海

青海风物

牛肉干

青海牛肉干以新鲜牦牛肉为原料，肉质细嫩，味道鲜美。

酸奶

在西宁可是出了名的好吃，常见的是街头散装的，很有当地特色。

甜醅

甜醅是西北地区的特色小吃之一，具有醇香、清凉、甘甜的特点。

可可西里藏羚羊

北京奥运会吉祥物“迎迎”的原型，被誉为“可可西里的骄傲”。

狗浇尿油饼

用青油煎的薄饼，有只加一点酵子的“半死面”和不加酵子的“死面”两种。

雪莲

晒干的雪莲灰扑扑的，几块钱一棵，令看武侠小说长大的人失望不已。

自驾青海

线路 1

祁连山之旅

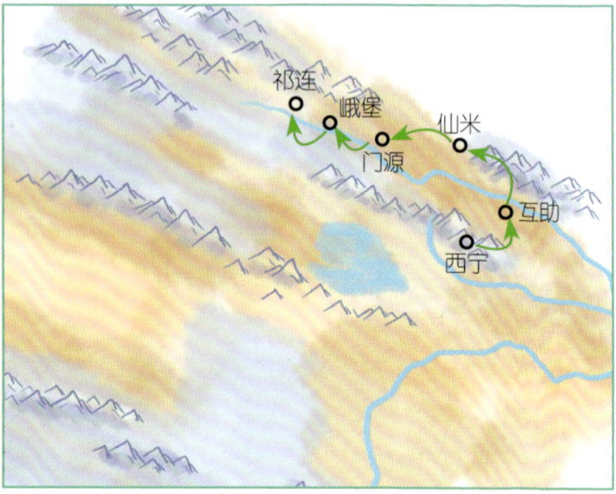

这是一条青海省的经典的自然风景观光线路。沿途尽是森林、花海、湖泊、雪山、古城、石林，会带给你一种绝佳的视觉体验。

西宁 东关清真大寺

互助 土族故土风情园

仙米 仙米国家森林公园

门源 门源油菜花海

峨堡 峨堡古城

祁连 牛心山

第一站 西宁。首先前往东关清真大寺，然后可以去塔尔寺玩。

第二站 互助。从西宁出发前往互助游览土族故土风情园，然后前往北山国家森林公园游玩。

第三站 仙米。抵达仙米后，可前往青海省最大的林场——仙米国家森林公园游览。

第四站 门源。从仙米出发前往门源游览门源百里油菜花海、班固寺以及岗什卡雪峰。

第五站 峨堡。从门源前往祁连的途中经过峨堡。这里有依山而建的古城——峨堡古城。

第六站 祁连。从峨堡出发前往祁连县城，可去游览著名的祁连山草原、阿柔大寺、祁连石林以及牛心山等。

线路 2

环青海湖之旅

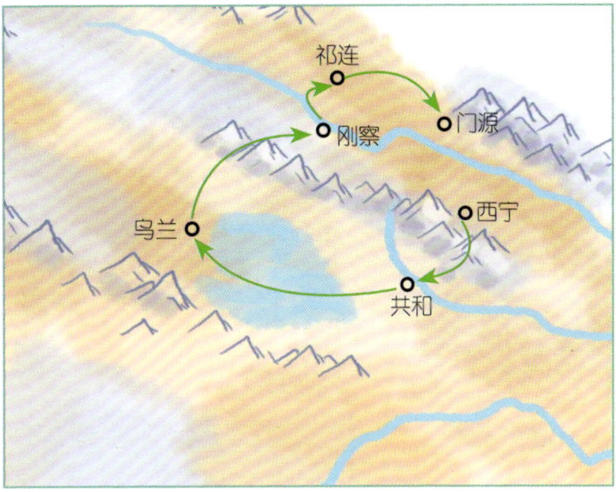

西宁 塔尔寺

共和 湖里木沟岩画

乌兰 茶卡盐湖

黑马河 贡宝东神洞

刚察 鸟岛景区

祁连 卓尔山

门源 油菜花海

这是一条中国最大内陆咸水湖景点游赏的线路。沿途不仅可以欣赏到风景如诗的青海湖风光，还能游览门源绝美的十里油菜花海。一路上的自然风景与独特的人文体验，足以让人流连忘返。

第一站 西宁。前往塔尔寺参观游览；游览完毕后，可游玩日月山；之后有时间的话，可在莫家街逛逛。

第二站 共和。从西宁出发前往共和欣赏湖里木沟岩画，沿途可饱览青海湖风光。

第三站 乌兰。从共和出发前往乌兰游玩大名鼎鼎的茶卡盐湖、金子海以及都兰寺。

第四站 黑马河。乌兰的下一站是黑马河。可前往游玩贡宝东神洞和班禅敖包。

第五站 刚察。从黑马河开始，沿着美丽的环湖西路前往鸟岛。当然，如果不是旺季，便可以不进入。

第六站 祁连.从黑马河前往祁连山脉的卓尔山游玩，还可以去祁连鹿场。时间正好的话，可游览林海冰沟。

第七站 门源。从祁连出发前往门源欣赏美丽的油菜花海吧。60 万亩的花海就在你的眼前，令人迷醉，流连忘返。

自驾青海

线路 3

青藏公路之旅

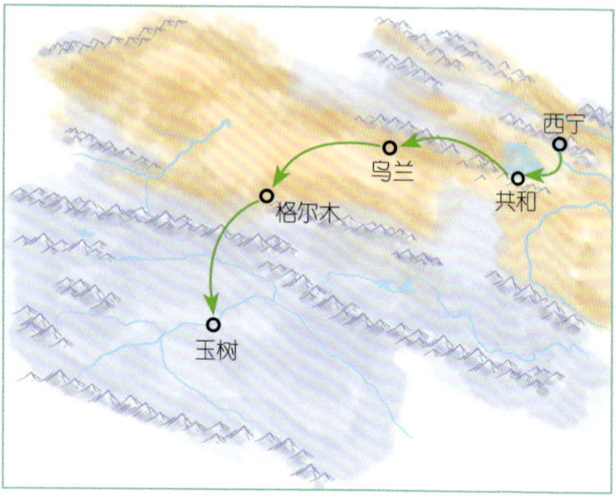

西宁 日月山

共和 青海湖

乌兰 茶卡盐湖

格尔木 昆仑山

玉树 可可西里自然保护区

这是一条西部高原观光及穿越体验的极佳线路。一路上沙漠、高山、草原、湖泊几种迥异风光一一出现在眼前，让人于美景中流连忘返。同时，这条线路极具挑战性，能够带给游客极佳的旅游体验。

第一站 西宁。从西宁出发，前往日月山游玩。

第二站 共和。前往共和欣赏湖里木沟岩画，之后前往青海湖游览。

第三站 乌兰。从青海湖去往茶卡盐湖游玩。有时间的话，晚上住在茶卡盐湖附近。

第四站 格尔木。由茶卡盐湖自驾前往格尔木，途径察尔汗盐湖。参观完盐湖后，可前往格尔木昆仑文化旅游区游览。昆仑文化旅游区景点较多，可多花时间赏玩。

第五站 玉树。从格尔木出发前往玉树去游览可可西里自然保护区，之后可前往唐古拉山、沱沱河等地游览。

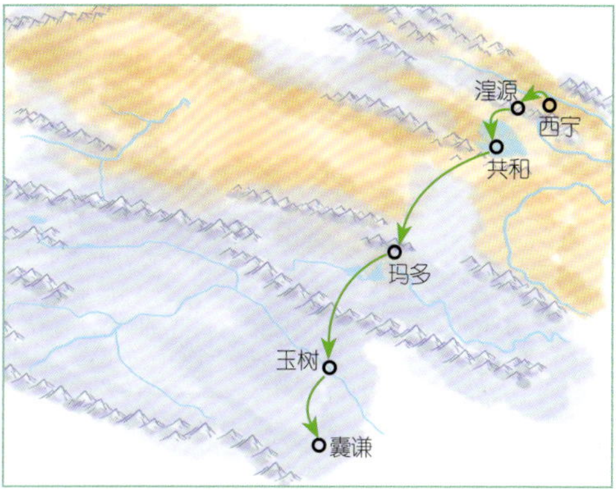

线路 4

唐蕃古道之旅

西宁 塔尔寺

湟源 日月山

共和 北山湾温泉度假村

玛多 花石峡

玉树 可可西里自然保护区

囊谦 然察大峡谷

这是一条大漠文明的寻踪线路。一路上浓郁的人文风情以及饱含历史过往的人文建筑令人印象深刻。沿途还能探访三江源头，无论是自然风光的博大壮美，还是人文风情的浓郁厚重，都能带给你震撼人心的完美体验。

第一站 西宁。上午前往湟中的塔尔寺参观，下午回西宁市区参观东关清真大寺，晚上去莫家街小吃街品尝各色美食。

第二站 湟源。从西宁市区出发前往湟源游玩日月山、倒淌河，品味动人的传说故事。

第三站 共和。从湟源出发前往共和欣赏湖里木沟岩画，之后前往北山湾温泉度假村放松心情，然后前往青海湖游览。

第四站 玛多。从共和出发前往玛多游览黄河源旅游区、巴颜喀拉山以及花石峡。

第五站 玉树。从玛多出发前往玉树游览可可西里自然保护区，之后可前去唐古拉山、沱沱河等地游览。

第六站 囊谦。最后一站为囊谦。前往然察大峡谷游玩；游览完毕后，可前往达那寺、尕尔寺参观。

解读 青海

地理

青海湖之沙岛

面积和区划

青海省简称“青”，省会西宁。位于我国西北部，雄踞世界屋脊青藏高原的东北部。青海省北部和东部同甘肃省相接，西北部与新疆维吾尔自治区相邻，南部和西南部与西藏自治区毗连，东南部与四川省接壤。因境内有国内最大的内陆咸水湖——青海湖而得名。青海省东西长1200多千米，南北宽800多千米，总面积约72万平方千米。

青海省下辖2个市（西宁市、海东市），6个自治州（海北藏族自治州、黄南藏族自治州、海南藏族自治州、果洛藏族自治州、玉树藏族自治州、海西蒙古族藏族自治州）。

人口和民族

截至2018年末，青海省常住人口为603.23万。其中，城镇人口328.57万，占54.47%；少数民族人口285万，占47.66%。

青海的世居少数民族主要有藏族、回族、土族、撒拉族和蒙古族。其中，土族和撒拉族为青海所独有。5个世居少数民族聚居区均实行区域自治，先后成立了6个自治州、7个自治县。其中，有5个藏族自治州（玉树、果洛、海南、海北、黄南藏族自治州）、1个蒙古族藏族自治州（海西蒙古族藏族自治州），1个土族自治县（互助土族自治县）、1个撒拉族自治县（循化撒拉族自治县）、2个回族自治县（化隆、门源回族自治县）、2个回族土族自治县（民和、大通回族土族自治县）、1个蒙古族自治县

昆仑山

（河南蒙古族自治县）。

地形

青海省地势自西向东倾斜，最高点（昆仑山的布喀达坂峰6860米）和最低点（民和下川口村约1650米）海拔相差5210米。全省地貌以山地为主，兼有平地和丘陵。

青海省地形差异显著。东北部由阿尔金山、祁连山数列平行山脉和谷地组成，平均海拔4000米以上，蕴藏着丰富的冰雪资源。位于达坂山和拉脊山之间的湟水谷地，海拔在2300米左右，地表为深厚的黄土层，是本省主要的农业区。西北部的柴达木盆地，是一个被阿尔金山、祁连山和昆仑山环绕的巨大盆地，海拔2600～3000米，东西长800千米，南北宽200～300千米，面积20万平方千米，盆地南部多为沼泽、湖泊（以盐湖为主）。“柴达木”在蒙古语中为“盐泽”之意。南部是以昆仑山为主体的、占全省面积一半以上的青南高原，平均海拔4500米以上。现已对外开放的阿尼玛卿山，在果洛藏族自治州玛沁县境内，主峰高6282米。

气候

青海省属于高原大陆性气候，具有气温低、昼夜温差大、降雨少而集中、日照长、太阳辐射强等特点。冬季严寒而漫长，夏季凉爽而短暂。各地区气候有明显差异，年降雨量主要集中于7～9月。柴达木盆地年平均温度约4℃，年降雨量近200毫米，日照长达3000小时以上。东北部高山区和青南高原温度低，除祁连山、阿尔金山和江河源头以西的山地外，年降雨量一般在100～500毫米。青海地处中纬度地带，太阳辐射强度大，光照时间长，年总辐射量仅次于西藏，位居中国第二。

青海省气象灾害较多，主要为干旱、冰雹、霜冻、雪灾和大风。

世界屋脊——青藏高原

青藏高原一向以其独特的人文和自然景观闻名于世，是科学探险、考察和生态旅游的胜地。而位于青藏高原地区的形形色色的自然保护区，又是世界屋脊上生态环境最奇特、生物资源最丰富的自然资源宝库，具有

可可西里

可可西里国家级自然保护区位于青海省玉树藏族自治州西部，总面积450万公顷。可可西里是世界上原始生态环境保存较好的自然保护区，也是中国建成的面积最大、海拔最高、野生动物资源最为丰富的自然保护区之一。

可可西里国家级自然保护区地势高亢，基本地貌类型除南北边缘为大中起伏的高山和极高山外，广大地区为中小起伏的高山和高海拔丘陵、台地与平原。

可可西里国家级自然保护区是羌塘高原内流湖区和长江北源水系交汇地区。保护区内湖泊众多，因此被称为"千湖之地"。

可可西里现代冰川广布。保护区地处多年冻土地带，冻土面积占保护区面积90%以上，冻土最厚达400米。冰川和冻土是巨大的固体水库。

可可西里国家级自然保护区拥有野牦牛、藏羚羊、野驴、白唇鹿、棕熊等青藏高原上特有的野生动物，是中国动物资源比较丰富的地区之一。

可可西里国家级自然保护区现有高等植物约202种，以矮小的草本和垫状植物为主，木本植物极少，仅存在个别种类。

可可西里野生动物

野牦牛 家牦牛的野生同类，四肢强壮，身被长毛，凶猛善战。典型的高寒动物，性极耐寒，为青藏高原特有牛种，国家一类保护动物。

藏羚羊 被称为"可可西里的骄傲"。背部呈红褐色，腹部为淡褐色，被毛致密。为国家一级保护动物，也是列入《濒危野生动植物种国际贸易公约》中严禁贸易的濒危动物。

白唇鹿 典型的高寒动物。体形高大，鼻端两侧、下唇及下颌白色，通体被毛十分厚密，毛色在冬夏有差别。

野牦牛

藏羚羊

白唇鹿

极高的科学价值。

距今8000万年前，印度板块继续向北漂移，引起了强烈的构造运动。地质学上把这段高原崛起的构造运动称为喜马拉雅运动。青藏高原的抬升过程不是匀速的运动，也不是一次性的猛增，而是经历了几个不同的上升阶段。每次抬升都使高原地貌得以演进。距今1万年前，高原抬升速度更快，以平均每年7厘米的速度上升，使之成为当今地球上的“世界屋脊”。

青海省地处“世界屋脊”青藏高原东北部，是我国最著名的三大江河——黄河、长江和澜沧江的发源地。这里的高山大川间河流密布，湖泊与沼泽众多，是国内湿地面积最大、分布最为集中的海拔最高的地区之一。目前，青海高原上包括高原湖泊、河流湿地、沼泽化草甸湿地三种类型在内的天然湿地资源面积达313.45万公顷，是仅次于西藏的国内第二大湿地资源分布区。由于有大面积湿地，这里的野生动植物资源也十分丰富。据了解，分布栖息在青海高原各类湿地中的脊椎动物就有123种，其中相当一部分是国家重点保护的珍稀物种。

天然“聚宝盆”——柴达木盆地

柴达木盆地是中国三大内陆盆地之一，属封闭性的巨大山间断陷盆地。位于青海省西北部，青藏高原东北部。四周被昆仑山脉、祁连山脉与阿尔金山脉所环抱，面积约25万平方千米。

柴达木盆地是我国四大盆地之中，地势最高的盆地。“柴达木”为蒙古语，意为“盐泽”。而事实上柴达木不仅是盐的世界（东南部多盐湖沼泽），而且还有丰富的石油、煤，以及多种金属矿藏，如冷湖的石油、鱼卡的煤、锡铁山的铅锌矿等都很有名。所以柴达木盆地有“聚宝盆”的美称。

柴达木胡杨林

据海西蒙古族藏族自治州有关部门对柴达木盆地汉藏药材资源普查数据，柴达木盆地内分布的药用植物、药用动物、药用矿物共计有782种。柴达木盆地的汉藏药材不仅蕴藏量大，而且医疗效果好，如白唇鹿鹿茸是公认的滋补药材中的上等佳品；盆地内大量种植的枸杞，经中国科学院西北高原生物研究所和西北农业大学化验分析，其药用有效成分超过了国内所有同类药材，成为汉藏药材中的一枝奇葩。盆地内分布的药用植物红景天已被医学界认为是继人参、刺五加之后一种新的营养补剂药源。研究表明，红景天含有丰富的氨基酸和多种人体必需的微量元素，不仅具有抗缺氧、抗寒冷、抗疲劳等作用，而且可以延缓人体衰老，防治老年疾病等，已成为进藏游客必备的药物。

奇峰高插天——祁连山

“祁连”系匈奴语，匈奴呼天为“祁连”，祁连山即“天山”之意。祁连山脉位于青海省东北部与甘肃省西部边境，是我国境内主要山脉之一。

祁连山脉在青海境内东西长870千米，南北宽100~200千米。山峰大多海拔4500~5500米，除主峰岗则吾结海拔5808米为极高山外，多为高山，地貌奇丽壮观。祁连山的原始森林区内，有15.7万公顷、200多万立方米的森林资源，有云杉、圆柏、杨树等林木及鞭麻、黑刺、山柳等灌木，是青海省较大的林区之一。祁连山的密林雪岭之中，还有许多鹿群；雪莲、蚕缀、雪山草为祁连山

祁连山

雪线上的"岁寒三友"。

祁连山的四季从来不甚分明，春不像春，夏不像夏。所谓"祁连六月雪"，就是祁连山气候和自然景观的写照。祁连山的原始森林景区更是风光迷人。立夏之后，山林之中一片一望无际的绿色海洋。

藏传佛教四大神山之一——阿尼玛卿山

阿尼玛卿大藏文书中意为"活佛座前的最高侍者"，"阿尼"是安多藏语的译音，意为"先祖、老翁"，也含有"美丽、幸福或博大、无畏"等意；"玛卿"的意思是"黄河源头最大的山"，也有"雄伟、壮观"之意。

阿尼玛卿山是一座神山，也是观世音菩萨的道场，它与西藏的冈仁波齐、云南的梅里雪山和玉树的尕朵觉悟并称为藏传佛教四大神山。阿尼玛卿山呈西东南走向，中国第二大河黄河在这来了个180度大拐弯后向东南流去，主峰玛卿岗日就在大拐弯中央。它共有18座海拔5000米以上的雪峰突兀在莽莽高原，山上冰雪连绵，终年不化。

《格萨尔王传》英雄史诗称，阿尼玛卿山神是"战神大王"，说他是史诗主人公格萨尔所在的神山。为求其保佑，安多藏区百姓至今还对其虔心供奉，顶礼膜拜。在青海藏区，经常可以看到阿尼玛卿山神的画像，山神白盔、白甲、白袍，胯下白马，手执银枪。传说中的山神武艺超群，降魔济贫，拥有无穷的智慧。阿尼玛卿山有如此大的神威，自然成为朝拜之地。遇到灾难，藏区百姓总要呼唤阿尼玛卿山，盼望法力无边的山神伸以援手。佳节时分，人们拿出柏香、炒面、酥油，给山神煨桑敬礼。

阿尼玛卿山是东昆仑山生物资源最丰富的地区，且不乏珍稀动植物。半山中是高原草甸草场；山脚下是水草丰盛的高山牧场，这里泉水交错，灌溉着无数称为"梅朵塘"的草滩。夏季片片草滩上花团锦簇，牛羊成群。主峰东侧海拔4000米处生长着茂密的高山灌木丛，海拔3200米以下是环山的黄河之滨，那是一片片的原始森林。玛卿周围物产丰富，其中白唇鹿、原羚、马鹿、麝、岩羊、棕熊、野驴、猞猁、盘羊、雪豹、蓝马鸡、黑颈鹤、藏雪鸡等都是国家级的保护动物。

长江源

长江源，即长江的源头，孕育了华夏的文明。位于世界屋脊青藏高原腹地，被环抱于号称“亚洲屋脊”的昆仑山脉和青海、西藏交界处的唐古拉山脉两大山脉之间。由于恶劣的自然环境，很少有人触及，是科学家、探险者和环保爱好者所神往的地方，景观十分壮丽：雪山冰峰，无垠的草地，蓝天白云倒映在河水中，构成了令人心旷神怡的美景。长江源头被国家列为自然保护区。

长江全长6380千米，是世界第三大河，它的源头是位于青海省南部唐古拉山脉的主峰各拉丹冬大冰峰。

藏语里各拉丹冬是“高高尖尖的山峰”的意思，它像一座父亲山，而它的儿女，就是它身下的七十几条现代冰川——冈加曲巴冰川。这七十几条现代冰川为长江提供了源源不断的冰川水。

这里孕育出了长江的正源——沱沱河，此名来源于蒙古语“托克托乃乌兰木伦”（意为缓慢的红江）。

除正源外，长江还有一个北源，一个南源。长江北源——楚玛尔河，又名“那木齐图乌兰木伦”（蒙古语意为红叶江），又称曲麻莱河、曲玛河。楚玛尔河源出昆仑山南支的可可西里山黑脊山南麓，海拔5432米，流经多尔改错（藏语意为石头湖），在曲麻莱县以西的楚拉地区注入通天河。长江南源——当曲发源于唐古拉山脉东段山麓的沼泽地，是一片地球上海拔最高的沼泽地。

黄河和湟水

黄河，世界第五大长河，中国第二大长河。黄河全长约5464千米，流域面积约75.24万平方千米。

黄河发源于青藏高原巴颜喀拉山脉北麓约古宗列盆地的玛曲，自西向东分别流经青海、四川、甘肃、宁夏、内蒙古、陕西、山西、河南及山东9个省（自治区），最后流入渤海。黄河源头之一卡日曲，是以五个泉眼开始的；另一个源头是约古宗列曲，仅有一个泉眼。约古宗列盆地是黄河的源头地区。旅游者在这里根本无法想象黄河之宗竟不是滔滔洪水，而是一股股细小的清泉和一片有许多砂砾、野草的荒滩。长江、黄河均发源于青海境内。黄河源头风光宜人，水草丰美，

沱沱河

湟水景观

湖泊、小溪星罗棋布，甚为壮观。黄河上游落差大、水流急，适于探险性漂流。江河源头是探险、考察胜地。在这里，你会领略到那袒露无遗而又神秘莫测的大自然之美。

湟水是黄河上游重要的支流，位于青海省东部，发源于青海省海晏县境内的包呼图山，流经达坂山与拉脊山之间的纵谷，为羽状水系。全长374千米，流域面积3200多平方千米。流域峡谷有巴燕峡、扎马隆峡等。峡谷一般长5~6千米。其中，老鸦峡最长，达17千米；两壁陡峭，谷窄而深。盆地有西宁盆地、大通盆地、乐都盆地和民和盆地。其中，西宁盆地最大。湟水穿流于峡谷与盆地间，形成串珠状河谷。下游河谷宽阔，富水力资源。湟水流域孕育出了灿烂的马家窑、齐家、卡约文化，养育了青海省约60%的人口，被称为是“青海的母亲河”。

生物多样性宝库——青海湖

青海湖又名“措温布”，即藏语“青色的海”之意。它位于青海省西北部的青海湖盆地内，既是中国最大的内陆湖泊，也是中国最大的咸水湖。由祁连山的大通山、日月山与青海南山之间的断层陷落形成。

传说，1000多年前，唐蕃联姻，文成公主远嫁吐蕃王松赞干布。临行前，唐王赐给她能够照出家乡景象的日月宝镜。途中，公主思念起家乡，便拿出日月宝镜，果然看见了久违的家乡长安。她泪如泉涌。然而，公主突然记起了自己的使命，便毅然决然地将日月宝镜扔了出去，没想到那宝镜落地时闪出一道金光，变成了青海湖。还有人说，是当年东海龙王最小的儿子引来108条湖水，汇成这浩瀚的西海，因此他成了西海龙王。

青海湖鸟类资源丰富。截至2014年8月，青海鸟种记录增加至222种，总数在16万只以上，其中，斑头雁2.13万余只、棕头鸥4.5万余只、鱼鸥8.74万余只、鸬鹚1.12万余只。此外，还有凤头潜鸭、赤麻鸭、普通秋沙鸭、鹊鸭、白眼鸭、斑嘴鸭、针尾鸭、大天鹅、蓑羽鹤、黑颈鹤等。

青海湖中盛产全国五大名鱼之一——青

青海湖鸟岛

象，青海裸鲤列为国家重要名贵水生经济动物。

青海湖岸边有辽阔的天然牧场，有肥沃的大片良田，有丰富的矿产资源。这里冬季多雪，夏秋多雨，水源充足，雨量充沛，具备发展畜牧业和农业的良好条件。早在遥远的古代，这里就是马、牛、羊等牲畜的重要

海裸鲤（俗称湟鱼）和硬刺条鳅、隆头条鳅。青海裸鲤平均年产量为5165吨，1949～1985年共生产裸鲤约19.12万吨。随着时间推移，资源衰退，裸鲤产量呈逐年下降趋势。裸鲤每年6～7月洄游源流河中产卵，为食鱼鸟提供丰富的食物。1964年，国家将青海湖列为保护对

产地。青海湖一带所产的马在春秋战国时代就很出名，当时被称为“秦马”。《诗经》曾描写过“秦马”的雄壮和善驰。隋唐时代，这里产的马经过与“乌孙马”“血汗马”的交配改良，发展成为独具特色的良马。它不仅以神骏善驰而驰名，而且以能征善战而著称。

青海的自然景观

国家级自然保护区

可可西里国家级自然保护区	隆宝国家级自然保护区
三江源国家级自然保护区	柴达木梭梭林国家级自然保护区
循化孟达国家级自然保护区	大通北川河源区国家级自然保护区
青海湖国家级自然保护区	

国家地质公园

尖扎坎布拉国家地质公园	青海湖地质公园
互助嘉定国家地质公园	玛沁阿尼玛卿山国家地质公园
久治年保玉则国家地质公园	贵德国家地质公园
昆仑山国家地质公园	

国家森林公园

坎布拉国家森林公园	仙米国家森林公园
北山国家森林公园	麦秀国家森林公园
大通国家森林公园	哈里哈图国家森林公园
群加国家森林公园	

历史

河湟文化遗存柳湾彩陶

辉煌灿烂的河湟文化

河湟，指黄河上游、湟水流域、大通河流域，古称“三河间”。这一地区自古以来多民族繁衍生息，至少从秦汉以来，众多民族的先民耕牧于其间，创造了辉煌灿烂的河湟文化。

古人将黄河源头看作是圣洁而又遥远的，李白有“君不见黄河之水天上来”的慨叹。人们探察河源乃至不断迁徙往返最频繁的地区，莫过于今天青海东部和甘肃接壤的地区，即上述“三河间”。自古以来，我国都将黄河流域看作是中华民族的摇篮，是中华文明的发祥地。

在河湟地区，农耕民族和游牧民族之间的交往十分频繁，形成了河湟文化内涵的多元性。有许多文化现象并非某一个民族所独有。例如，自古以来的羊图腾崇拜，至今为农牧业区多民族所共有，藏族仍有“长寿羊”，汉族称“神羊”（一群羊中留一只羯羊，终其生而不宰杀）。

河湟文化是黄河流域四大传统文化中的源头文明化的重要标志。以河湟地区20世纪我国100项重大考古发现之一的柳湾出土文物为例，当地发掘出马家窑文化半山类型、马厂类型、齐家文化、辛店文化等从新石器时代到青铜器时代的墓葬共1730座，出土文物37 925件，其中仅彩陶器近2万件。

河湟文化有其独特的内涵及其特征，是青海东部地区和甘肃西部与青海接壤地带，历代先民在一定的物质文明基础之上的精神文明化的结晶。

“东方庞贝”——喇家遗址

喇家遗址位于青海省民和县官亭镇喇家村，被称为“东方庞贝”。遗址主要为齐家文化中晚期遗存，是一处新石器时代的巨大聚落，抑或是一个遥远的城邦古国。喇家遗址发掘出大量的非自然性死亡人体遗骸，是迄今为止发现的我国唯一一处

历史大事记

原始社会—公元前1世纪

数万年以前，长江源头的可可西里和沱沱河沿岸等地已有古人类生活。
约公元前21世纪—前16世纪，河湟地区有居民居住，他们被称为西羌人，以发展畜牧业为主。
公元前16世纪—前11世纪，河湟羌人进入青铜时期及奴隶社会。
公元前5世纪—前2世纪，由于受中原文化的影响，河湟地区的羌人由狩猎、畜牧业转向农业。
公元前121年，汉代霍去病进军湟水沿岸，汉武帝在西宁市以西置临羌县。
公元前81年，西汉在湟水流域设置金城郡,又称河西5郡。

大型灾难遗址。

喇家遗址内有成排的半地穴房址，已发掘3座，地面、四壁用白灰抹平，圆形灶坑，出土了陶、石、玉器成品及半成品、玉料等。在20号房址地面出土了一碗面条状遗物，被认为是人类最早的面条。在这里还发现了中国考古史上最大的石磬——黄河磬王，它是喇家遗址中最惊人的发现。

唐蕃古道途中的日月山

这些具有明显时代特征的珍贵文物，对于研究西北地区先民的居住环境、玉文化的发展、4000年前中国的灾难现象和探讨史前文明历程具有重要价值。喇家遗址的聚落布局以及发现的丰富的文化遗物，对研究齐家文化的社会形态乃至中国文明的起源等课题具有重大意义。

藏汉民族友好桥梁——唐蕃古道

唐蕃古道是我国古代历史上一条非常著名的交通大道，也是唐代以来中原内地去往青海、西藏乃至尼泊尔、印度等国的必经之路。整个古道横贯中国西部，跨越举世闻名的世界屋脊，连通我国西南的友好邻邦，故亦有“丝绸南路”之称。

这条大道的起点是唐王朝的国都长安（今陕西西安），终点是吐蕃都城逻些（今西藏拉萨），全长约3000千米，其中一半以上路段在青海境内。这是汉代以来从中原进入河湟地区的传统路线。

7世纪初，在我国中原地区，李世民父子创立李唐王朝。几乎与此同时，吐蕃王国在赞普松赞干布的率领下也迅速崛起，统一了西藏地区的许多部落，建立了强大的奴隶主专制政权，进而向北扩张，最后于663年灭吐谷浑，从而与唐王朝接界，互为邻壤。

贞观八年（634年），松赞干布派使者远赴长安与唐朝通聘结好。唐太宗对吐蕃的首次通使也很重视，给予了隆重接待，并遣使

1世纪—10世纪

222年，三国魏文帝曹丕将西宁地区扩建为西平郡，开始在此筑城。
329年，叶延建立少数民族吐谷浑政权。
397年，后凉鲜卑大都统、广武郡公、秃发部落酋长秃发乌孤脱离后凉，建立南凉王国。
405年，树洛干建立吐谷浑王国。
608年，隋朝进攻吐谷浑，进兵西平（西宁），设西海郡及河湟郡。
619年，唐朝政府改西平郡为鄯州，任命刺史以控制青海。
640年，唐太宗之女文成公主嫁与松赞干布。
710年，唐中宗之女金城公主嫁往吐蕃。唐与吐蕃和好，并于734年立碑于赤岭（今日月山）。
821年，吐蕃赞普赤祖德赞派遣使臣前往长安请盟，唐穆宗同意会盟，这是历史上著名的“长庆会盟”。

玉树文成公主庙

到吐蕃回访。据《册府元龟》载，当松赞干布听说突厥与吐谷浑国王向唐王求亲时，也不甘落后，乃遣使赴长安请婚，但几次都未得太宗允许。血气方刚的松赞干布便以武力逼婚，于是，贞观十二年（638年）爆发了蕃唐首次战争。“抢亲”不成，但松赞干布一心想做大唐的女婿，又派大相噶尔・东赞宇松（又作禄东赞）于640年携带厚礼，到长安再次向唐太宗请婚。几经周折，终于得到了太宗的应允，以宗室女文成公主许嫁。贞观十五年（641年），唐太宗派江夏王礼部尚书李道宗护送16岁的文成公主入吐蕃。之后的200多年间，唐、蕃少有战事。两国使臣和商人往来不断，终于在长安与拉萨之间，踏出了一条3000多千米的“黄金路”——唐蕃古道。

从吐蕃首次遣使来唐到两个王朝覆灭前夕，有据可查的使者往来就达19多次。可见，双方关系的密切和频繁往来的情况。因此可以说，这条古道的重大意义绝不仅仅限于道路本身，而在于当时乃至以后的漫长历史岁月里，它起着维系唐蕃情谊、加深和强化藏汉两大兄弟民族友好的重要桥梁和纽带的作用。

至今在古道经过的许多地方，仍然矗立着人们曾经修建的驿站、城池、村舍和古寺庙。唐蕃古道像一条长虹，将藏汉人民紧紧连在一起，它是汉藏友好的历史见证，被誉为是民族团结的“千年平安路”。

11世纪—19世纪

1015年，青海东部的藏族首领唃（gǔ）厮啰在宗哥城（今青海平安）建立宗喀政权。1104年，宗喀政权被北宋所灭。

1099—1104年，北宋将鄯州改为西宁州，西宁名称开始使用。

13世纪初，成吉思汗在河州（今临夏县）设置“吐蕃宣慰司都元帅府”。

1559年，俺答汗率部移牧青海湖地区,后受封为顺义王。

1752年，西宁府成立，并设立钦差“总理青海蒙古番子事务大臣”管理部分青海藏族部落。

神奇的天路——青藏铁路

青藏铁路，东起青海西宁市，南至西藏拉萨市，全长1956千米，是实施西部大开发战略的标志性工程，也是中国21世纪四大工程之一。因线路大部分处于高海拔地区和“无人区”，自然环境极其恶劣，其建成被视为奇迹，人们以“天路”来赞誉它。

青藏铁路西宁至格尔木段814千米已于1979年铺通，1984年投入运营。青藏铁路格拉段东起青海格尔木，西至西藏拉萨市，全长1142千米，其中新建线路1110千米，于2001年6月29日正式开工，并于2006年7月1日正式通车运营。青藏铁路途经纳赤台、五道梁、沱沱河、雁石坪，翻越唐古拉山，再经西藏安多、那曲、当雄、羊八井到拉萨。其中海拔4000米以上的路段960千米，多年冻土地段550千米，翻越唐古拉山的铁路最高点海拔5072米，是世界上海拔最高、在冻土上路程最长的高原铁路。

2014年8月15日，青藏铁路延伸线拉日铁路开通运营。

青藏铁路经过青海湖景观带、昆仑山景观带、长江源景观带、羌塘草原景观带与那曲、拉萨景观带，一路景点众多，美景不绝。沿此线路旅行，不仅可欣赏青海、西藏地区的自然、人文景观，还可充分感受藏区特色的民族风情和宗教文化。

在青海境内，青藏铁路沿途的主要景点有青海湖、茶卡盐湖、察尔汗盐湖、格尔木昆仑文化旅游区、五道梁、可可西里自然保护区、沱沱河、唐古拉山等。

青藏铁路

青海历史名人

无弋爰剑（前504—？）：战国初期羌人首领。出生在青海锡支河首。被秦国俘虏，沦为奴隶。后逃至黄河与湟水之间，被羌人推为首领。他将耕种和畜牧知识传授给羌人，促进了生产的发展。

霍去病(前140—前117)：军事家。汉代名将卫青的外甥。善骑射。元狩二年（前121年）奉命迎接率众降汉的匈奴浑邪王，在部分降众变乱的紧急关头，稳定了局势。从此，汉朝控制了河西地区，打通了西域道路。

赵充国（前137—前52）：西汉大将。字翁孙，是一位能骑善射骁勇多谋的军事家。在西北屯田，对当地农业生产的发展起了一定的作用。

吐谷浑（约245—约317）：鲜卑族，鲜

20世纪—21世纪

1912年，马麒任“西宁总兵”“蒙番宣尉使”等官职，此后一直统治青海近40年。
1929年1月1日，国民政府新建青海省。
1950年，青海省人民政府正式成立，以西宁为省会。
1955年，海北、黄南、海南、海西、玉树等自治区先后改为自治州。
2002年，首届环青海湖国际公路自行车赛举办，这是世界上海拔最高的国际性公路自行车赛。
2006年7月1日，青藏铁路正式通车运营。
2010年4月14日上午，玉树发生里氏7.1级地震。

原子城

原子城位于青海省海北藏族自治州海晏县金银滩草原，总面积1100多平方千米。它是我国建设的第一个核武器研制基地。建于1958年，我国第一颗原子弹、第一颗氢弹均诞生于此，故称为“原子城”。1995年5月15日退役，经国务院批准更名为西海镇，现为海北州府所在地。

原子城一角

原子城档案

中文名称：原子城

总 面 积：1100多平方千米

所属地区：青海省海北州

地理位置：海北藏族自治州金银滩草原

著名景点：青海湖、西海郡古城

作　　用：军事研究基地、爱国主义教育基地

历史大事记

1956年
中央政府决定建设核武器研制基地。

1964年10月16日15时
中国第一颗原子弹爆炸成功。

1967年6月17日
我国第一颗氢弹爆炸成功。

1995年5月15日
新华社向全世界宣告基地全面退役，原子城被确定为青海省海北藏族自治州所在地，并更名为西海镇。

2009年5月26日
举行原子城纪念馆开馆仪式，正式对外开放。

原子城纪念馆

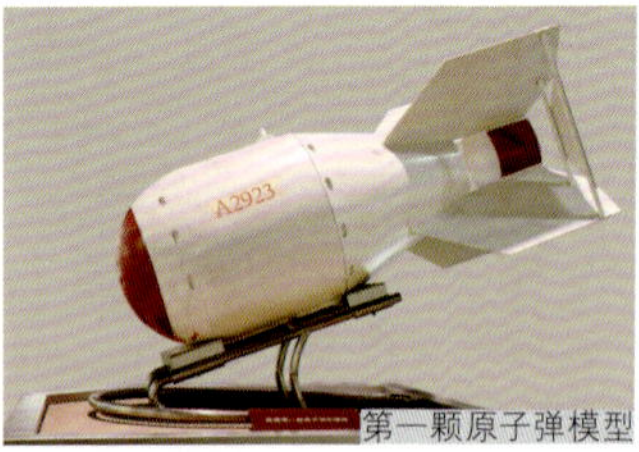

第一颗原子弹模型

西汉名将霍去病

卑慕容部首领慕容涉归庶长子，前燕奠基人慕容廆庶兄，吐谷浑政权建立者。

哥舒翰（？—757）：唐朝名将。突厥族突骑施哥舒部人。自幼就通读《左氏春秋》《汉书》，勇而有谋，曾屡破吐蕃。

张问仁（生卒年不详）：字以元，西宁人。大约生活在明嘉靖、隆庆、万历（1522—1620年）年间。因为他两任工部，古时候对工部司官相沿称水部，所以尊称张问仁为“张水部”。

固始汗(1582—1655)：又译顾实汗，皆“国师”之音译。姓孛儿只斤，名图鲁拜琥。明末清初西蒙卫拉特四部之一的和硕特部首领。以勇武著称。清顺治十年（1653年），受封为“遵行文义敏慧固始汗”。后病故于拉

班禅额尔德尼·确吉坚赞

萨。他对巩固西藏地方和清中央政权的关系起了一定作用。

杨应琚(1696—1766)：清朝大臣。初由荫生授户部员外郎，曾两次出任西宁道，政绩相当突出，而且能诗文。著有《西宁府新志》四十卷，《据鞍录》一卷。《新志》中载有他在青海时所作的诗词十四首。这些诗皆以欢快轻松的笔调描绘了湟水流域的秀丽景色。

班禅额尔德尼·确吉坚赞（1938—1989）：中国藏传佛教领袖之一。青海循化人，藏族。他为维护祖国的统一、汉藏民族的团结，以及促进藏区的经济繁荣，作出了巨大贡献。

青海的人文景观

全国重点文物保护单位

- 西宁市塔尔寺
- 西宁市沈那遗址
- 西宁市虎台遗址
- 西宁市东关清真大寺
- 西宁市湟源城隍庙
- 海东市瞿昙寺
- 海东市马厂垣遗址
- 海东市喇家遗址
- 海东市柳湾遗址
- 海东市却藏寺
- 海东市循化西路红军革命旧址
- 海东市街子拱北
- 海东市夏琼寺
- 海东市文都寺及班禅大师故居
- 海东市旦斗寺
- 海东市佑宁寺
- 海东市洪水泉清真寺
- 海东市阿河滩清真寺

海东市撒拉族清真寺古建筑群
海东市天佑德酒作坊
海北藏族自治州西海郡故城遗址
海北藏族自治州第一个核武器研制基地旧址
海北藏族自治州门源古城
海南藏族自治州贵德文庙及玉皇阁
海南藏族自治州宗日遗址
海南藏族自治州赛宗寺
海南藏族自治州文昌庙
海南藏族自治州珍珠寺
海南藏族自治州石藏寺
黄南藏族自治州隆务寺
黄南藏族自治州保安古屯田寨堡古建筑群
黄南藏族自治州和日寺石经墙及和日寺
果洛藏族自治州拉加寺
玉树藏族自治州藏娘佛塔及桑周寺
玉树藏族自治州格萨尔三十大将军灵塔和达那寺
玉树藏族自治州贝大日如来佛石窟寺和勒巴沟摩崖
玉树藏族自治州新寨嘉那嘛呢
玉树藏族自治州贡萨寺旧址与宗喀巴大殿
玉树藏族自治州杂涅墓群
玉树藏族自治州玉树古墓群
海西蒙古族藏族自治州热水墓群
海西蒙古族藏族自治州塔温搭里哈遗址
海西蒙古族藏族自治州塔里他里哈遗址
海西蒙古族藏族自治州青藏公路建设指挥部旧址（将军楼）

▼ 国家历史文化名城

同仁

▼ 中国历史文化名镇

循化撒拉族自治县街子镇

▼ 中国历史文化名村

同仁县年都乎乡郭麻日村
玉树市仲达乡电达村
班玛县灯塔乡班前村
循化撒拉族自治县清水乡大庄村
玉树市安冲乡拉则村

贵德文庙

文化

花儿会场所老爷山

“花儿”的故乡——青海

“花儿”是一种民歌，流传在青海、甘肃、宁夏的广大地区以及新疆的个别地区，被誉为大西北之魂，是国家级人类非物质文化遗产。

青海是“花儿”的故乡，“河湟花儿”是西北花儿的精魂，最美的“花儿”是用三江最纯净的源头之水浇灌的圣洁之花。居住在这里的汉、藏、回、土、撒拉等各族群众，无论在田间耕作，山野放牧，外出打工或者路途赶车，只要有闲暇时间，都要唱上几句悠扬的“花儿”。可以说，人人都有一副唱“花儿”的金嗓子。“花儿”除了在农事劳动和山野运货等劳动场合歌唱外，各地还有“花儿会”的习俗。

“花儿”至少已有四百多年的历史，曲令众多。几百年来，聚居在青海东部地区的汉、回、撒拉、土等民族，各自创造了独具特色的“花儿”歌曲。“花儿”由于流行的地区不同，加之在发展过程中受到西北各民族文化的影响，因此形成了不同的流派和艺术风格。

大部分“花儿”的内容与爱情有关，在歌颂纯真的爱和控诉封建礼教及社会丑恶现象给恋人造成生死苦难的同时，“花儿”深刻反映了社会生活的各个方面。“花儿”语言朴实、鲜明，比兴借喻优美，有比较高的文学欣赏和研究价值。20世纪80年代，“花儿”的演唱形式已发展到花儿歌舞剧。目前，青海省的主要花儿会有：西北五省（区）花儿演唱会、中国•青海老爷山花儿会等。

玉树传统藏族舞蹈——卓舞

卓舞，俗称锅庄舞。“卓”是藏语的译音。锅庄舞，藏语意为圆圈歌舞，是藏族三大民间舞蹈之一。

玉树卓舞种类繁多，其内容以对家乡、自然风光等的歌颂

青海卷轴

降边嘉措《格萨尔王全传》（上、下）：来到青海一定要了解的历史。《格萨尔》是藏族人民集体创作的一部伟大的英雄史诗。降边嘉措版本很多诗篇都十分精彩。

严歌苓《倒淌河》：有关民族与宿命，原始而疯狂。从斗争到接纳再到残酷舍弃，故事在回忆中进行，或从容不迫，或嘈嘈切切。张弛有度的笔法，让读者领悟到故事的丰富内涵。

梅卓《吉祥玉树》：这是一部三江源地域文化的全景实录，是著名藏族女作家梅卓的长篇纪实散文作品。该书图文俱佳，是认识神奇、美丽玉树的最佳文本之一。

玉树卓舞表演

为主，同时广泛反映社会生活的各个方面。完整的演出分祭奉神佛的序舞、表现广泛内容的正部、祝福吉祥的尾声三个部分。玉树卓舞按功能可分世俗性较强的普通卓舞和宗教色彩很浓的“法”卓（藏语称“曲”卓）两类。卓舞整体结构由从慢到快两部分组成，以载歌载舞的形式进行表演。玉树卓舞的动作主要围绕甩袖来进行，表演时常常有几十人，甚至上百人共同参与。舞者的袖子很长，全都拖在地上；男子舞蹈甩袖幅度大，动作优美潇洒，手臂旋转自如，运动路线

唐卡

唐卡也叫唐嘎，为热贡艺术主要绘画造型艺术，指用彩缎装裱后悬挂供奉的宗教卷轴画。唐卡是藏族文化中一种独具特色的绘画艺术形式，题材内容涉及藏族的历史、政治、文化和社会生活等诸多领域。传世唐卡大都是藏传佛教和本教作品。

天池。

唐卡画芯： 也称为美龙。唐卡的画芯内容叙述很广，大致可以分为九个类别。

左侧幅。

牙子： 也称为彩虹。镶于唐卡的画芯四周。唐卡的牙子以红黄两色为主。其实，其色彩搭配相当自由，甚至有不用牙子的情况。

地玉。

唐门： 也称为敦嘎或托居。为标准唐卡中地玉正中缝着的一块可任意大小、形状、颜色的锦缎。唐门是唐卡标志性的装饰物。

青海影像

于小冬《藏传佛教绘画史》： 系统全面、图文并茂地介绍了藏族绘画从产生到成熟的各阶段的情况，提炼出了藏族绘画的形式语言系统，形成了完整的藏族绘画风格史，填补了藏族绘画史图像志的空白，解释了藏族绘画乃至符号化线形造型语言遭遇写实问题的缘由等。

《格萨尔王》： 片长为18集，1987年摄制。相传格萨尔王是莲花生大师的化身，一生戎马，惩恶扬善，传播文化，成为藏族人民引以为豪的旷世英雄。名扬四海的《格萨尔王传》是世界上最长的英雄史诗。

《文成公主》： 故事以松赞干布与文成公主和亲这一扣人心弦的事件为主线展开。讲述了文成公主入藏后送走了东归的亲人，留在高原，成为汉藏人民心中永远的白度母的故事。

鸟嘴：也称为惊燕。为面盖外面的两条彩带，垂至卷杆处，其底端呈鸟喙形。

绦子：也称绸带。楣杆上端钉有两个挂钩，挂钩上各带一个铁圈，圈上各系一根花绦子。唐卡悬挂供奉时，两根绦子互系，用作挂绳。唐卡卷好后，两根花绦子用于系紧唐卡。

楣杆：楣杆装在天池的上端，为宽扁形或扁圆形木条，缝粘在"贡夏"和里衬之间。木条越往两端越细，长度与唐卡宽度相同。

面盖或遮幔：通常用丝绢制作，缝在唐卡的顶端，覆在唐卡前面盖住整个唐卡。它既是一种装饰，也是保护唐卡的重要部分。

右侧幅。

唐卡裱褙后衬。

贡夏：在画芯的四边缝裱的丝绢或锦缎。四边的名称各不相同，上幅名为天池，下幅名为地玉，左右两侧分别为左侧幅和右侧幅。贡夏的尺寸大小是固定不变的。地玉的长度占画芯部分的1/2，天池长度占地玉长度的1/2。

卷杆：卷杆装在地玉下端，为圆柱形，将唐卡的底边卷好并将其撑住。两端长出唐卡的部分，套上用金银或青铜制成的套盖。

轴头：杆头安的轴头有铜、银、紫檀木、铜镀金、银间镀金等质地。

青海天籁

《可可西里》：影片讲述了记者尕玉和巡山队员为了保护可可西里的藏羚羊和生态环境，与藏羚羊盗猎分子顽强抗争甚至不惜牺牲生命的故事。2004年，该片获得了第17届东京国际电影节评委会大奖、第41届台湾金马电影奖最佳影片等奖项。

《雪域天路》：影片将镜头对准"新时代最可爱的人"，把值得大书特书的一个"当今世界特殊"的伟大工程，用浓缩的电影语言，第一次呈现在观众的面前，其震撼力和感召力足见一斑。

王洛宾《在那遥远的地方》：这首歌曲的曲调源于哈萨克族民歌，是西部歌王王洛宾创作于1938年到1939年之间的一首作品。它是世界范围内传唱最广的华人歌曲之一，也是王洛宾所有创作歌曲中艺术评价最高的，被赞为"艺术里的珍品，皇冠上的明珠"。

刘嘉亮《最爱青海》：这首歌曲无论是在词曲还是歌曲编排上都流露出作者对青海的深厚情感。为配合歌曲，MV也来到了美丽的青海湖边拍摄。

堆绣

变化多样。

卓舞具有广泛的民众和社会基础，其丰富的表现形式、独特的风貌、精湛的技艺、强烈的个性为广大群众所称誉，在藏族歌舞艺术中具有广泛的代表性，并具有很高的艺术价值。

塔尔寺“三绝”艺术之一——堆绣

堆绣是一种别开生面的寺院文化艺术。从广义上讲，堆绣属于唐卡的一种。唐卡有卷轴（绘画）唐卡、刺绣唐卡、提花唐卡、贴花唐卡（又称剪堆，即堆绣）和宝石唐卡几种。其中，堆绣为塔尔寺“三绝”艺术之一。

堆绣是用各色棉布、绸、缎剪成所设计的各种图案形状，精心堆贴成一个完整的画面，然后用彩线绣制而成。其工序有图案设计、剪裁、堆贴、绣制，个别图案部分上色等。以堆贴为主，绣制为辅。

堆绣分平剪堆绣和立体堆绣两种。平剪堆绣是将剪裁成的各色布料图案堆贴在设计好的白布上，再用彩线绣边即成。而立体堆绣是在剪成形状的图案内垫上棉花或羊毛使图形凸起，然后粘绣在对称的布幔上，再将堆绣好的不同形状的图像用绣缎连成一个巨幅画卷，构成一组完整的画面，悬挂于殿堂之上，所堆绣的形象富有立体感和真实感。

堆绣题材主要选择佛像、佛经和罗汉故事，也有神话传说中的“蟠桃会”和“八仙传说”画面。堆绣注重人物形态(神态)的塑造，讲究各色绸缎的选用配置。其粗犷中显细腻，点滴中见绝妙，技艺精湛，巧夺天工。它采用浮雕与刺绣巧妙相结合的手法，具有较高的工艺美术价值和审美价值。

堆绣艺术作为佛教寺院的文化艺术，通过广播、电视宣传，向社会展示，以及游人光临参观，在国内外产生了一定的影响，提高了它的知名度和声誉，被称为东方一大艺术奇观。

十 青海的文化景观

▼ 国家级非物质文化遗产

民间文学：格萨尔（青海省）、拉仁布与吉门索（青海省互助土族自治县）、康巴拉伊（青海省治多县）、汗青格勒（青海省海西蒙古族藏族自治州）、藏族婚宴十八说（青海省）、阿尼玛卿雪山神话传说（青海省果洛藏族自治州）

民间音乐：老爷山花儿会（青海省大通回族土族自治县）、丹麻土族花儿会（青海省大通回族土族自治县）、七里寺花儿会（青海省民和回族土族自治县）、瞿昙寺花儿会（青海省海东市乐都区）、藏族拉伊（青海省海南藏族自治州）

民间舞蹈：锅庄舞(玉树卓舞)（青海省玉树藏族自治州）、土族於菟 (青海省同仁县)

民间美术：土族盘绣（青海省互助土族自治县）、塔尔寺酥油花（青海省湟中县）、热贡艺术（青海省同仁县）、灯彩（湟源排灯）（青海省湟源县）

传统音乐：藏族民歌（玉树民歌）（青海省玉树藏族自治州）、回族宴席曲（青海省门源回族自治县）、藏族扎木聂弹唱（青海省海南藏族自治州）、青海藏族唱经调音乐（青海省兴海县）、塔尔寺藏传佛教“花架”音乐（青海省西宁市湟中县）、青海汉族民间小调（青海省西宁市）

传统舞蹈：藏族螭鼓舞（青海省循化撒拉族自治县）、 则柔（尚尤则柔）（青海省贵德县）、土族安召舞（青海省互助土族自治县）

曲艺：青海平弦（青海省西宁市）、青海越弦（青海省西宁市）、青海下弦 （青海省）

传统体育、游艺与杂技：传统箭术（南山射箭）（青海省海东市乐都区）、赛马会（玉树赛马会）（青海省玉树藏族自治州）、土族轮子秋（青海省互助土族自治县）

传统美术：石雕（泽库和日寺石刻）（青海省泽库县）、藏文书法（果洛德昂洒智）（青海省果洛藏族自治州）、湟中堆绣（青海省湟中县）

传统技艺：陶器烧制技艺（藏族黑陶烧制技艺）（青海省囊谦县）、藏族金属锻造技艺（藏刀锻制技艺）（青海省玉树藏族自治州）、撒拉族篱笆楼营造技艺（青海省循化撒拉族自治县）、同仁刻版印刷技艺（青海省黄南藏族自治州同仁县）、湟中银铜器制作及鎏金工艺（青海省西宁市湟中县）、班玛藏家碉楼营造技艺（青海省果洛藏族自治州班玛县）

传统戏剧：藏戏（黄南藏戏）(青海省黄南州藏族自治州)

传统手工技艺：加牙藏族织毯技艺（青海省湟中县）

民俗：土族纳顿节（青海省民和回族土族自治县）、热贡六月会（青海省同仁县）、土族婚礼（青海省互助土族自治县）、撒拉族婚礼（青海省循化撒拉族自治县）、元宵节（九曲黄河灯俗）（青海省海东市乐都区）、青海湖祭海（青海省海北藏族自治州）、抬阁（湟中县千户营高台（青海省湟中县）、藏族服饰（青海省玉树藏族自治州、青海省门源回族自治县）、土族服饰（青海省互助土族自治县）、撒拉族服饰（青海省循化撒拉族自治县）

行走
青 海

带什么

旅行者

常规必带

服装、背包、鞋袜

青海冬季严寒而漫长，夏季凉爽而短促。旅游前往时，应带上防晒品，避免皮肤在阳光下长时间曝晒。雨季时，应做好防雨措施，带好雨具等。另外，青海昼夜温差大，需注意保暖。

在青海旅行，一双结实耐用的运动鞋是必不可少的。袜子方面，选择弹性较好、排汗良好的运动袜即可。

药品、食品

常规旅游准备一些感冒药品、胃肠类药品和一些去热止痛的药品就可以了，如：感冒片剂、感冒冲剂、泻痢停、复方阿司匹林、扑尔敏、抗生素。

在青海市区旅游，各大景区都备有餐厅或小卖部，也备有一些常规药品，不用担心。但是，在郊区或较为偏远的地方，需要准备纯净水、功能饮料等，以随时补充能量。

洗漱用品

毛巾、牙膏、牙刷、香皂、护肤霜、洗发水、梳子、剃须刀，以及手纸、湿纸巾等。

防护用品

户外旅行，拥有一双始终保持双手干爽的手套，可大大加强旅行的安全性；爬山或去偏远严寒以及环境恶劣地区，防晒霜可以削弱紫外线的影响，避免被晒得脱皮；一副好的太阳镜和一顶带有边沿的帽子，也能起到相同的作用。

可可西里

特殊选带

药品、食品

完全背包客，徒步、探险之类的自助旅游者，要备以下一些药品：

常备药物： 牛黄解毒片、黄连素、牙周宁、息斯敏、乘晕宁；

外用药： 云南白药、万花油、创可贴、清凉油、风油精、伤湿止痛膏、眼药水、药棉、纱布、绷带、白胶布；

抗高原反应药： 高原红景天(至少提前10天服用)、百服宁(控制高原反应引起的头痛)、西洋参(对缓解极度疲劳很有用)、速效救心丸；

维生素类： 金施尔康、善存片、其他维生素片；

驱蚊药水： 青海某些地区夏天蚊虫也较多，应自备驱蚊药水。

公路风光

食物方面，首选巧克力、牛肉干、水果糖、榨菜、饼干等高热量的食物。

帐篷、睡袋、旅行水壶、指南针

若是去偏远山区打算在野外露营的话，需要携带防雨帐篷和睡袋。户外探险随身带个水壶十分必要；万一迷了路，指南针能够给你指引前进的方向。

摄影器材

旅游和摄影向来是不分家的，前往风情多彩的青海也是如此。相机是一件必不可少的装备。普通旅游，家用卡片机基本满足需要。若是想拍摄高质量的自然美景和少数民族的风土人情，带上一个广角镜头和一个中焦变焦镜头可基本满足需要。此外，带一个轻便的三脚架也十分必要。多带几块电池和几张容量大点的SD卡。另外，偏振镜、UV镜、清洁套装、防尘防雨塑料袋等设备也十分有用。

相机

何时去

塔尔寺法会

去青海旅游的最佳季节是夏季，也就是5~10月。7月中旬的青海湖边，大片的油菜花盛开，黄色的花海和一望无际的蓝色湖水，令人陶醉。湖边也是游人最好的扎营地，那时的气温不超过18℃，气候凉爽宜人。

▼ 青海旅游月历

月份	节日
2月	塔尔寺酥油花节（每年农历正月十五）
4月	贵德梨花节（每年4月中旬）
5月	郁金香节（每年5月初）
7月	土族旅游文化节（每年7月） 王洛宾音乐艺术旅游节（每年7月） 花儿会、青稞酒节（每年农历六月六、六月十三） 同仁“六月会”（农历六月十七至六月二十五）
8月	玉树康巴赛马会（农历七月二十五至七月三十） 环青海湖国际公路自行车赛（每年7~8月） 中国青海国际抢渡黄河极限挑战赛(每年8月） 格萨尔王旅游文化艺术节（每年8月）
9月	青海民间文化旅游节（每年6~9月）
10月	塔尔寺四大法会（每年农历正月、五月、六月、九月）
12月	同仁於菟节（农历十一月初五至二十）
12月	冰雪圣诞嘉年华 温泉康体旅游节

塔尔寺酥油花

吃什么

手抓羊肉

青海是多民族聚集之地，因此菜肴和小吃面点品种丰富，风味各不相同。青海菜醇香、软酥、脆嫩、酸辣，兼有北方菜的清醇、川菜的麻辣和南菜的味鲜香甜。少数民族的菜则有一种粗犷之美，主料多为牛羊肉。

羊肠面

羊肠面是青海常见的一种风味小吃。它以羊肠为主料，并拌以热汤切面共食。羊肠面汤色淡黄，肥肠粉白；肠段细脆，面条细长爽口。夏天可吃凉，冬天可吃热。

羊肉蘑菇片

羊肉蘑菇片是海北藏族自治州较出名的美食。羊肉切片爆炒，蘑菇入味提鲜，文火炖焖，汤汁浓缩至一半时起锅，滴上香油即成。蘑菇的滑嫩融合羊肉的滋补，美味又营养。

清蒸牛蹄筋

青海特色菜肴之一，清真饭馆里的地方风味菜。这道菜淡嫩不腻，质地犹如海参，很有高原乡土的风味，在内地很难吃到。

奶皮

也叫干奶酪，是牛奶制品中最可口的营养食品。青海的奶皮纯黄夹白，入口奶油溢香，酥柔味美，不油不腻，营养丰富，老年人最为喜欢。

发菜蒸蛋

发菜蒸蛋是西宁的特色名菜，做法与蒸鸡蛋羹类似，但其中加了发菜，最后还以鸡汤或肉汤浇汁。做好的发菜蒸蛋，发菜如丝如棉，蒸蛋柔嫩香滑，味美鲜香。

肋巴

肋巴（Kebab）是一种烤肉。先把羊排骨煮到半熟，然后再刷上酱，在炭上烧烤。这种做法其实就是土耳其烤肉，甚至Kebab这个词也源自土耳其语。

锟锅馍

锟锅馍是青海半农半牧地区人们的面食品。将发面放入锟锅内埋入炉膛或炕洞内烙制而成。烙出的馍馍，外脆内软，香气扑鼻。

手抓羊肉

手抓羊肉是高原牧民喜爱的传统食物，以手抓食而得名。吃时一手持刀切割，一手抓肉入口。

住哪儿

青海湖畔帐篷

青海的住宿种类繁多，选择非常丰富。酒店分布在城区各处，各种档次的都有。青海囊括了全球连锁的各种高档豪华酒店，当然还有很多富有老青海特色的酒店。另外，还有各种富有特色的青年旅舍，以及便宜实惠的各种招待所等，能够满足不同消费层次人群的住宿需求。在青海挑选酒店，主要根据自己的经济能力，再依据酒店的地理位置和交通情况来选择。

星级酒店

青海的星级酒店集中于西宁市中心以及各州的政府所在地，交通、娱乐等设施也十分完善。

快捷酒店

城市快捷酒店在青海大部分地级市都有分布，但是无论淡季还是旺季，最好都提前预订，且在旺季时可能伴随有价格浮动。值得注意的是，青海省境内高原区域，几乎没有快捷酒店，游客在选择住宿时应适时安排。

普通宾馆及客栈

青海的宾馆及旅店价格较为合理，且住宿条件各有不同，游客可根据旅游路线以及个人喜好自行选择。

青年旅舍

青海有很多别具特色的青年旅舍，住在这里不仅能结交很多志同道合的朋友，还能近距离感受青海的别样风情。

野外露营

在青藏高原露营，危险较多，需经验十足、装备精良方可，尤其冬季晚上室外温度很低，建议带上羽绒睡袋和双层防风雨的高山帐篷。露营是很时尚的住宿体验，不过，要注意自身安全。

露营

怎么走

环青海湖公路

青海地区交通便利程度差异较大，像西宁等地交通较为通达；而部分景色优美的偏远地区交通则受环境因素制约较多，一般多为自驾或包车前往才能抵达。游客可根据自己的旅行路线，自行选择合适的交通方式出行。

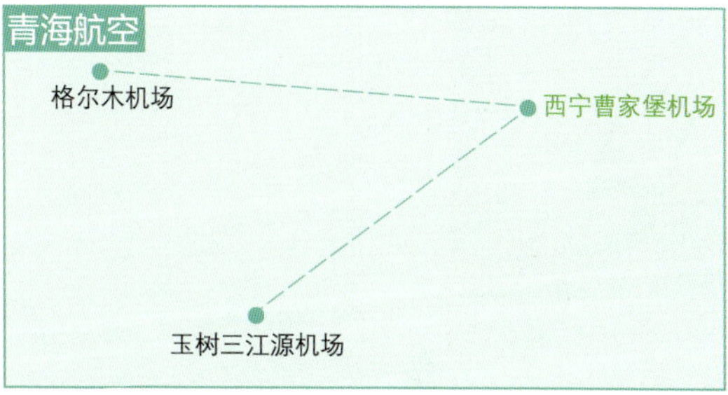

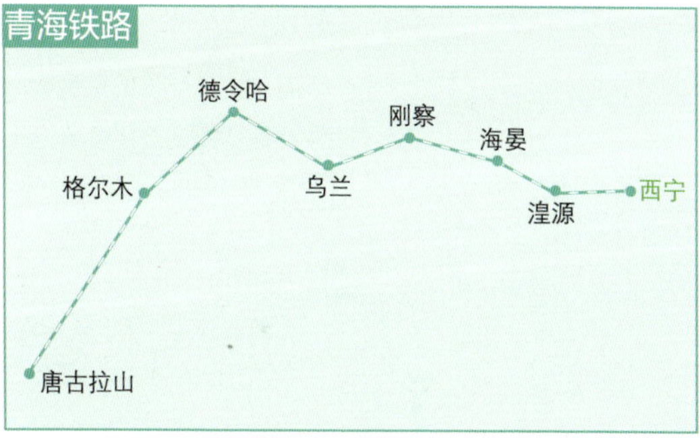

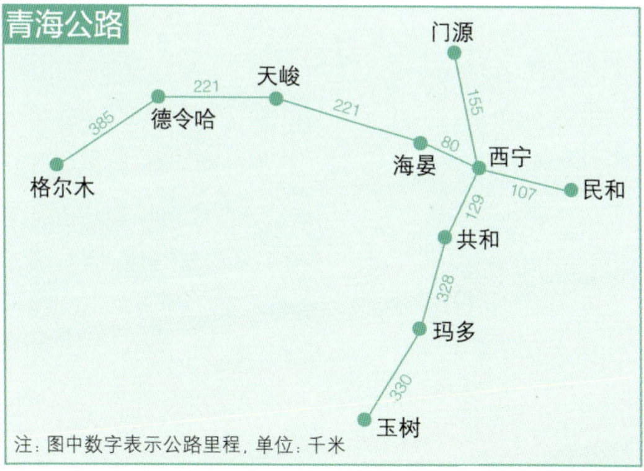

有用信息

旅游通信

青海话十句

普通话	青海话	康巴藏语
你好	你好	得磨
谢谢	谢谢	噶珍奇
再见	再见	材人
去哪里	阿扎次俩	噶男珠故
吃饭	尺饭	萨马萨
喝茶	呼茶	佳通
喝水	呼非	却瞳
喝酒	呼酒	腔通
不需要	不填	莫咕
肚子饿了	肚子无了	库巴杜绝
吃饱了	吃包了	库巴觉贴

通信

青海省信号覆盖面积很大，绝大多数地区，国内三大主要运营商信号强度都良好，偏远地区略差一些。游客可以根据自身情况，选择较好的通信服务。

保险

在行前给自己买一份保险，不管对自己还是家人，都是必要的，虽然这种保险常常被人忽视。尤其是要在青海包车旅行的旅行者，一份合适的旅行保险，可以对你旅行中因人身意外、财物遗失、医疗急救乃至因交通延误而导致的损失进行一定比例的赔偿。当然，在购买前一定要仔细推敲每一项条款。

银行

青海的银行机构在西宁以及河湟地区比较完备，国有四大银行都有分理处设立。各州政府所在地，在主要街道上都能找到银行和网点，而偏远地区也有农行及建行的网点，再不济，邮政储蓄也可以救急。如果要到牧区草原旅行，还是随身揣着足够的现金吧。

证件

在青海旅游，必须带上证明自己合法身份的身份证或护照。

学生、军人和记者等可以凭证件得到景区优惠门票的人群，一定要带上自己的证件，它会为你省下一大笔费用。

邮政

虽然青海地域辽阔，有许多荒僻之地，不过，但凡有村镇的地方，甚至大型兵站、矿山等都设有邮局。邮局一般毫无例外地设在主街上，不难找到。快递，在青海并不普及，只有在中心城市如西宁、格尔木这样的地方才有。但要注意的是，在一些小乡镇邮政所寄信，不要随手塞进邮箱邮筒，为保险起见，最好将信亲手交给邮政所工作人员。

节约技巧

出行之前最好理性规划行程，这样可以节约时间，减少一部分交通费用。具体的旅游路线以及攻略可参考相关旅游网站。

比较大的景区游览观光时间较久，可自带食物，因景区内售卖的食物价格较贵且味道一般。

选择入住的酒店时，可以到团购网站或者酒店官网看看，会有一定的优惠；在客栈或者小型宾馆住宿，可与商家适当议价。

旅行中尽量选择公共交通；前往偏远地区旅行时建议拼车，节约人力财力，也比较安全。

可以在当地人店铺里或者村民手中购买食品或土特产，原汁原味，价格也会比较划算。

风俗禁忌及注意事项

青海藏区的青稞酒颇为醉人，饮酒以自己平日普通白酒酒量的2/3为宜。

藏区的酥油茶之类食品不太适合内地人的肠胃，不能多吃。当地有待客的酥油茶空碗必重新添满的习俗，故建议始终保持碗内酥油茶2/3满，如此既不伤害待客之人的感情又保护了自己。建议携带黄连素之类的止泻药。

青海的许多地方都是各族穆斯林聚居区，在任何清真餐厅就餐注意不要带入非牛羊肉的外食，不要饮酒，尽量不要浪费食品。穆斯林的清真概念绝非只是禁食猪肉，而有很多禁忌，在没有搞清之前千万谨慎，以免伤害宗教感情。

除西宁、河湟地区以外，青海大部分区域多是高原荒漠区域，自驾者要小心驾驶，包车或者搭车，也要尽量选择司机稳重、有经验和车况好的车。如果是在雨季出行，沿线交通可能因塌方而临时中断，出发前要注意收看天气预报和路况新闻。

能歌善舞的藏族人民

建议第一次进入高原地区的旅行者，采取一些防止高原反应的措施。适当服用“红景天”或者充分喝水。初到高原，不要急速行走或者奔跑，避免暴饮暴食，尽量不要吸烟、喝酒。

太阳帽、太阳镜、唇膏、长袖衣裤、防晒霜，这是进入高原的必需品。

高原反应

青海境内部分旅游区地面海拔4000~4500米，游客初次来到海拔如此之高的高原，将面临高原病症状的潜在风险。面对高原反应要做到心中有数，以应对其有可能给您的旅途带来的麻烦。

1. 高原反应及主要症状

高原反应，是指人到达一定海拔高度后，身体为适应因海拔高度而造成的气压差、含氧量少、空气干燥等的变化，而产生的自然生理反应。

主要症状：一般海拔高度达到2700米左右时，就会有高原反应。高原反应的症状一般表现为：头痛、气短、胸闷、厌食、微烧、头昏、乏力等。部分人因含氧量少而出现嘴唇和指尖发紫、嗜睡、精神亢奋、睡不着觉等不同的表现。部分人因空气干燥而出现皮肤粗糙、嘴唇干裂、鼻孔出血或积血块等。

2. 应对高原反应的措施

（1）进入高原之前的准备

①进入高原前，可向有高原生活经历的人咨询注意事项，做到心中有数，避免无谓紧张。

②进入高原之前，禁止烟酒，防止上呼吸道感染。避免过于劳累，要养精蓄锐充分休息好。适当服西洋参等，以增强机体的抗缺氧能力。如有呼吸道感染，应治愈后再进入高原。

③良好的心理素质是克服和战胜高原反应的灵丹妙药。大量事例证明，保持豁达乐观的情绪，树立坚强的自信心，能够减弱高原反应带来的身体不适。反之，忧心忡忡、思虑过度，稍有不适便十分紧张，反而会加大脑组织的耗氧量，从而使身体不适加剧，使自愈时间延长。

④如果你从未进过高原，在进入高原之前，一定要进行严格的体格检查，特别是前往高海拔地区。严重贫血或高血压病人，切勿盲目进入高原。

⑤上高原前准备好相应药品：高原红景天（至少提前10天服用）、肌苷片等。对于高原适应力强的人，一般高原反应症状在1~2天内可以消除，适应力弱的需3~7天。此外，如果能适应酥油茶的味道，也可多喝一些，对缓解高原反应有一定作用。

（2）进入高原途中的注意事项

①应尽可能预备氧气和硝苯吡啶、氨茶碱等防治急性高原病的药物，以防万一。

②准备足够的御寒衣物，以防受凉感冒。寒冷和呼吸道感染都有可能促发急性高原病。

③在进入高原的途中，若出现比较严重的高山反应症状，应立即服用氨茶碱等相关药物（进藏区前应咨询专业人士，采购必备药品）。严重时应吸氧。若出现严重的胸闷、剧烈咳嗽、呼吸困难、咳粉红色泡沫痰，或反应迟钝、神志淡漠，甚至昏迷，除作上述处理外，应尽快到附近医院进行抢救，或尽快转往海拔较低的地区，以便治疗恢复。

红景天

④由于乘车进入高原所需时间长，途中住宿条件差，体力消耗大，因此除了准备以上各种物品外，还应该准备水或饮料以及可口易消化的食物，以便及时补充机体必需的水和热量。

⑤通过制氧机等工具补充氧气。

（3）产生高原反应后的应对措施

①青藏高原上的城市中，一般宾馆或有一定规模的城镇都有医院或卫生院，轻微的高原反应建议通过自我调节来适应它，严重的可以看医生。

②严重的高原反应，比如出现浮肿、肺水肿、重感冒等症状，建议一定到医院进行输液、吸氧等治疗，并尽快离开高原。一般高原反应一进飞机或一到平原便消失得无影无踪，且无后遗症。

突发状况

在青藏高原感冒后：在青藏高原地区一旦有感冒征兆，自己服用一些常用感冒药品，一般1~2天症状即可消失。即使没有感冒也要每天服用感冒冲剂加强抵抗力。万一感冒加重，要及时就医，避免转为其他高原病。

被藏獒或野狗咬后：青海藏区多藏獒和野狗，如果不小心被咬伤，要做如下急救：①用净水冲洗伤处，不要在伤处涂擦任何零售软膏或其他类似物。②在伤处置一干净软垫并包扎。呼叫医疗救助或将伤者送至医院进行检查并注射抗毒素或服抗感染药。狂犬疫苗必须在24小时以内接种，否则很有可能会得狂犬病。狂犬病发病后的死亡率是100%。

产生高原雪盲后：在高原强烈的阳光和紫外线下，如出现了雪盲，应以眼药水清洗眼睛，到黑暗处或以眼罩蒙住眼睛用冷毛巾冰镇，减少用眼，尽量休息。良好的休息和舒缓的环境能及时缓解雪盲的症状，但完全恢复通常须5~7天。

户外皮肤晒伤后：皮肤若晒伤后，切不可急着用冷敷，这样做会损伤皮肤。正确的方法是，使用清水（矿泉水最佳）冲洗皮肤，让肌肤轻柔地补充水分。水中的矿物质可以起到舒缓、镇静皮肤的作用。但须注意，一定要待晒伤的肌肤冷却后，再行冲洗，否则会因热胀冷缩温差太剧烈，使肌肤出现过敏症状而对皮肤造成二次伤害。

仅带走美丽回忆

前往青海旅游，每个人都应做到不随便破坏或是占有当地的动植物资源；旅途中尽量减少垃圾的产生，更不能乱丢垃圾，尤其是在偏远地区。保护自然，爱护环境。让美丽的青海一直美下去。

祁连山风光

青藏高原风光

西寧市東關清真大寺

西宁

发现者 旅行指南

概览

亮点

塔尔寺

塔尔寺是中国藏传佛教格鲁派六大寺院之一。殿宇高低错落，交相辉映，气势壮观。寺内珍藏了许多佛教典籍和学术专著。

东关清真大寺

东关清真大寺不仅是广大穆斯林群众进行宗教活动的场所，而且是伊斯兰经学研究的最高学府。大殿高大、宽敞、明亮，可以同时容纳3000人做礼拜。

日月山

日月山东侧为阡陌良田，一派塞上江南风光；西侧草原辽阔，牛羊成群，是

塔尔寺

一幅塞外景色。山体两侧有如此之大的反差，实属国内罕见。

必逛街道

莫家街：一个青海美食集中区。青海的酿皮、炒凉粉、酸奶、油炸糕、面片、抓面、羊肉串……这里应有尽有。

水井巷：有30余年的历史，是古城西宁最热闹的商业街。水井巷的南北干货、风俗小吃、民族用品，琳琅满目。

线路

西宁市区一日游

首先前往东关清真大寺参观，之后继续前行就是水井巷。在这个热闹的小吃街里，寻找舌尖上的美味。

午后先去北山公园。园内环境幽雅，风景秀丽。在这里小憩后去南山公园，观看五彩瀑布在太阳光的照射下飞落。之后去莫家街，享受丰盛的晚餐。

西宁周边二日游

第一天先去湟中县城，这里有藏传佛教的著名寺院——塔尔寺。县城的饮

东关清真大寺

食不是很理想，可以自己带些干粮。游览完毕后回到西宁市区，去当地美食集中地——莫家街品尝美食。

第二天先去东关清真寺参观。寺院边上有不少销售清真和民族用品的小店。下午去北郊的北禅寺游览。北禅寺是一座始建于北魏的道教寺院，为我国第二大悬空寺。

为何去

塔尔寺

有着2100年历史的西部古城——西宁，是黄河上游最大的城市。进藏的人在这里休憩，旅途中的人被这里纯美的风光、醇厚的民情所陶醉。西宁历史源远流长，宗教文化深厚悠久，民俗风情多姿多彩，自然景观独特高远，堪称青藏高原上的璀璨明珠。

何时去

老爷山

西宁的最佳旅游时节为夏季和初秋季节以及每年的正月十五。

西宁的夏秋季节气候凉爽，适于避暑。另外，塔尔寺每逢农历的正月十五、五月初五、六月初六、九月初九，都会举行大法会或晒佛活动，以正月十五和六月初六的最为盛大隆重。游客可根据自己的情况安排出行时间。

需要注意的是，西宁地处高原地带，空气稀薄，日照强烈，游客应注意预防高原反应、防晒，以及较大的昼夜温差。

西宁旅游示意图

区域解读

区号：0971
面积：约7679km²
人口：约233万人
主要少数民族：回族、土族

地理 GEOGRAPHY

区划

西宁下辖4个区（城中区、城东区、城西区、城北区），2个县（湟中县、湟源县），1个自治县（大通回族土族自治县）。

地形

西宁地处青海东部，黄河支流湟水上游；四面环山，三川会聚；地势由北向南倾斜，西北高，东南低；东西狭长，形似一叶扁舟。湟水及其支流南川河、北川河由西、南、北汇合于市区，向东流经全市。

气候

西宁位于青藏高原的东部，日照强烈，辖区内属于大陆高原半干旱气候，全年平均气温为6℃左右，这里冬无严寒，夏季凉爽，降雨多集中于夏季。

西宁丹霞地貌

历史 HISTORY

历史大事记

西汉武帝元狩二年（前121年），汉军西进湟水流域，汉将霍去病修建军事据点西平亭，这是西宁建制之始。

东汉建安年间，设西平郡，郡治在西都县，即现在西宁的前身。

魏文帝黄初三年（222年），扩建西平郡，开始在此筑城。

东晋，鲜卑秃发氏在青海境内建立南凉小王朝，一度以西宁为都城。

唐朝初年，以西宁为起点开辟了一条与吐蕃联系的通道，文成公主、刘元鼎从这条道路进入西藏。

北宋崇宁三年（1104年）改为西宁州，至此“西宁”之称始见于史。

元代初年，随着元朝军队的进入，另有一些中亚人和西域人迁入，西宁慢慢变成多民族居住区。

明洪武十九年（1386年），割宋元旧城之半，傍湟水另建新城。

嘉靖三十九年（1560年），禅师仁钦宗哲坚赞于塔侧倡建静房一座修禅。万历五年（1577年），复于塔之南侧建造弥勒殿。至此，塔尔寺初具规模。

万历四十年（1612年）正月，塔尔寺正式建立显宗学院，讲经开法，标志着塔尔寺成为格鲁派的正规寺院。

辛亥革命以后，西宁成了马麟、马麒、马步芳等军阀统治的中心。

1929年，青海正式建省，治西宁县；1946年正式成立西宁市。

1949年9月5日，西宁解放，9月8日成立市人民政府，为青海省辖市。

1950年，西宁市成为青海省人民政府驻地。

文化 CULTURE

塔尔寺展佛节

塔尔寺是藏区非常有名的寺庙，最吸引人的当数一年一度的晒大佛或晒大唐卡，又名“展佛节”。

“展佛”即露天展示放置了一年的巨大佛像，一方面是为了保护，即防霉变和虫咬；更重要的是，它是寺庙僧人和信教群众对佛祖朝拜供养的一种特殊方式。佛像实际是一种特制的大唐卡，它是一种卷轴画中极其稀少的珍品。

展佛之日，当东方第一缕曙光照射到大地之时，即为佛像展开的最佳时辰，故展佛又称“晒佛”。晒大佛，在每年农历四月、六月两次法会时举行。通过晒佛让信徒们瞻仰佛像，沐浴佛恩，并防佛像遭蛀。塔尔寺有“狮子吼”“释迦牟尼”“宗喀巴”“金刚萨埵”四种巨大的堆绣佛像，每次只晒一种，在寺院山坡上展晒。晒佛仪式非常隆重，观众极多，蔚为壮观。

“晒大佛”当日清晨，天不亮，塔尔寺的喇嘛们就要集中，做“晒大佛”前的各种准备；之后抬着巨大的佛像，沿着寺旁的山路，往山顶上走；最后将巨大的佛像（大唐卡），从山坡下一直铺放至山脚，让巨大的佛像展

塔尔寺展佛节上的民众

现在前来参观的成千上万名群众的面前。

“晒大佛”结束后，在塔尔寺内的广场上，喇嘛们带上各种假面，跳起各种宗教舞蹈。同时，喇嘛们还要念经祈祷。

中华民族医药奇葩——藏药

藏药是中国传统医药宝库中一颗璀璨的明珠。今天，植根于美丽神奇雪域的藏药，在经历了岁月的沧桑和洗礼后，焕发出前所未有的生机与活力。中国藏医药文化博物馆坐落于西宁市区，是世界上唯一一座反映藏文化的综合性博物馆。

青藏高原以地球“第三极”著称于世，藏药和藏医就是这块神奇土地上孕育出的医药奇葩。特定的自然环境，孕育出种类独特的高原生物资源，以藏药经典著作《晶珠本草》记载的藏药资源为例，收载的药物有2294种。多年的调查资料表明，青海省的天然药物有1660种，汉藏药材占1294种，冬虫夏草、大黄、秦艽、藏茵陈、羌活、贝母、红景天早就名扬海内外。

原始的藏药生产都是手工操作。20世纪70年代，青海省率先建立了全国第一家规模生产藏药的药厂——青海省藏药厂，从而结束了传统藏药靠手工操作的历史。

现在，藏药正在被青藏高原以外越来越多的人所选择。每年夏季，西宁都会接待很多来自国外和省外的旅游者，很多人除了带牛肉干和虫草等特产外，还要带几盒藏药回去。

近年来，随着藏医药市场化进程的逐步推进，神奇藏药在国内外掀起了一股热潮，藏医药以其独特的理论体系、可靠的疗效，受到人们的欢迎和关注。

景点推荐

西宁城区景点

南山公园

西宁一大胜景

西宁市城中区凤凰山路227号

市内乘坐3、4、34路公交车可达

南山公园，又叫凤凰山。山上有亭，名叫凤凰亭，相传是因南凉时有凤凰飞临其上而得名。这和当时流传的“龙现于长宁，麒麟游于绥羌”之说类似。南山公园为西宁一大胜景。据《西宁府新志·地理志》记载，“南山……冬夏积雪不消，耸出万山之上，俨若银屏，又谓之雪山，俗称南山积雪为八景之一也”，因而这里形成了西宁古八景之一的“凤台留云”。

南山绝顶气候多变，登上山顶，宛如置身在天宫之中，头顶青云缥缈，脚下冰层晶莹，十分壮观。夏天前往南山公园还能看到“南山积雪”，很是奇特。

南山上的景点均为新中国成立以后新建的。西宁电视台发射塔与凤凰亭相互对称，两者一塔一亭，遥相呼应。

玩家攻略

喜欢自然美景的话，可以看看南山公园以青海云杉、祁连圆柏、油松、青杨、榆树为主形成的森林景观，还有公园中心以牡丹花为主的数十种高原名花卉。每到盛夏时节，整个园区郁郁葱葱，很能让游客体会到回归大自然的无穷乐趣。

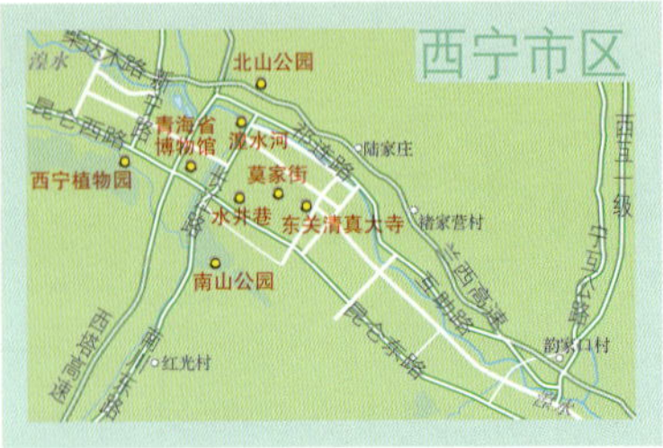

南山公园有一处新近建成的五彩瀑布，它在太阳光的照射下会形成“彩虹飞落”的场面，成为西宁独有的瀑布水景。

南禅寺

寺庙严谨布局的典范

西宁市城中区南山路与长江路交会处（昆仑桥往南）

0971-8586071

市内乘坐16、21、38等路公交车到南山寺站下可到

免费　9:00～17:00

南禅寺也叫南山寺，是目前西宁市保存较完整的古建筑群之一，与北禅寺遥遥相望。南禅寺是青海省最古老的汉传佛教（净土宗派）寺院。整个建筑群以关帝庙为中心，依山势而建，层层叠叠展开，布局有序，是中国寺庙严谨布局的典范。

今天的南禅寺古建筑基本上是清代重修的遗存，目前也算是西宁市保存较完整的古建筑群，同时也是本地及周边地区汉传佛教信徒进行宗教活动的重要场所。南禅寺有四合院5座、房屋86间，主要建筑有大雄宝殿、千佛殿、玉佛殿、三圣殿、韦驮殿、弥勒殿、地藏殿等，占地面积约6000平方米，现为省级文物保护单位。

拱辰门

再现民国时期的西北建筑风格

西宁市城中区北大街3号附近

西宁拱辰门位于北大街的最北端。明朝洪武六年（1373年）改西宁州为西宁卫，洪武十九年(1386年)修建了东、南、西、北四门，并建四门楼。如今的拱辰门便是当年的北门，因当时北门与湟水河相望，北门坡下又有北门泉，又俗称“水门”，题额“拱辰”。西宁卫北门城楼屹立500多年后因城市建设需要被拆除，2007年又按原貌重新修复。

拱辰门

重建的拱辰门城楼突出表现的是民国时期的西北建筑风格。城楼由城台和两层楼组成：城台为框架结构，外包青砖，富有历史韵味，带有历史残留痕迹；城楼为木结构，油漆彩绘，彩绘采用汉藏结合的方式，突出表现西北民间风俗。城楼前的北门泉绿地改造面积3000平方米，用北门泉水引流造出局部地方小桥流水，营造出“护城河”的感觉，绿地中还设有亭台等景观。拱辰门的重建，不仅再现了西宁的历史文化，又为市民提供一个休闲观光的去处。

水井巷

热闹的商业街

西宁市城中区水井巷步行商业街

全天开放

水井巷号称“小香港”，有小吃也能购物，是古城西宁最热闹的商业街。等晚上灯亮起来的时候，摊位就逐渐摆出来了，以藏

式饰品、小玩意居多，价格比商场里的便宜一大截，是个淘宝的好去处。其中，重点要提起的是水井巷的南北干货与风俗小吃，两者在当地无人不知无人不晓。各地的风味小吃，青藏高原的特产干货，全部在二里长的水井巷里竞展风采。

莫家街

西宁最古老的街道之一

西宁市城中区

全天开放

莫家街位于西宁市中心东大街南侧，迄今已有600多年的历史，是西宁最古老的街道之一。在西宁人眼中，莫家街是传统的美食街；而在外地游客看来，莫家街更是一个青海美食集中区。走进这里，青海的酿皮、炒凉粉、酸奶、油炸糕、面片、凉面、羊肉串等青海特色小吃随处可见，麻辣烫、米粉、馄饨、擀面皮、豆腐脑、麻团等大众小吃也应有尽有。若是到了晚上，瓜果梨桃、蔬菜肉食、干果调料、生猛海鲜、一应俱全，摊贩云集，游客摩肩接踵，更是热闹非凡。

链接

关于莫家街的传说

根据明嘉靖年间的传说，京都礼部官员莫怀谷的家中藏有一只“温凉盏”，这只酒杯冬温夏凉，酒味醇香，非常神奇。首辅严嵩之子严世蕃听说后，想要抢夺过来，但莫怀谷坚决不给，于是严世蕃串通他的父亲用“莫须有”的罪名将莫怀谷贬谪到了西宁。到了这里之后，莫怀谷便在莫家街所在之地修宅建院，并在今雷鸣寺街南面修建了一座“莫家寺”，寺内供奉有三尊大菩萨像和莫氏祖宗灵位。道路建成后，这条街道即根据寺名取名为莫家街了。

莫家街

湟乐公园

野炊、钓鱼的好去处

西宁市城东区的乐家湾地区

湟乐公园的大门在四医院附近，兰青公路的北侧。此门是由大小不等、形状各异的几个拱状套环组成的，既是大门，又似雕塑，为兰青公路增添了美色。园内以“沁园”为中心建筑，湟水被引进公园，从沁园流过，使沁园形成了水榭。水榭四周，是各式花圃、花房。湟乐公园最大的特色是，保持了原来的自然林木景观。这里原是兰青公路两侧的一大片树林，林木茂密，野花丛生，绿草如茵，北临湟川，是附近市民野炊、钓鱼的好去处。

南关清真寺

马步芳亲自批准修建

西宁市城东区南小街

市内乘坐5、41等路公交车到南小街站下可到

免费 8:00～20:00；周五10:00～15:00为礼拜时间，非穆斯林不得入内

西宁南关清真寺总面积为3100平方米，有砖混结构礼拜大殿5间，二层砖混结构东房8间，二层北房14间，二层西房12间，水塘7间以及1座高约15米的唤醒楼。

当年这里人烟稀少，附近的回族群众要到东关清真大寺做礼拜，很不方便，于是当地民众集资修建了土木结构的西房3间，作为礼拜大殿，北房3间为学生房并请买成章阿訇任教。随着南关地区人口增加，清真寺也逐渐扩修，形成较大的规模。这里曾作为西宁刺绣厂厂房，后又被城东区南小街小学占用，直到1979年房屋才归还给清真寺。之后，清真寺又重新进行整修扩建形成今天的规模。

撒拉族古清真寺

建筑精巧，华丽精致

西宁市城东区

撒拉族古清真寺亦名辽湾清真寺，始建于清乾隆年间（1736—1795年）。1988年扩建。全寺占地面积2000平方米。主体建筑礼拜殿平面为凸形，系单檐歇山式中国古建筑形式，

南关清真寺

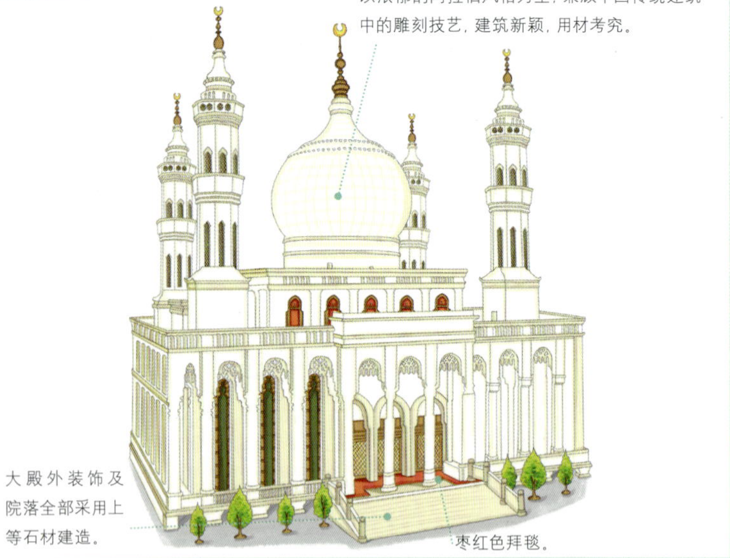

建筑面积约467平方米。该寺邦克楼精巧，为三层六角形塔式建筑，底层为砖结构，二、三层均为全木结构；数挑斗拱相托，飞檐翘角，十分美观；顶部为亭式尖顶，更显华丽。

玉带桥清真寺

西宁的清真古寺之一

西宁市城东区

玉带桥清真寺是西宁的清真古寺之一，现已成为继享有盛名的东关清真寺后的第二大清真寺院。重建后的清真寺大殿风格为中阿融合式建筑，整体建筑为典型的伊斯兰教风格。两层大殿宽敞明亮，雄伟壮观。

正中的礼拜大殿是全寺最大的建筑物，外形呈凤凰单展翅状，砖木结构，具有我国古代宫殿建筑风格，面积1102平方米，可容纳3000人做礼拜。殿顶脊装有藏式镏金宝瓶，为甘肃拉卜楞寺喇嘛所捐，为国内清真寺所仅见。大殿内的18根大柱为佑宁寺所赠。

玩家 攻略

做礼拜的时间谢绝参观与拍照。

青海省博物馆 AAAA

西宁靓丽的风景线

西宁市城西区西关大街58号

乘12、18、22路公交车可到

淡季9:30~16:00，旺季9:00~16:00，星期一闭馆

青海省博物馆是青海第一座具有现代化功能的大型博物馆。博物馆整体建筑采用传统的中轴对称手法，散发着强烈的时代气息，同时兼具浓厚的民族、地方特色，与西侧的新宁广场构成了西宁古城一道亮丽的风景线。

景区占地面积2.28万平方米，内设主、侧展厅9个，展出面积9146平方米。核心景观有：《青海省史前文明展》《青海民族文物展》《藏传佛教艺术展》3个展览。青海省博物馆不少珍品是举世瞩目的国之瑰宝，其中国家一级文物150余件。

玩家 攻略

欣赏歌舞表演：为了激发社会各界人士了解青海历史与文化的热情，青海博物馆还会定期举办青海特有的土族、撒拉族歌舞表演。如果对历史歌舞感兴趣，届时可以去看看。

参观展览：博物馆常设展览有两个——《江河源文明——青海历史文物》展览和《青海省非物质文化遗产》展览。前者展出了青海古代先民在文化艺术、工艺技术等方面的各种精美文物，后者主要是各民族人民世代相承的、与群众生活密切相关的各种文化表现形式。

玩家 解说

馆内珍藏的铜镏金观音造像为国宝级文物，是由明朝皇帝赐给青海著名的瞿坛寺的。像高146厘米，观音身姿婀娜，站立在莲花座上，衣饰线条流畅飘逸，面含微笑，表情慈和。观音造像遍体镏金，其铸造工艺代表了明代的最高技术水平。

东关清真大寺

伊斯兰经学研究学府

西宁市城东区东关大街东大街路南一侧

市中心乘坐1路、2路、23路公交车可直达

东关清真大寺至今已有600多年的历史，为青海省清真寺中历史悠久、规模较大、建筑技艺精湛的古寺之一。大寺几经修葺、扩建，规模日臻宏大，现已是我国西北地区最大的清真寺院之一。总面积11 940平方米，礼拜堂面积1102平方米。寺院坐西面东，具有我国古典建筑和民族风格的建筑特点，雕梁画栋，玲珑精致。

每当伊斯兰重大节日时，数以万计的穆斯林教徒聚集在这里，举行隆重肃穆的宗教活动。东关清真大寺，不仅是广大穆斯林群众宗教活动的场所，而且是伊斯兰经学研究的最高学府。民国以来，伊斯兰教伊赫瓦尼教派的创始人及其继承人，将该寺作为海乙寺（中心寺），培养造就了一大批伊斯兰教学

东关清真大寺

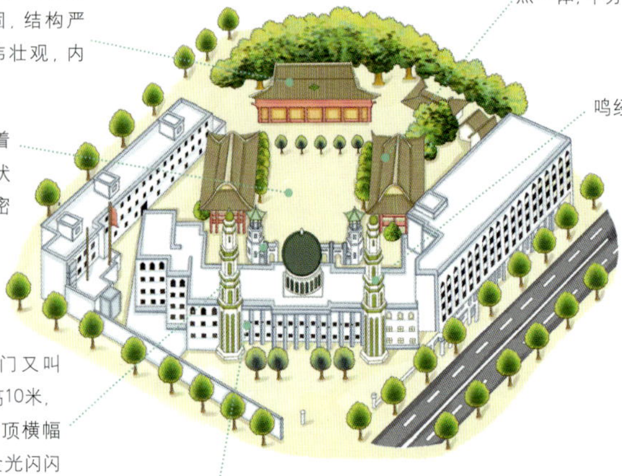

者。甘、青近千座清真寺的开学阿訇，由该寺选派或认可，因而在海内外享有盛誉。

青藏高原野生动物园 AAAA

高原特色的野生动物园

西宁市城西区

市内乘坐8、22、30、41等路公交车在殷家庄站下

0971-6146648

30元；园内海洋馆门票40元，其他各娱乐项目均单独收费

工作日9:00～17:30(16:30停止售票)，节假日9:00～18:00(17:00停止售票)

青藏高原野生动物园是一处集野生动物观赏、保护、科研、繁育、科普教育为一身的，具有高原特色、人与动物自然和谐共处的旅游胜地。野生动物园内设动物散养区、动物圈养区、科普教育区、餐饮游乐综合服务区等6个区共24个景点。

西宁野生动物园地势起伏较大，山梁、沟壑、丘陵、平地遍布。馆舍设置因地制宜，动物展出面积大，活动空间大，而且并未对园区野生动物开展驯化表演，充分尊重了野生动物的天性。园内共展出动物180余种3000多头只，其中有青藏高原特色动物普氏原羚、雪豹、野牦牛、白唇鹿等，还有长颈鹿、斑马、海豹、鳄鱼等异地来客。由于园区面积较大，加之海拔高、地势陡，园区设置了环园观光小火车等观光车辆，

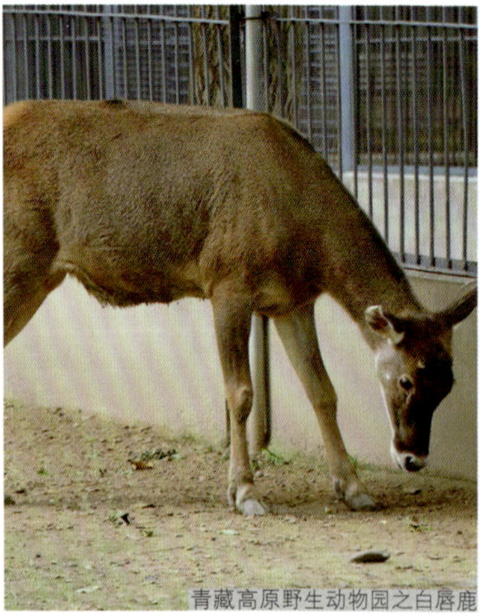
青藏高原野生动物园之白唇鹿

并增设了亲子欢乐园、5D影院等娱乐休闲项目。

玩家攻略

青藏高原野生动物园海洋馆是青海省唯一的一所以海洋生物为主要展示内容的大型场馆。海洋馆有海狮、海豹、热带鱼等近70种海洋生物，还有国家一级珍稀濒危动物娃娃鱼供游人参观。馆内还有精彩的美人鱼、海豹等各类表演节目。

青海省图书馆

主体建筑简洁明快

西宁市城西区西关大街66号

青海省图书馆始建于1935年，现新馆坐落在古城西宁的西端。图书馆简洁明快的主体建筑群，与西边雄浑古朴的虎台遗址形成现代与古典、文化与艺术之间的和谐回旋。该馆将图书馆本身应具有的文化风范和精神气质充分地表现了出来，成为古城西宁一道灿烂的风景。

新馆总建筑面积1.15万平方米，藏书容量140万册。图书馆已逐步形成以计算机中心为现代化管理的业务模式。图书馆分设书库区、阅览区、办公区、借阅处，有工具书及珍藏阅览室等12个阅览室，以及200多个座位的多功能报告厅和能容纳200余人的教育培训中心。图书馆设有"海津书屋"，积极开展新旧图书出售与旧书交易业务，积极为读者提供馆藏文献的复制、打字与借阅书刊及特色文献外借服务等。

南凉虎台遗址公园

西宁重要的古代遗迹

西宁市城西区西关大街

市内乘坐2路、6路、18路公交车可以到达

0971-8131080 免费

9:00~18:00

虎台是东晋十六国时期南凉王在西宁建都时的重要遗迹，至今已有1600多年的历史。传说虎台是樊梨花西征时点将的地方。原台共9层，台下可陈兵10万，台上用于军事检阅，现仅存土丘。

南凉虎台遗址公园

南凉虎台遗址公园总占地面积6.09万平方米，划分为3个功能区：文物展示区、园务管理区、安静休闲区。主要景点为辕门、阅兵场、玉玺和铜鼎、三王雕塑、修复的土台、篝火台、将军亭、文物展厅等。

新宁广场

西宁市的重点形象工程

西宁市城西区五四大街与新宁路交会处（原交通巷批发市场）

新宁广场纵轴线起于新宁路东侧，终于博物馆正面，依次为入口广场、中心广场（天圆地方广场）、博物馆前广场。

其中，中心广场以大型水景喷泉为主景，美妙的音乐、变幻的灯光和节奏感十足的水景有机结合。彩色音乐喷泉直径为34米，最中央是高大的8个蒲公英式的固定喷泉，中间层为跳动的、摇摆的、孔雀开屏式的喷泉，外层是伞状、蘑菇状的喷泉。纵横主轴线所夹四角为绿地，两侧的林下广场

新宁广场

为国槐树，依树荫形成良好的休憩空间。北侧大块草坪和樱花林尽现大自然景观。新宁广场是西宁市的重点形象工程，寓“新世纪、新西宁”之意。新宁广场融生态园林、历史文化为一体，整个广场布局结构清晰明快，设计高雅大方，广场、绿地错落有致，灯饰、喷泉相映成趣，具有较强的可视性和实用性，体现了浓郁的现代文化氛围和以人为本的先进理念。它的建成，进一步完善了城市的服务功能，提高了城市的文化品位。

麒麟湾公园

园内诗情画意

西宁市城西区156号

乘坐34路、58路公交车麒麟湾站下车即到

免费　全天

麒麟湾公园是在儿童公园的基础上改建而成的。这个集现代和传统为一身的滨水景观生态公共绿地，已成为西宁极具代表性的城市人文风景名片。

园内流水淙淙，诗情画意。进入公园北大门，便见一处水景，宛若长河，清澈见底。西宁府城微缩景观由黄铜铸就，向游人展现了清代西宁府城的原貌。西大门开阔地上的圆形浮雕平台，高出地面约半米，直径约20米，中央为一昂首挺立、口含铜钱的貔貅浮雕，周边依次环绕着牡丹、荷花、菊花、梅花、石榴、仙桃等花木和蝙蝠、云头、寿字等纹饰的浮雕。公园美丽的风景、样式繁多的景观，令游人流连忘返。公园的西侧则是麒麟湾商业区。主色调为深灰色的商铺，按照地形地势沿南川河滨河风景线蜿蜒错落；马头墙、酷似老西宁城的古朴院落，在270多棵百年杨树间完善布局，营造出了商业街从未有过的人文环境。

西山浦宁塔

多功能观光休闲场所

西宁市城西区

0971-6246458　50元

西山“浦宁之珠”电视观光塔，位于西山山顶。观光塔高188米，是集电视信号发射、观光、餐饮为一体的多功能观光休闲场所。“浦宁之珠”观光电视塔塔楼采用时尚、科技性的球形设计，极具特色，已成为西宁市的经典地标。塔座建筑共分四层：地下一层为扇形商铺,首层为城市规划展示厅和贵宾接待室，地上二、三层为多功能观光塔内部办公、值班用房。球形建筑共分五层：一层为避难层，二层为观光厅，三层为酒吧，四层为旋转茶座，五层为机房。其中二、三、四层对外开放。主塔设计客流量达400人/小时，电梯每秒上升2.5米。每当天空晴朗，登上观光塔，“一览西宁小”的美景尽收眼底。

人民公园

西宁人的公共游乐公园

西宁市城西湟水与北川河交汇处南岸

人民公园是西宁市最大的公共游乐公园，居西宁新八景之首。公园主要游乐设施有花卉区、人工湖、儿童游乐区、动物观赏区及美术展览馆等。

这里绿树成荫，曲径回廊，水阁相间，鸟语花香，被称为“人工绣景”。人工湖中建有湖仙山、湖心亭，湖面夏秋可以泛舟，冬春是天然滑冰场。沿湖建有200米长廊，为游人观赏湖光水色提供了方便。

西宁植物园

尽现高原特有的植物景观

西宁市城西区西山三巷5号

乘2、30、40路公交车可到

西宁植物园是一处集游览观光、科普研究、园林艺术展示、园林植物繁育推广、濒危植物保护等为一身的大型现代园林绿地。植物园尽现高原特有的植物景观，创建出具有高原特色和地方民族特色的园林植物配置艺术，引种国内外适应本地气候特点的栽培植物，以丰富园林绿化树种和品种，为西宁市民提供幽雅、优美的休憩游览场所。

西宁植物园以台地为主，分山上、山下两个旅游区。山上为林区，主要树种是云杉、油松等。高大的杉树，像一座座绿塔，参天而立；茂密的松林，遮天蔽日。山下的景点，建有盆景园、丁香园、蔷薇园、松柏园、岩石园等9个园中园。植物园为青海人民提供了旅游场所，也成为西宁的新八景之一。

玩家攻略

西宁植物园内的空气、环境很赞，盆景区很有意思，里面的盆景各式各样，很漂亮，值得一看。

中国藏医药文化博物馆 AAAA

展示藏医药文化内涵

西宁市城北区生物园区经二路36号

乘1、65、72路公交车可到

大门票免费，有巨幅唐卡的展厅票价60元

一期馆：9:00~16:00；二期馆：10:00~15:30

中国藏医药文化博物馆是世界上唯一的征集、保护、研究、展示藏医药文化遗产的藏医药专业博物馆。博物馆主体建筑以天圆地方的古老主题为设计理念，融藏族传统建筑风格与现代建筑艺术为一体，是西宁市的标志性建筑。

中国藏医药文化博物馆整体结构共分三层。目前内设藏医史、曼唐器械、古籍文献、藏药标本、天文历算、彩绘大观、藏族民俗、藏文书法八大展馆，以及世界上最大的千尊药师佛殿和古籍藏书阁。各大展厅根据不同的展示内容，通过环境再现、唐卡雕塑、文物展示、高科技模拟等方式和手法，突出特点，各具风格，展示中国藏医药文化博大精深的丰富内涵。

玩家攻略

博物馆内最值得一看的是，馆内永久性展出的由当代藏族著名唐卡工艺美术大师宗者拉杰历时20余年设计策划，400余位藏、蒙古、汉、土族顶尖工艺美术师耗时4年精心创作完成的、载入吉尼斯世界纪录的《中国藏族文化艺术彩绘大观》长卷。唐卡全长618米，宽2.5米。它采用藏族传统绘画技艺，用金粉、玉石、珊瑚等珍宝颜料精心绘制而成，堪称民族文化的稀世珍宝，藏文化精品的一大奇观。

中国藏医药文化博物馆

北禅寺
中国第二大悬空寺

西宁市城北区祁连路西38号（近湟水北土楼山峭崖） 0971-5507110

乘坐北山专线旅游车或10、11、19等路公交车在北山市场站下

免费 8:00～18:00

北禅寺俗称“北山寺”，又名永兴寺。因北山山崖层叠，远眺似土台楼阁高高矗立，故又名土楼山，北禅寺也因此又叫土楼观。北禅寺是青海境内最早的宗教建筑，初建于北魏明帝时期，距今已有1900多年。北禅寺早先为佛教寺庙，之后由于道教盛行而成为道教寺庙。整个建筑背倚北山，基本上是依山腰中的红砂岩天然断层由西向东依次而建，上载危岩，下临深谷，楼阁悬立，结构奇巧，寺院错落有序，蔚为奇观。据说，“北山烟雨”是西宁八景之一。

北禅寺是依土楼山特殊丹霞地貌造型而建造的。软岩层向里凹进，形成大小不等的洞穴，当地人称“九窟十八洞”。洞内塑有玉皇、观世音、文殊、普贤、关云长等神佛像。洞壁上所绘的神像图案、花卉山水具有汉、藏佛教绘画艺术风格，曾有“西平莫高窟”的美称。从艺术风格来看，当属晚唐和宋元时代的遗迹。因为是道教道观，所以寺内又有魁星楼、灵宫殿等建筑。硬岩层向外凸起，犹如屋檐；庙宇殿堂建在其上，殿宇高悬；栈道回廊将殿宇楼阁与洞穴群相连，使殿中有洞，洞内套洞，洞中藏佛。由于栈道回廊紧靠悬崖，甚至悬空架设，因此北禅寺有“中国第二大悬空寺”之称。

北禅寺

北禅寺海拔2400余米，远远望去，在蓝天白云的衬托下显得分外壮观，因而被人们称作“湟中第一古寺”。

玩家 解说

因为高原气候多变的缘故，北山上有很多奇景，尤其是烟雨中的北山，令人有水墨入画的意境。站在斗母殿，殿檐滴水如珠，雨幕中的群楼像笼罩了一层轻纱；遥望南山，似见似不见，让人很有几分感慨。

朝阳公园
空气清新，花草繁多

西宁市城北区门源路

0971-5216626

8:00～18:00

朝阳公园原是朝阳地区的一片沙滩地，1986年改建为朝阳公园。园内建有仿古的四方亭。这里空气清新，花草繁多，绿树成荫，是鸟的天堂家园，人的仙境胜地。人们可在小亭下乘凉、聊天。四方亭的周围是花房、花圃，花房中的花品种繁多。

玩家 攻略

每年的5~6月，公园里郁金香盛开，是游览朝阳公园的最佳时节。

北海公园
湖光潋滟，草木葳蕤

西宁市城北区廿里铺镇双苏堡村（宁张公路10千米处）

0971-5310188

全天开放

水资源充沛是西宁北海公园的最大特

西宁城区休闲场所

西宁乡趣农耕文化生态园： 建有日光节能温室200栋，钢架大棚2000平方米，不同时期的青海民居拆旧复原6座、户外茅草棚6座。休闲观光园接待房间有40间，房内环境卫生，布置极具特色，设施齐全，可一次性接待游客2000人。

8586659/13909719913

西宁市城北区大堡子镇陶北村口

西宁君悦生态园： 占地面积2000平方米，有300个餐位，特色菜品主要有开锅羊肉、如意刺身等。

15109784393、15719713317、13897281271

西宁市城东区杨沟湾苹果园

色。公园景观设计紧扣这一资源特色，营造了江南园林风格。其两河、两湖、多泉形成二龙戏珠的园林风水。园内湖光潋滟、草木葳蕤，曲径通幽的景色为“夏都”西宁市增添了新的园林景观。

北海公园整个园区共分为6个区域。亲水景观区内南北两个人工湖以仿天然手法设计，充分表现源头活水的兴旺、纯净。茶园休闲区位于公园的西北部。老年公寓区分布在公园的东南部，依山傍水。民族风情展示区位于公园的东北部。民族风情展示区建有湟中塔尔寺、北山土楼观和南山凤凰台、马步芳玉石公馆等微缩景观，还建有歌舞广场，为青海花儿会、民族歌舞演出等活动提供场所。紧挨民族风情展示区的为寓教育于休闲游乐中的少儿活动区，自然风景生态区位于公园别墅区南部，以落叶乔木和针叶树、乔灌草结合形成高郁闭度的生态风景林。公园在园路交叉口和景观优美的地段，设立景亭等景观小亭，便于游人观景休息。

湟水河

青海的母亲河

西宁市城北区　免费　全天开放

湟水河又叫西宁河，是黄河上游的重要支流。春夏之际，湟水上游冰雪消融，水源充足，流至西宁西郊河、北川河、南川河，它们先后注入湟水，遂河水骤涨，波涛汹涌，故称“湟流春涨”，为西宁古八景之一。

湟水穿流于峡谷与盆地间，形成串珠状河谷。下游河谷宽阔，富水力资源。湟水流域孕育出了灿烂的马家窑、齐家、卡约文化，养育了青海省约60%的人口，被称为是“青海的母亲河”。

湟水河风光

景点推荐

塔尔寺 AAAAA

塔尔寺又名塔儿寺，始建于明代嘉靖三十九年（1560年）。塔尔寺藏语称为“衮本贤巴林”，意即“十万狮子吼佛像的弥勒寺”。它是格鲁派（俗称“黄教”）创始人宗喀巴的诞生地，也是青海省首屈一指的名胜古迹，与西藏的色拉寺、哲蚌寺、扎什伦布寺、甘丹寺和甘肃的拉卜楞寺并称为我国藏传佛教格鲁派的六大寺院。

寺庙依山而建，由大金瓦殿、小金瓦殿、长寿殿、大经堂、九间殿、酥油花院、八宝如意宝塔等多间宫殿、经堂和佛塔寺组成，错落有致，气势恢宏。塔尔寺集藏、汉、梵建筑风格于一身，同时融各种法器、千姿百态的佛像、浩瀚的佛经和碑刻等宗教文物于一体，堪称是一座佛教艺术的精美宝库。

西宁市金塔路56号

乘914路、湟中1路公交车可到

0971–2232357

80元；比较有名的馆，如酥油花馆、印经院、壁画、唐卡等需凭票进入，其他小馆免费进入

8:00~17:00(冬季开放时间会缩短一些)

玩家攻略

请导游：如果对宗教或寺庙历史不是很了解，建议请个导游带领参观。景区卖票处有很多导游，他们熟知塔尔寺的一切，听听他们的讲解，会知道很多有意思的故事。一般请导游约60元，可以试试砍价，也可以和别人合请一个。

顺时针转塔：参观塔尔寺时，如果想要转塔或转经筒为家人、朋友、自己祈福，记得要按照顺时针方向。

法会活动：每年农历正月（正月十四跳欠、正月十五酥油花展）、四月（四月十四跳欠、四

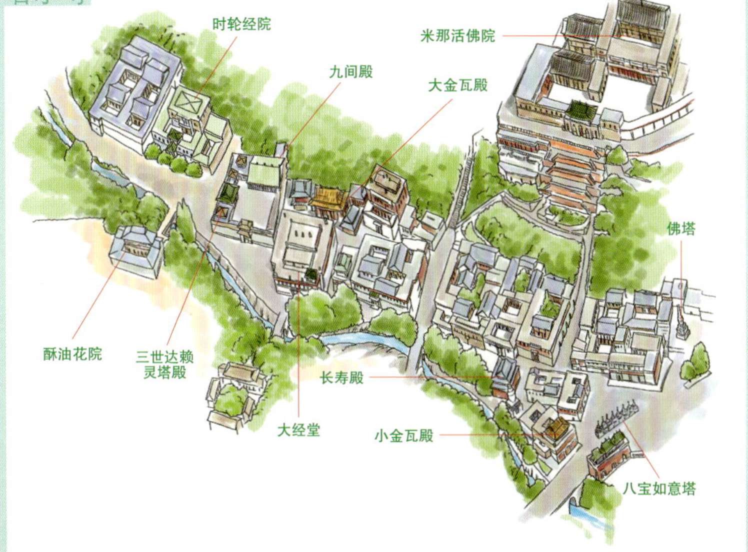

月十五晒佛和跳欠）、六月（六月初六晒佛和跳欠、六月初八转金佛）、九月（九月二十二全天晒佛、九月二十三跳欠），塔尔寺会举行四大法会，农历二月和十月还有两个小法会。届时会有很多信徒和游客，非常热闹。

特别推荐正月十五灯节时的酥油花展，这是塔尔寺一年一度的大盛会。届时庙内艺僧会在寺内展出精心制作的酥油花。酥油花美妙绚烂，绝对会让你流连忘返。

塔尔寺所在的鲁沙尔镇有不少住宿的宾馆，但是大多数游客在游览塔尔寺后，都返回西宁市区住宿。镇上也有不少饭店，但饮食条件不如西宁，建议游客自带干粮。

链接

宗喀巴大师和塔尔寺

宗喀巴大师生于1357年。传说他出生时，有脐带血滴在地上，那里便长出一棵菩提树。宗喀巴后来进藏学习藏传佛教，无法回乡省亲。大师寄信安慰母亲，让母亲包着菩提树修一座塔，并表示“见塔如见儿面”。于是，在信徒们的心中，这座塔以及塔里的菩提树便是宗喀巴大师的化身。

起初这座塔是砖塔，后来在外面又包了座银塔，再后来又包了座金塔，现在游客看到的便是这座高11米的金灿灿的金塔。后来信徒们又在这座大金塔外建了一个“大金瓦殿”，并不停扩建庙宇群，就有了塔尔寺现在的规模。

在大金瓦殿正门前还有一棵菩提树，据说与塔内的那棵是“同根”。信徒们把外面的那棵树也看作是大师的化身，每到秋天，树叶飘落，信徒们纷纷抢回家去收藏。

八宝如意塔

为纪念佛祖功德而建

建于1776年的八宝如意塔，位于寺前广场，是为纪念佛祖释迦牟尼一生之中的八大功德而建造的。八座塔造型大同小异，塔身高约两丈，白灰抹面，底座由青砖砌成，腰部装饰有经文。每个塔身南面还有一个佛龛，据说里面藏有梵文。八宝如意塔整体给人以优美、壮观、圣洁之感。

链接

八宝如意塔

八座塔从东到西依次是：

莲聚塔：纪念释迦牟尼降生时行走七步，步步开一朵莲花；

菩提塔：纪念释迦牟尼修行成正觉；

四谛塔：纪念释迦牟尼初转四谛法轮；

塔尔寺密宗学院

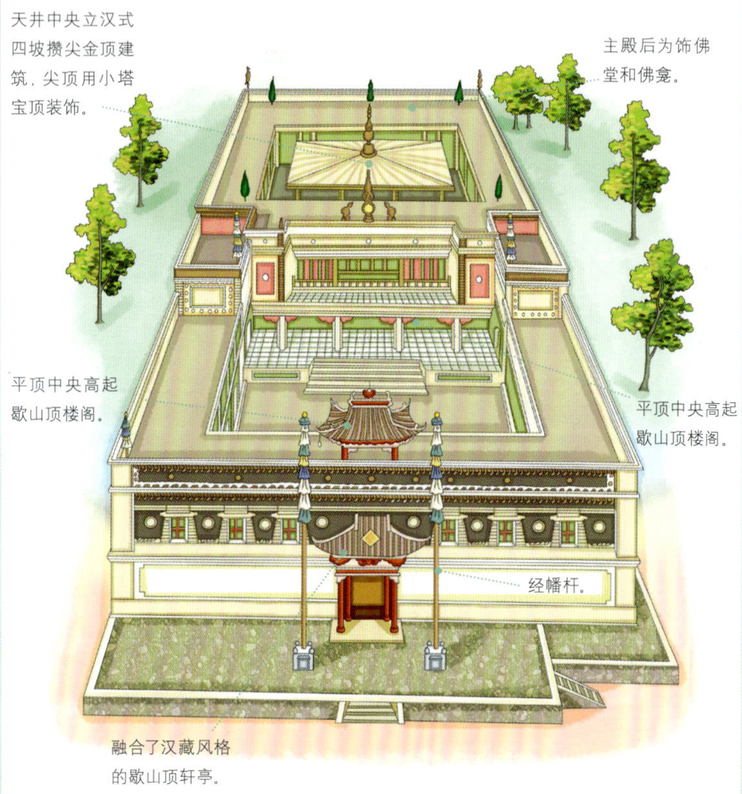

神变塔：纪念释迦牟尼降伏外道时的种种奇迹；

降凡塔：纪念释迦牟尼从天堂返回人间；

息诤塔：纪念释迦牟尼劝息诸比丘的争端；

胜利塔：纪念释迦牟尼战胜一切魔鬼；

涅槃塔：纪念释迦牟尼入涅槃，进入不生不灭的境地。

大金瓦殿

庄严大方，雄伟壮观

走进塔尔寺就能看见位于寺庙最中心位置的大金瓦殿，藏语称“赛尔顿庆莫”，即“金瓦”的意思。这是塔尔寺的主殿，建于明嘉靖三十九年（1560年）。

大金瓦殿是古时耗巨资建成的。屋顶为三层重檐歇山式金顶，檐口装有镀金云头、滴水莲瓣，飞脊有宝塔及一对“火焰掌”，四角设有金刚套兽和铜铃；底层是琉璃砖墙壁；二层是边玛墙藏窗。正面柱廊用藏毯包裹，殿内悬挂有乾隆皇帝御赐的金匾……整个建筑庄严大方，雄伟壮观。在阳光照耀下，大金瓦殿更显光彩夺目。

玩家 解说

清乾隆五年（1740年），藏王颇罗鼐·索南多布吉施舍白银2.7万两，将大金瓦殿全部盖上了镏金瓦，殿脊安置了大金顶宝瓶，金顶两边安置了一对喷焰宝饰，使得整个大金顶金光四

塔尔寺

大金瓦殿

射，灿烂夺目。殿高19米，殿中主要供着银壳神变大灵塔，塔高11米，以纯银作底，表面镀以黄金，并镶嵌有各种各样的珍宝，塔的中部佛龛里供着宗喀巴的泥像。

小金瓦殿

殿中回廊陈设走兽标本

比大金瓦殿修建时间稍晚的小金瓦殿，是塔尔寺又一值得细品的地方。它又名护法神殿。殿中回廊陈设着野牛、羊、熊、猴等走兽标本。据说，这些标本象征着一切恶魔鬼怪已被神征服之意。大殿左边是一匹白马标本，是当年三世达赖喇嘛从西藏拉萨到青海塔尔寺的坐骑，后人把它当作神马，和家神一起陈列供奉。

长寿殿（祈寿殿）

塔尔寺木刻艺术的结晶

长寿殿在小金瓦寺的后面，是1717年寺僧为了祝愿七世达赖喇嘛长寿而建造的。长寿殿的建筑面积为772平方米，殿宇为二层重檐歇山顶式建筑，正面是琉璃瓦砖墙突出的小门，整体看去犹如一幅优美的木雕画图。值得一提的是，殿内供奉的释迦牟尼等30多座佛像，全是木刻浮雕，手工雕饰精湛细致，堪称是塔尔寺木刻艺术的结晶。

玩家 攻略

长寿殿院内有菩提树数株，一到盛夏，浓荫蔽日，花满枝头，芳香扑鼻。

酥油花院

为制作酥油花而设

酥油花是塔尔寺三绝之一。塔尔寺为了提高酥油花的雕塑技艺，设有上下两个酥油花院，以便彼此切磋相互印证。每年法会期间的酥油花，基本都是由上下两个酥油花院共同制作完成的。

塔尔寺上下酥油花院共计有20余位专做酥油花的艺僧。做酥油花雕塑并不简单，半液化的酥油花易溶于水，酥油花的塑像过程通常必须是0℃以下操作。艺僧们必须能够长时间地经受住这个巨大的考验。雕像之前，喇嘛们要将自己的双手长时间地浸泡在冰水中，直到双手的温度降至冰点，再用几乎已经冻僵的双手完成

对佛像栩栩如生的再现。手温稍一升高就必须再泡进冰水中，如此反复，直到某一天雕像完成。一尊酥油花佛像的诞生，饱含着喇嘛们的虔诚、聪明才智与辛勤劳作。

玩家 解说

相传酥油花传自西藏。文成公主和松赞干布结亲时，曾从长安带去一尊佛像，后来供奉在拉萨的大昭寺内。到了严寒的冬季，因为没有鲜花可以献给佛祖，聪明的信徒们为了表示诚意，就用酥油制成花来供奉在佛前，从此这成为藏族人民的一个习俗。1594年，酥油花传到了塔尔寺。该寺的僧人苦心钻研，又在题材和工艺上有了新的发展，于是这便形成了塔尔寺独有的一种高超油塑艺术。

大经堂

寺院喇嘛的诵经之地

塔尔寺中建筑规模最大的莫过于大经堂。这是一座土木结构的藏式平顶建筑，拥有168根大柱，是寺院喇嘛集中诵经的地方。

大经堂内陈设非常考究，既有满堂林立的五色幡、帏和各式天花藻井，又有珍贵的大型堆绣挂佛、刺绣佛，梁檐上还绘有细腻生动的藏式图案花纹。另外，在殿内的屋面上，按照宗教法制和西藏传统艺术，还装有铜制镏金的金鹿法轮、各式金幢、宝瓶、宝塔、宝伞和倒钟等。大经堂整个建筑富丽堂皇，绚丽多彩。

塔尔寺艺术三绝

酥油花：用酥油塑造各种佛像、人物、飞禽走兽、树木花卉、亭台楼阁和宗教、神话故事等，造型生动，形态逼真，工艺精巧。

壁画：是各殿墙壁上的绘画。大多绘于布幔上，也有的直接绘于墙壁或栋梁上。壁画染料采用石质矿物，色泽鲜艳，经久不变。

堆绣：是塔尔寺独创的藏族艺术品种之一。它将各种色彩的绸缎剪成所需要的各种形状，如佛像、人物、花卉、鸟兽等，以羊毛或棉花之类充实其中，再绣在布幔上。由于中间凸起，有明显的立体感。堆绣的内容题材大都是佛教故事和反映宗教生活的图案。

景点推荐

西宁郊区景点

赞普林卡景区

藏王寺院

西宁市湟源县315国道及西湟高速公路的交接处

从湟源可打车前往景区，若包车还可一同游览丹噶尔古城

0971-2432226　30元

8:00~18:00

青海省赞普林卡是目前青藏高原上唯一的一座集藏传佛教八大教派为一体的藏王寺院，也是世界上唯一的一座藏王寺院。它是汉藏民族团结的历史见证，汉藏民族文化的结晶，堪称夏都圣地。

赞普林卡分前后两院，前院为佛殿，后院为藏式宾馆和皇家园林。前院主殿塑有藏传佛教格鲁派、宁玛派、萨迦派、噶举派、噶当派、觉囊派、希结派、本教八大教派创始人塑像，以及藏传佛教五大护法、四大天王、各大小佛像共计100余尊。大殿内墙壁上绘有藏族起源、文成公主进藏、藏传佛教十六尊者、汉传佛教十八罗汉、释迦牟尼传等大型壁画与唐卡。景区还建有配殿观音殿、文殊殿和赞普林卡珍宝殿等。

玩家 攻略

赞普林卡门前有一个石刻公园，一年中大多数时间都是鲜花绚烂，是游客赏景休闲的好去处。

在赞普林卡旅游，建议请个导游做讲解，会知道很多有趣的故事。

玩家 解说

大殿供奉着当年唃厮啰王朝的两件镇国之

宝：藏王松赞干布与王妃文成公主的两尊玉佛像。玉佛体内还装有和田玉制作的小佛像两尊，松赞干布体内是阿弥陀佛像，文成公主体内是大日如来佛像。佛像雕工精致，栩栩如生，精美绝伦。但令人向往的是，两尊小佛像里边竟然还有装藏物，虽然专家预测里边应是舍利子，但是因为种种原因不能打开，这也为这两尊千年玉佛蒙上了一层神秘的面纱。

丹噶尔古城

素有“茶马商都”之美称

✉ 西宁市湟源县境内

🚌 从西宁可乘坐大巴车至湟源县

🕘 全天开放

丹噶尔古城得名于著名的藏传佛教寺院东科尔。清顺治五年（1648年），东科尔寺从西藏迁至古城东百米处，成为青海和西藏声名远播的寺院。丹噶尔，即藏语“东科尔”的蒙语音译，意为“白海螺”。黄土高原与青藏高原在这里相交，农耕文化与草原文化在这里交融，唐蕃古道与丝绸南路从这里穿越，众多民族在这里集聚，素有“茶马商都”“小北京”之美称。

每当黄昏来临，城内各个店铺的具有浓郁民族特色的灯箱式广告招牌灯火辉煌，大放异彩，吸引了成千上万的游客。如今的“排灯”便是这种广告招牌的演变，可以说湟源排灯是中国最早的广告灯箱。

玩家 攻略

古建筑：对历史感兴趣的游客可以去看看古城的文庙，这是至今青海省保存最完整的一座孔子庙。庭院不算大，透着江南园林式的建筑风格。在古城内，现今还残留着几截古城墙，可以感受下丹噶尔古城的沧桑巨变。

购物：湟源的排灯素有“青海民族民间文化之灵和艺术宝库中的珍品”之美誉，古城内很多店可以看到。另外，湟源陈醋的生产历史很悠久。它是青海的名特产之一，主要原料是青藏高原独有的青稞、麸皮。喜欢的话，可以在古城的老醋店买到。

链接

昌耀诗歌馆

在丹噶尔古城，有一处近几年新建的昌耀诗歌馆。院内有昌耀半身塑像，回廊墙壁悬挂昌耀诗词及名家书画。馆厅内重点介绍昌耀先生生平，里面陈设有诗人生前的一些诗词手稿、书籍信件和一些生活用品。对诗歌感兴趣的朋友，不妨去看看。

丹噶尔古城

湟源峡

高山林立，奇石嶙峋

青藏公路35千米至90千米处

可在西宁市乘坐专门的旅游车前往 20元

湟源，史称“丹噶尔”，海拔2470~4898米，相对高差2428米。湟水河自西北而东南斜贯县境北部，最大支流药水河由南奔北，两条河将湟源分成狭长的“丁”字形河谷盆地，构成“三峡”，即西石峡、巴燕峡、药水峡。整个峡内高山林立，奇石嶙峋，河水奔腾，风景如画。

这里山高水长，坡陡崖峭，地势险要，自古有“海藏咽喉”之称。峡谷两侧，群山崔嵬，峰峦兀立，高山相峙，峭壁千仞，真有“一夫当关，万夫莫开”之势。绵延的群山上，林海漫漫，万木葱葱。

玩家解说

湟源峡四面环山，气候温和。夏日里穿峡而过，一边为林木吐绿摇曳，一边为青草怪石相映，山涧中则碧水长流，尤其是青藏公路两侧狭长谷地里，小麦和油菜、蚕豆等农作物在林网保护的条田里长势喜人。在农闲时节，富裕起来的庄稼汉们把三五顶花花绿绿的帐篷扎在一片片清静秀丽的林地里，或亲朋好友欢聚，或招待过往游客，在欢歌笑语中尽情享受着那满峡满谷的秀美景色。

法幢寺

汉传佛教比丘尼寺

西宁市湟源县南山公园南禅寺旁边 市内乘坐16、21、38等路公交车在南山寺站下 免费

法幢寺总占地面积6000多平方米，是青海省最大的汉传佛教比丘尼寺，为西宁地区尼姑顶礼膜拜净心修行的唯一法场。

法幢寺始建于1943年，原来位于西宁市城西区园树庄。2003年，为给西塔（西宁—塔尔寺）高速公路建设让路，该寺从园树庄搬迁到现址。这里原是“南山文苑”旧址。法幢寺的主要建筑包括山门殿、财神殿、玉佛殿和大雄宝殿。每年都会举办大型的宗教活动，信徒分布在西宁、大通、湟中、湟源等市县。该寺在全省汉族信教群众中有较大影响。

日月山

进入青藏高原必经之地

湟源县西南

一般长途班车只到湟源县城，需在县城包车至此，约20千米 40元 8:00~18:00

日月山，初唐时名赤岭。位于青海湖东南，既是湟源、共和两县的交界处，又是青海农区和牧区的分界线，海拔3520米。日月山是游人进入青藏高原的必经之地，故有“西海屏风”“草原门户”之称。

相传，当年文成公主远嫁吐蕃，曾驻驿于此。她在峰顶翘首西望，远离家乡的愁思油然而生，不禁取出临行时帝后所赐日月宝镜观看，镜中顿时生出长安的迷人景色。公主悲喜交加，又想到联姻通好的重任，毅然将日月宝镜甩下赤岭。于是宝镜变成了碧波荡漾的青海湖，而公主的泪水则汇成了滔滔的倒淌河。后人为纪念文成公主，就把赤岭改名为日月山。现在，日月山脚下还建有文成公主庙。

日月亭

通往海藏的咽喉

海南藏族自治州共和县与湟源县分界处

这里古称赤岭，是青海东部农业区与西

日月亭

部牧业区的分水岭，也是古时经西宁通往海藏的咽喉。1950年，解放军修筑青藏公路，在这里竖立修路纪念碑一座。1983年，文物普查时，在公路西垭豁山顶，发现唐开元二十一年（733年）所立的唐蕃分界碑的碑座、碑身、碑额和一些唐代的完整条砖。1983年，青海省时任省长黄静波提议修建日月亭，工程于1990年竣工。此次修建将筑路纪念碑及唐时分界碑分别置于亭内，并在亭下修建纪念厅，厅内有由青海省文联和五屯热贡艺术研究所制作的瓷制文成公主进藏风貌大型壁画，陈列有关文物。

如今日月亭已成为青海省著名的旅游景点。

链接

日月山名称由来

相传，唐时文成公主远嫁吐蕃，行至这里，看到山的东西两重天，非常伤感，十分思念家乡。吐蕃使者禄东赞怕公主不再继续前行，暗中将陪嫁的日月宝镜换成石质的镜子，并对公主说："你父母尊为人主，拥有四海，却将顽石给你作嫁妆，其用意是要你去吐蕃心如坚石，不希望你改变主意。"公主听后，将两面石镜，一面扔在东，一面扔在西，毅然西行。于是后人便将赤岭称作日月山了。

北山公园

青海著名的生态旅游区

西宁市湟源县北山

市中心乘坐11、19、21、10路公交车可到

北山公园位于西宁市北山。园内环境幽雅，风景秀丽，是休闲观景的好地方。北山公园分三层。底层为烈士陵园，建有烈士纪念碑，纪念国内革命战争、抗日战争和解放战争中牺牲的同志。周围绿树成荫，庄严肃穆。第二层为瑞禾石和瑞禾亭，瑞禾石有宋、明摩崖石刻6题。第三层为石塔，始建于南宋宝祐年间（1253—1258年），是九层平面八角形楼阁式花岗岩石塔，塔身各层设明暗窗；塔旁有巨石，形如葫芦。

据考察，这里的植物资源有千余种，其中有许多珍贵著名的花卉。每当春夏季节，林木葱郁，花团锦簇，鸟语花香。隆冬，飞雪满天，茫茫林山，银装素裹，苍松翠柏傲然挺立。公园内林间草丛中栖息着190余种野生动物，是青海著名的生态旅游区。

天然大佛

神态自然，高可接天

西宁市湟源县　免费　08:00~17:00

天然大佛位于西宁市以北的北山上。天然大佛为土楼山山峰之一，经长期风化作用，整座山峰远看像一座大佛，神态自然，高可接天，毫无人工斧凿痕迹，故被称为天然大佛。天然大佛是西宁旅游胜景之一，建议与北山公园一同游览。

青海藏文化馆 AAAA

了解藏民族知识的好去处

西宁市湟中县迎宾路A1号

乘湟中1路、914路公交车可到

0971-2233111/2235111　60元

8:30~18:00

www.qhzwhg.com

青海藏文化馆是一处以展示藏族的历史、文化为主的专题博物馆。展馆内通过大量的文字图片说明、工艺品，还有特色的纪录片、高科技电影等，详尽展示藏民族的发源、文化艺术、藏传佛教等方面的知识。它是

青海藏文化馆的唐卡

了解藏民族知识的好去处。从西宁前往塔尔寺游玩路过湟中县城时，不妨来此参观。

青海藏文化馆分为1号馆和2号馆。1号馆两层：一层引导我们走过藏民族的历史进程；二层向我们展示佛与神灵，以及面具、唐卡、文字与史诗、服饰与歌舞、塔尔寺艺术三绝、藏戏等多种文化艺术形式。2号馆集中展现藏传佛教独特的宇宙观和生死观。特别值得一提的是，2号馆的环幕影厅播放的电影《觉悟之路》，是对藏传佛教生死观的解读，更是对生命意义的哲学诠释。

湟中县博物馆

以陈列民族和宗教文物为特色

西宁市湟中县城内

免费 8:00～17:00

湟中县博物馆建筑面积1100多平方米。展品大部分为本县出土文物，其中重要展品有从该县卡约村出土的卡约文化彩陶，从汉墓出土的丝织品和釉彩品，还有从塔尔寺藏品中选出的供展览的金属和陶瓷器物以及竹、木、美玉和象牙等各种不同质地的雕刻艺术品。全馆藏品约8000余件，以展现本县的民族和宗教文物为特色。

青海多巴国家高原体育训练基地

高原旅游的风景线

西宁市湟中县103省道

多巴国家高原体育训练基地是全国一流的集运动训练、健身休闲、会议接待、餐饮住宿、健康旅游为一体的多功能体育训练基地。基地以打造“国际一流、国内领先的高原训练基地”为发展目标，以“团结、勤奋、责任、服务、创新”为工作理念。

来到基地，高原体育博物馆可以让您切身感受高原体育文化，了解世界冠军高原训练的艰辛历程，揭开高原训练的神秘面纱；可以踏着世界冠军跑过的、全国最好的红砖粉跑道，亲身体验高原体育训练项目，感受冠军的气息；可以参加一些高原射击比赛、徒步登山、各种球类运动、游泳、垂钓等，体验高原体育的魅力，激发机体的活力；可以品尝运动员营养自助餐、基地特色烤全羊和青海小吃，尽情享受高原美食。

在高原训练和健康论坛的研究成果的推动下，高原健康旅游正在青海多巴国家高原体育训练基地悄然兴起，逐渐成为高原旅游的一道特色风景线。

青海藏文化馆的馆藏

景点推荐

大通旅游区

老爷山 AAAA

云海苍茫，别有野趣

西宁市大通县桥头镇苏木莲河畔（北川河）

在西宁小桥汽车站坐班车至大通县约1小时，每20分钟有一班班车

20元

老爷山旧时称北武当，又名元朔山，因山峰顶部建有太元宫（关公庙），庙内雕塑有关公像而得名老爷山。老爷山是西宁附近山势最为雄伟、风景最优美的一座山峰。

老爷山历经沧海桑田的巨变、风化和水蚀，形成了奇特怪诞、险峻挺秀的岩洞、峡谷地貌。高原气候多变，有时浓云密布，有时天朗气清。登高眺望，云海苍茫；漫步林中，别有野趣。南坡山势陡峭，危崖耸立，从南坡登山峰顶端确有“华山之险”。老爷山上有火烧台、老虎洞和古寺庙遗址。

玩家 攻略

看景色：喜欢看风景的话，可以在春夏之际去老爷山游览。届时满山遍野都是高大的云杉、茁壮的桦树、青翠的白杨、娇柔的红柳和繁茂的灌木，以及玫瑰、牡丹、芍药、金露梅、银露梅和各种野花，浓郁芬芳，绝对令人心醉。

赏壁画：老爷山目前现存15座保存完整的楼阁壁画庙宇，如无量祖师、大佛、观音菩萨、关帝、王灵官、城隍、土地等庙内有《真武出行》《遇仙修道》《降魔除害》《挂印亲征》《唐僧取经》《三顾茅庐》《出五关斩六将》《阎王升殿》《生死轮回》《十八层游地狱》《苏武牧羊》等近百幅壁画。这些画像造像逼真，艺术高

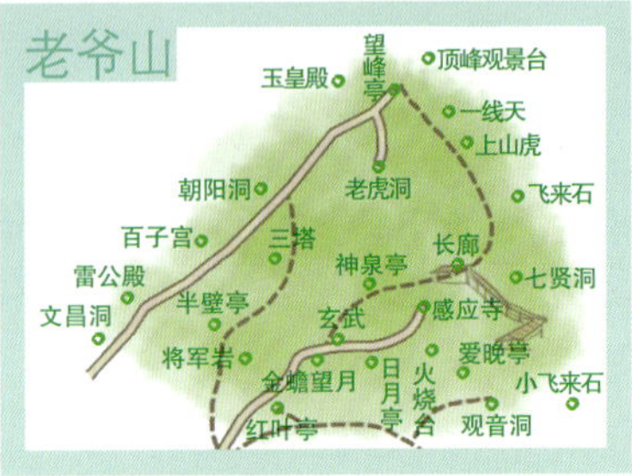

超，具有敦煌壁画的文物价值，尤其是观音菩萨殿内的《葡萄人》《葡萄龙》壁画，文物价值连城。

逛活动：每年农历六月初六，老爷山会举行一年一度的花儿会和朝山会。到时整个桥头镇都会连日沉浸在盛大的节日欢乐中，还会有大型物资交流大会和歌舞演唱会等活动，热闹非凡。

将军岩

将军岩是耸立在老爷山后门内七彩路入口附近的一块巨大山石，因从侧面望去像是一位昂首挺胸站立着的将军而得名。这块嶙峋奇特的岩石，栩栩如生地勾勒出将军的轮廓，看上去像是正在作征战前缜密的战略部署，果断的眼神透出令人不可抗拒的威严，很有意思。

雷公殿

雷公殿在老爷山的玉皇大殿左下侧，是一座新落成的殿宇。雷公殿雕梁画栋，非常精美。大殿西南背北，分为三间。殿中一间供奉的是身穿绛纱衣、头戴芙蓉冠的雷公，他那疾恶如仇的神态被雕刻得十分生动。从远处看，整个雷公殿巍峨宏大，很有气势。雷公殿已成为游人登山览胜的新景点。

玩家攻略

老爷山的亭台楼阁很有特色，迎霞亭、爱晚亭、红叶亭等布局巧妙，半壁亭、望峰亭等造型优美。登山途中，观赏亭台楼阁、品味楹联佳句，也是游览的一大乐趣。

药王庙与玉皇殿

药王庙是老爷山的重要庙宇。入庙凭窗远眺，石光山色，平林远峰，寒翠苍绿。出药

老爷山大雄宝殿

王庙南行十数步，即至玉皇殿，内塑玉皇大帝像，院落甚为宽敞，庙门走廊旁各塑黑虎一只，张牙舞爪，神气活现。

柴家大殿

柴家大殿为元朔山西北第一胜地。大殿殿宇巍峨，门内厅壁间绘塑半立体型佛图，腾云驾雾，栩栩如生；内庭有身着黑袍的无量塑像，高达丈许。

娘娘山

幽深雅静，绚丽多彩

西宁市大通县桥头镇西侧，距县城5千米

娘娘山是祁连山系的支脉，西起黑林，东止于景阳川，首尾长百里余。从山脚至顶峰，一年四季千姿百态，是一条幽深雅静、绚丽多彩的天然画廊。

娘娘山有一座天池，每到夏季雨水旺盛之时，天池里水波荡漾，池畔蝴蝶飞舞，五色斑斓，这便是西宁古八景中的“金娥晓日”。

娘娘山1万多亩草山逶迤起伏，错落相间，有时茂林如屏，峭壁当前，令人有“山重水复疑无路”之感。登上山顶，极目远眺，南面西宁市耸立的南北两山和幢幢高楼，隐约可望；北边的大坂山壁立万仞，山顶白雪皑皑，山腰云雾缥缈；环顾四周，但见娘娘山麓自西而东，岗陵起伏，有的若龙腾霄汉，有的似凤凰展翅，有的青翠如屏，有的彩云缭绕。

娘娘山不仅风景秀丽，而且还是一座宝山，山下蕴藏着丰富的煤层，已开采了五六百年之久。娘娘山麓中岭还埋藏着大量的石英石，水利资源也十分丰富。

玩家解说

娘娘山流传久远的名胜古迹和奇妙动人的神话故事，无不令人神往。据史料记载，609年隋炀帝率文武百官和各种服役人员约10万之众，巡游河右（河西的别称）亲征吐谷浑。炀帝胞妹乐平公主随行，殂于金娥山，后建成圣姥庙。因圣姥俗称娘娘，故金娥山又叫娘娘山。

鹞子沟景区

独具原始自然风貌

西宁市大通县东峡镇

鹞子沟国家森林公园是西宁周边最近的、独具原始自然风貌的生态旅游胜地，是集休闲、娱乐于一身的旅游避暑胜地。景区附近就是五大黄教寺院之一的广惠寺。鹞子沟景区像一条透迤起伏的绿色长龙，蜿蜒盘曲在广惠寺的对面，坐落在碧波涌翠、明澈如玉带的东峡河畔。

景区因为从高空俯视，整个山峦如同一只展翅俯冲的鹞子掠地而过而得名。景区主要由克麻沟、鹞子沟和老虎沟等组成。景区内群峰竞秀，环境极为清幽秀丽。阳春，万木复苏，草坪犹如地毯一般镶嵌在万木丛中；盛夏，绿荫浓郁，鸟语花香；金秋，红叶似火，色彩斑斓；严冬，银装素裹，冰凌琼花，

鹞子沟景区

一派“大雪压青松，青松挺且直”的北国林海风光。松海之幽奇、深溪之翠奇、盆子坑之神奇以及松林野味之珍奇，可谓鹞子沟自然景区中的“四奇”。

玩家 攻略

鹞子沟不但景色奇秀，山中各类松林珍果比比皆是。每逢盛夏，荫翳的松树之下，蘑菇、蕨菜、鸡冠菜、发菜、鹿角菜、草莓、野樱桃等应有尽有，俯拾皆是。

广惠寺

青海著名的格鲁派寺院

西宁市大通县东峡乡衙门庄村北侧

广惠寺原名郭莽寺，建于清顺治七年（1650年）。寺院背靠连绵起伏的黄伯垭山麓，面对郁郁葱葱的鹞子沟松林，周围土地开阔平坦，良田沃野相间。广惠寺的创建者是西藏哲蚌寺喇嘛端智嘉措。建寺初，只有显宗经院，康熙初又设密宗院，遂成了显、密双备的寺院。

九世敏珠尔活佛驻寺以来，寺院名声日趋远扬，香火旺盛，寺院僧众的精神面貌发生了深刻变化。1998年7月10日，大通县有关部门积极筹措资金6.3万余元（寺院自筹2.3万元），在原寺院大门口246米处修建了两座宝塔，塔身高8.9米。一座命名为“菩提塔”，为四方形塔；一座命名为“殊胜塔”，为圆形塔。

会宁寺

典型的明代建筑物

西宁市大通县景阳乡土关村

会宁寺，俗称“土官寺”，是一座藏传佛教寺院。会宁寺是一座汉式宫殿式四合院建筑，有大佛殿、东西配殿、南过厅、山门等比较完整和谐的建筑群。另有一圈高7米左右、厚2米多的城堡式的坚固围墙。院内建有与围墙等高、径约3米的煨桑炉。寺院总建筑面积约2550平方米。

会宁寺大佛殿正中有释迦牟尼塑像，左首有迦叶波佛塑像，右首有弥勒佛塑像，皆系大型泥金彩塑，做工精细，别具匠心。佛像慈祥端庄，雍容大度，栩栩如生，神妙莫测。整个大佛殿的建筑规模雄伟，结构严谨，艺术高超，是一座完整而典型的明代建筑物，具有很高的建筑艺术。

察汗河国家森林公园

回归自然的绝妙佳境

西宁市大通县西北部

8:00~18:00

察汗河国家森林公园气候温凉湿润，夏季年平均温度12℃左右，是理想的避暑胜地以及人们回归自然的绝妙佳境。察汗河国家森林公园因河而得名，但又不以河而专美；山峰与河水相互作用，形成鬼斧神工、天造地设的独特美景。景区内保存有苍莽的原始森林，树木葱郁，奇峰、瀑布、杜鹃和圆柏是这里的“四绝”奇景。

察汗河国家森林公园

大通县乡村旅游休闲场所

银桥大酒店： 酒店由宾馆与生态餐饮城两部分组成，是大通县唯一一家集餐饮、住宿、休闲为一身的大型酒店。银桥生态餐饮城营业面积约为2700平方米。餐饮城内部栽种有多种绿色植物，小桥流水、环境优雅，以"南国印象"为主题的设计风格，更是能给每位消费者以身临江南水乡之感。

0971-2760369/2760802

大通县宁张公路28千米处

西宁大通土族风情园： 建筑面积6700平方米，周边旅游景区有农田观光、生态特色养殖、生态旅游、祁家寺寺院观光等。这里有客房40间。

13997008902/0971-2848301

大通县青山乡

水泻石门是一处石门峡谷，双山如阙，绝壁耸立，就像是用剑劈出的，中间留一道宽缝隙。河水从峡谷中澎湃而出，奔腾急涌，惊涛拍岸。烟雨石林指的是生长在峭壁上的柏树，在云雾缭绕之中若隐若现，宛若仙境。

云岭杜鹃位于察汗河景区西部，每年5~6月，正是杜鹃花开的时节，这时漫山遍野杜鹃盛放，红白相间，色彩艳丽，吸引着大批游客前往。

黑泉水库

西宁人城市用水的水源地

西宁市大通县宝库乡

包车前往，去门源若走G227国道会经过黑泉水库

免费

黑泉水库是西宁人城市用水的水源地。水库周边景色宜人，有神秘的落日神光和天然水蚀弥勒佛像，是青海旅游北线的景点之一。水库周围环境优美，尤其是傍晚时分景致尤为美丽，不妨拿起相机下车好好拍摄一番。

黑泉水库

攻略资讯

- 交通
- 住宿
- 美食
- 购物
- 娱乐

交通

飞机

距离青海湖地区最近的机场是曹家堡机场。曹家堡机场位于西宁市区以东约29千米处，已开通北京、西安、上海、成都、重庆、格尔木、广州、昆明、深圳、乌鲁木齐等众多城市的直达航班。

从机场到西宁市区有民航班车，终点站是市区的民航售票处（位于城东区八一路）。发车及运营时间随航班安排而定，每30～40分钟一班。

从机场到市区打车的价格约为100元，人多的话不妨考虑拼车。

火车

西宁是青藏铁路上的重要一站。从全国各地乘火车前往西宁，也十分方便。乘坐火车是游客前往西宁的主要方式。

目前，西宁往来外地火车的发车、停靠站均为西宁火车站。西宁火车站位于城东区湟水河畔的互助路上，紧靠市区中心，有多班公交线路通达，往来市区非常方便。

汽车

西宁是西北公路重要的枢纽城市之一，位于青藏、青新、青川等重要公路的交会点，往来汽车班次很多，交通方便。

西宁南川西路客运站：位于城中区南川西路48号，主要有前往黄南、海南、海北等方向的班车，车次较为密集，玉树的班车也在此发车。

西宁新宁路汽车站：位于新宁路19号，以长线班车为主，有前往洛阳、银川、四川南部、长沙等较远城市的长途班车，还有前往敦煌、德令哈等地的班车。另外，这里也有前往乌兰等海西城镇的班车，去青海湖可以在此乘坐。

住宿

西宁市区住宿条件比较优越，跟内地城市不相上下。大十字附近及火车站周围，各类酒店、快捷宾馆、青年旅舍都较为集中、齐全，住宿选择非常多，交通也很方便。

塔尔寺附近住宿点不多，可以回西宁住宿。如果遇到法会想要在塔尔寺逗留的话，

西宁市高速公路

西宁市区风光

可以选择湟中的一些宾馆、招待所住宿，价格实惠，环境也可以。

●神旺大酒店

神旺大酒店地处市中心黄金地段，距离西宁火车站、汽车站仅15分钟车程，距西宁曹家堡机场25分钟车程。毗邻王府井百货、西大街百货等知名购物中心，以及极具当地特色的水井巷步行商业街，交通十分便利。

西宁城中区长江路79号 0971-8201111

●青海行国际青年旅舍

青海行国际青年旅舍毗邻王府井百货、西大街百货等知名购物中心，以及极具当地特色的水井巷步行街。阁楼天台，秋千吊床，

西宁夜景

咖啡红酒……这里是放空心情的好去处。

西宁城中区民主街4号 0971-8266944

美食

西宁市区美食集中地主要有水井巷、莫家街和东关清真大寺附近。到水井巷必须要尝尝这里的青海老酸奶，跟超市卖的完全是两个概念；莫家街是当地传统的美食街，除了热闹的夜市，里面最有名的就是马忠食府了；游客也可以到新宁广场美食街吃饭，选择很多。此外，东关大街附近有许多清真美食，可前往一尝。

●烧羊肝

取鲜羊肝，洗净，撒上一点食盐，用润湿的锡纸包裹，丢进通红的牛粪火中约近半小时，取出来热香阵阵。此时蘸以姜末、盐、胡椒粉等佐料食用，质嫩味鲜，回味无穷。

●酸奶

在西宁可是出了名的好吃。上面一层黄

酸奶

色的清油，用勺子轻轻一碰，皮便利索地破开，露出白嫩的酸奶。常见的是街头散装的，盛奶的碗多是小白瓷碗，很有当地特色。

●杂碎汤

西宁非常著名的美食。杂碎汤其实就是用牛下水、羊下水烹制而成的小吃。当地人多作为早点，是回族的传统美食。

●甜醅

西北地区的特色小吃之一，具有醇香、清凉、甘甜的特点，还有开胃健脾的功效。在青海高原古城西宁和农业区各城镇，都能看到这种独特的民间小吃。

甜醅

购物

西宁作为青海商贸的中心，热闹的购物中心还是比较多的，主要的购物地带都集中在市区中心的大十字地带。此外，旅游景点周边也大多有购物场所。

大十字是西宁几条主要大街的交会中心，周围购物中心极多。在大十字西侧的西大街有王府井、国芳百货等购物中心，东侧的东关大街也有一些较大的商贸城。大十字北侧的北大街上，则集中了很多青藏高原特产店，其中尤以卖虫草的店铺居多。不过，如今西宁的商品混杂，虫草也真伪难辨，如果不是内行不推荐在旅行时购买比较昂贵的虫草和青海玉等纪念品。推荐在大的购物商场中购买一些牦牛肉干、枸杞等西北特产，既实用又很实惠。另外，塔尔寺内塔群边有很多纪念品小店，也可以去寺外小店选购礼物。

●青海玉

青海玉呈半透明状，经常可见有透明水线。青海玉基本都是山料。由于青海玉色泽均匀，还被选为奥运奖牌的使用材料。

●红景天

红景天是一种生长在高原上的植物，叶、茎、根都具有很高的药用价值。它对提高体力和脑力劳动效率均有作用，是理想的强壮剂。

●冬虫夏草

冬虫夏草又名虫草，是我国民间惯用的一种名贵滋补药材。不少人来西宁都是专程来买虫草的，但为了买到放心的冬虫夏草，还是建议到正规商店购买。

冬虫夏草

●青海地毯

采用“西宁毛”加工而成。西宁毛是非常有名的材料，弹性好，色泽光亮，保暖、耐磨、耐用，很是实用。

●毛地毯

西宁毛地毯以青海藏系羊的羊毛为原料，做工精细，具有坚韧、耐磨、富有弹性，质地柔软，光泽晶亮等优点，且使用年代越久，光泽度越高。

●堆绣

堆绣是刺绣艺术的创新，是刺绣与浮雕的结合。堆绣注重人物的造型和神态，色彩鲜明，对比强烈。一幅堆绣可以说就是一幅

堆绣

丝质的彩色浮雕作品。

● 土家刺绣

土家民间刺绣艺术是青海旅游最具特色的纪念品之一。刺绣品与土族乡民的生活息息相关，如服饰刺绣有衣领、衣袖、绣花口袋等，生活用品有绣花枕头、香包等。

● 老酸奶

酸奶的营养价值远远超过新鲜牛（羊）奶。青海老酸奶不只是简单的酸奶，它代表的是青海三江源地区自然无污染的纯生态绿色食品。

● 湟中民间绘画

湟中民间绘画内容朴实、想象丰富，不求比例、形似，不讲究光影、透视，作品富有艺术魅力，非常适合收藏纪念以及馈赠亲友。

娱乐

● 中国·青海郁金香节

以“高原之花、中国夏都”为主题，安排《相约夏都》大型文艺演出，以及青藏高原药品展、民族服饰展、民间曲艺、皮影戏表演、摄影展等一系列活动。

时间：五一黄金周期间

地点：西宁市

● 塔尔寺四大法会

农历正月：跳欠（正月十四），酥油花展（正月十五）

农历四月：跳欠（四月十四），晒佛、跳欠（四月十五）

农历六月：晒佛、跳欠（六月初六），转金佛（六月初八）

农历九月：全天晒佛（九月二十二），跳欠（九月二十三）

四大法会上最有特色的活动，是塔尔寺灯节，于每年农历正月十五日举行。届时全县组织大法会，并展出酥油花。展出集油塑艺术之大成，规模宏大，展品多姿多彩。入夜以后，灯光和月光交相辉映，每年都吸引大批游人赴会观赏。

塔尔寺晒佛

● 穆斯林节日

每年的古尔邦节（宰牲节）、开斋节，在西宁城内的各大清真寺（尤其是东关清真大寺）都会有盛大的礼拜及庆祝仪式。穆斯林节日是体会浓厚宗教氛围的最佳时机。

由于古尔邦节和开斋节是以回历计算的，按照公历和农历时间不定，具体时间请在当年查询了解。

海东

发现者 旅行指南

概览

亮点

瞿昙寺

该寺是中国西北地区保存最完整的一组明代建筑群，以宏伟建筑、珍贵文物、精美壁画而著称于世，人称“小故宫”。

孟达天池

被誉为“青藏高原上的西双版纳”。池水清澈碧澄，与蓝天一色；群峰倒影，随波微动。湖面上水鸟飞翔，湖中鱼儿舒然游动。

夏琼寺

著名的宗教文化游览胜地，为青海最古老的藏传佛教寺院之一。该寺地势险峻，幽雅殊胜，是一处汉、藏艺术风格相结合的古建筑群。

孟达天池

北山国家森林公园

境内动植物资源丰富，被誉为天然的“动植物王国”。林区山川壮丽，峡谷幽深，群峰巍峨，空气洁净，高原特色突出。

线路

乐都一日游

首先前往被誉为“佛教圣地”的瞿昙寺参观游览，之后去西来寺品味源远流长的佛教文化，最后可以去柳湾墓地遗址参观。柳湾墓地遗址是中国迄今已知的规模最大、保存最完整的原始社会墓地之一。

撒拉族风情二日游

第一天首先前往清水河东清真大寺参观，参观完毕后前往孟达天池，之后可返回县城。当天可在风情园、撒拉人家吃晚餐，夜宿撒拉人家，观赏撒拉族民居，体验撒拉族的民俗，欣赏撒拉族的歌舞表演。

柳湾彩陶

第二天首先去观赏黄河奇石，之后前往骆驼泉游玩，然后前往街子清真大寺，之后参观十世班禅大师故居，最后可游览文都大寺。

为何去

海东位于青海湖东部，是一个文化历史悠久的地区。这里自然景观壮丽，名胜古迹很多，土族、回族、撒拉族等民族风情独特，旅游资源极其丰富。

北山国家森林公园

何时去

每年的6~10月是到海东旅游的黄金季节。这段时间几乎集中了海东各少数民族所有的节日。此时前往该地区游览，既可以领略青藏高原秀美的自然风光，又可以亲身感受多姿多彩的少数民族特有的民俗风情与文化。

春季桃花盛开

需要注意的是，冬末春初时多大风，风力可达8级。游客出行时，一定要做好防晒、防寒准备，并随时关注当地的天气预报。

区域解读

区号：0972

面积：约13 202km²

人口：约147万人

主要少数民族：

回族、土族、撒拉族

地理 GEOGRAPHY

区划

海东下辖2个区（乐都区、平安区），4个自治县（民和回族土族自治县、互助土族自治县、化隆回族自治县、循化撒拉族自治县）。

地形

海东境内山峦起伏，主要山脉有达坂山和拉脊山。海东河流密布，流经境内的黄河、湟水、大通河三大水系，有大小河流120多条。

北山国家森林公园

气候

海东位于青海东部，属半干旱大陆性气候。境内以山地为主，海拔多为1600~4600米，垂直落差较大。气候随海拔的升高差异明显，日照充分，紫外线辐射较强，季节差异不明显，昼夜温差较大。

历史 HISTORY

●先秦时期

秦汉以前，这里居住着羌人。

秦朝时，人们过着以牧业为主兼有农业的经济生活。

●两汉时期

汉武帝元狩二年（前121年），汉骠骑将军霍去病出兵击败河西匈奴，并进入湟水流域，在今甘肃省永登县境设置令居塞，以御防羌人入侵。

元鼎六年（前111年），汉武帝派将军李息、郎中令徐自为率兵征讨河湟羌人，在“湟中”设置“护羌校尉”，筑西平亭（今西宁市），开始经略“湟中”。

宣帝神爵元年（前61年），后将军赵充国奉命击败湟水流域的先零羌，招抚黄河沿岸羌人归降，罢兵屯田，在今海东市先后设置一郡三县，这里被正式纳入汉朝的郡县

循化丹霞地貌

体系。

●南北朝时期

魏晋南北朝时，河湟地区曾被前凉、前秦、后凉、南凉、西秦、北凉等地方割据政权相继统治过。

397年至414年，鲜卑族的一支秃发部发展壮大起来，逐步占据了河西和湟水流域，建立起南凉王国，其都城曾建在今之乐都区。

●隋唐时期

隋大业五年（609年），隋炀帝率兵亲征吐谷浑，四月渡黄河于临津关（今民和官亭），经古鄯到达西平郡，陈兵讲武，五月大猎于拔延山（今拉脊山之马阴山）。

7世纪，吐蕃王朝建立。从贞观十五年（641年）文成公主嫁吐蕃松赞干布到天宝十四年（755年）的100多年中，唐与吐蕃的关系既有“交马互市”的和平安定时期，也有兵戎相见、征战不息的年代。“安史之乱”后，唐无暇西顾，吐蕃乘机东进至甘陕，河湟地区被吐蕃控制近百年。

●宋元时期

宋初，河湟吐蕃之一部唃厮啰兴起，先以宗哥城（今平安区），后以邈川城（今乐都区），再以青唐城（今西宁市）为统治中心，建立唃厮啰政权并臣属于宋，历时近百年。

1097年，唃厮啰政权势力日衰，宋军遂进占河湟地区。

宋崇宁三年（1104年），唃厮啰政权灭亡。

北宋亡后，金和西夏占有河湟地区约一个世纪。

1253年，蒙古汗国在河州设置“吐蕃等处宣慰使司都元帅府”，管辖甘、青吐蕃部落。

元至元二十八年（1291年），元朝下令“以甘肃旷土赐回回昔赛赤、哈散等俾耕种之”，回族先民遂进入青海，一部分在今海东市垦荒种地，定居下来。

柳湾墓地遗址的出土文物

●明清时期

明洪武四年（1371年），元甘肃行省右丞朵尔只失结和西宁州同知李南哥及一批元朝官吏纷纷归顺明朝，元在青海的统治结束。

清顺治二年（1645年），英亲王阿济格率兵击败了李自成军入西安，释放了押在狱中的祁廷谏、李天俞等人，仍授其原职，令回西宁招抚各族部众归清，同时清军孟乔芳部进入青海，今海东市归属清朝。

明清时期，明在青海确立了土司制度，清朝袭之，一直延续到1931年才被完全废止。

●近现代

1912年，北洋政府任命马麟为西宁总兵，从此马麟、马步芳盘踞青海统治近40年。

2013年2月，海东撤地设市，海东市政府由平安县（今平安区）迁至新成立的乐都区。

名单 海东历史名人

南凉国主秃发乌孤
西汉将军李息
东汉度辽将军吴棠
东汉陇西太守马援
北魏镇北将军封沓
唐朝将军哥舒翰
宋将王厚、童贯
元代撒拉族始祖尕勒莽
明征西将军邓愈

文化 CULTURE

别具一格的撒拉族服饰

撒拉族是中国信仰伊斯兰教的少数民族之一，因自称“撒拉尔”，简称“撒拉”而得名。撒拉族主要居住在青海循化、化隆县和甘肃积石山大河家一带。

撒拉族根据所处时代和环境的差异，以及不同的经济生活方式乃至不同的气候特点，创造出具有特色的民族服饰。

撒拉族最早的衣着穿戴，具有中亚游牧民族的风格：男子多穿交领长衫、大裆裤，腰扎布带或丝巾，头戴羊皮卷檐帽，脚穿短筒靴；妇女头披纱巾，身穿连衣裙。后来随着畜牧业经济向农业经济的转变，以及受周围回、汉等民族服饰的影响，撒拉族服装的式样与原料也渐渐发生了变化，短装越来越多，棉布、绸缎的使用不断增加，但伊斯兰教的影响仍十分明显。

独树一帜的土族文化

土族是中国人口比较少的少数民族之一，90%的土族分布在青海省。

撒拉族服饰

土族人民的祖先，在青海东部定居后，起初从事畜牧业生产，以肉食、乳品为主食；转而从事农业生产后，传统的游牧民习俗仍然保留着，如喝奶茶、喝酥油茶，吃酥油炒面，吃大块肉、喝大碗酒。因青海东部海拔高，气候干旱，农作物只能种植小麦、青稞、蚕豆、豌豆、洋芋、油菜等。

春节是土族人民最隆重的节日。节日前从腊月二十三送灶神就开始准备，打扫房屋，缝制新衣，杀猪宰羊，烙、炸与蒸馍等。除夕那天，把院落房屋打扫一遍，贴上钱马、春联、年画，然后吃年饭。过年期间，男女老少集中在较宽敞的巷道或打麦场上，转轮子秋，踢毽子，打毛蛋(羊毛绒球)，跳安召舞等。春节一直到过了正月十五才结束。

除了春节，端午节和中秋节，土族人家过得也比较隆重。农历五月初五那天，人们喝雄黄酒，吃凉粉、凉面。男女老少都要穿节日盛装，系“锁儿”（用彩色丝线系在脖子、手腕和脚腕），儿童还佩戴香包。中秋节提前一两天做大月饼；月饼表面上要用面做上各种图案，月饼以大而美观为佳；做的月饼一定要给亲朋好友赠送。以前中秋节晚上要在院中间摆上方桌，献上月饼和瓜果，点上青油灯，煨桑，迎接月亮出来。现在接月亮的习俗已慢慢消失，以全家大小团圆欢乐为主。

土族的婚礼仪式，自始至终都是用歌声来表达内容的，犹如一部辉煌的歌剧，又像一部舞剧，“安召”优美的舞姿贯穿始终。土族婚礼是本民族文化、宗教、生活习俗及民族特性方面的总体反映，是研究该民族物质形态和精神形态的重要依据。

土族舞蹈表演

景点推荐 乐都周边景点

瞿昙寺
人称“小故宫”

海东市乐都区

西宁汽车站(火车站对面)乘到乐都的长途客车，路程80千米左右

50元 8:00~17:00

瞿昙寺，藏语称“卓仓拉果丹代”，亦称“卓仓多杰羌”，意为“乐都持金刚佛寺”，是中国西北地区保存最完整的一组明代建筑群，人称“小故宫”。

瞿昙寺寺院坐落在略成正方形的城堡内，周围有黄土夯建的城墙，分为前、中、后三进院落，并在一条中轴线上，依次为山门、金刚殿、瞿昙寺殿、宝光殿、隆国殿等大殿，大殿两侧对称地建有御碑亭、小钟鼓楼、回廊、宝塔、配殿、经堂、大钟鼓楼等建筑。瞿昙寺自明洪武年间创建迄今，已历600多个春秋。这座寺，以雄浑古朴、文物珍贵和拥有高度艺术价值的巨幅彩色壁画驰名西北，被信仰藏传佛教的藏、蒙古、土等民族奉为佛教圣地。瞿昙寺也是青海省最著名的花儿盛会区之一。

玩家攻略

赏文物：对文物有兴趣的游客，可以去看看其中最引人注目的“象背云鼓”。这是一座石雕卧象：象背上托起木雕的叠云，叠云架起一面真鼓；石象回首顾盼，鼻卷莲花，栩栩如生。

花儿会：瞿昙寺每年农历六月会举行盛大的花儿会活动，参加者主要以乐都南山的藏、汉两个民族的群众为主；一般举行三天，从农历六月十四开始，六月十五进入高潮，在六月十六傍晚接近尾声。如果正巧这时来瞿昙寺，一定要感受一下。

玩家解说

在明代时，瞿昙寺是西北地区地位相当显

赫的寺庙。明朝13代皇帝中就有7位皇帝先后为这座寺庙下达敕谕7道，诰命2道，颁给金、银、象牙图章及封西天佛子大国师等。

自明永乐年间起，瞿昙寺先后修建了规模宏大的殿宇佛堂4座，下院1处，钟鼓楼房4幢，厢廊72间，碑亭两座，另有禅房、僧舍以及寺主庭院等，立御制碑刻5通，赐瓶炉香案、钟鼎磬鼓、佛像、袈裟等多件。

此外，明王朝还多次派人到瞿昙寺视察，赐给该寺山场、园林、田地，使其领属13寺，管辖7条沟，还调拨52员旗军护寺。

金刚殿

金刚殿是前院通向中院的必经之道。大殿宽3间，深2架，面积为160平方米，为五檀小式大木结构，单檐悬山顶，前后开有欢门、欢窗，内塑四大金刚佛像。

瞿昙殿

瞿昙殿是瞿昙寺中最早建造的佛殿，居中院正中，宽5间，深4架，建成于明洪武二十五年（1392年）。其平面布局独特，前檐设很深的抱厦3间，左、右、后三面砌厚墙，外墙里面又砌夹墙一周，构成一圈暗廊。这是藏传佛寺中常见的格局。殿内和抱厦墙面，绘有大量明、清时代的佛像。朱元璋敕赐的“瞿昙寺”匾，悬挂在正间。

玩家解说

瞿昙殿建筑为设置礼佛道的早期样式，西北地区很多明代前期寺院的形制及壁画内容都仿照瞿昙殿。其双五部图像对置及与善财童子五十三参图相结合的图像程序，可以追溯到元大都的皇家寺院，显示出汉藏文化交融中华严宗发挥了特殊影响。

如意佛塔

瞿昙寺院内的四座如意佛塔，与西藏的第一座寺院桑耶寺的相同，都是藏式传统形制。它们不仅年代久远，而且包罗万象，官式建筑与地方手法交相辉映，具有极高的历史文物价值和建筑艺术价值。古建筑专家罗哲文先生，曾将这四座如意佛塔誉为“国宝中之国宝”。

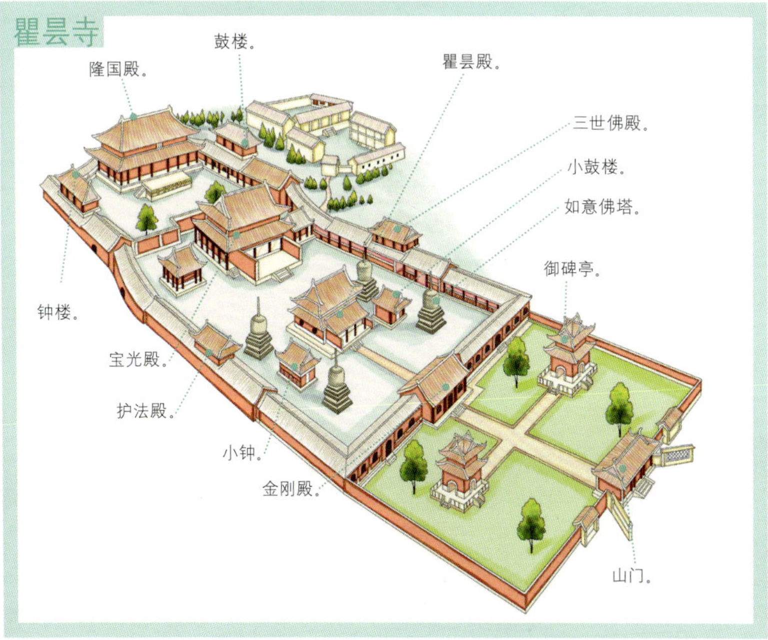

宝光殿

宝光殿坐落在中院后方，宽5间，深5架，平面近似正方形，面积约500平方米。建筑为重檐歇山式，高12米，左、右、后三面砌有砖墙，四面设明廊，柱间置护栏，前檐设月台一方，两侧建八字砖墙，殿为小式大木结构，前檐明次间装有五抹隔扇。殿内墙面遍绘大幅佛像图，画面构图新颖，色泽艳丽，是不可多得的艺术珍品。

隆国殿

屹立在全寺最高处台阶上的隆国殿，居于寺院最后，也是瞿昙寺最富丽堂皇的宫殿。隆国殿为重檐庑殿顶，大殿雄峙于3.2米的花岗岩台基上，前面是束腰式月台，左右设踏垛九级，四周为玉石栏杆。大殿四面设明廊，两山和后檐砌砖墙，前檐的明间和两次装四抹隔扇，形制与北京十三陵长陵祾恩殿外檐装修同出一辙。这是古代建筑家巧妙利用地形建筑的宫殿，最完整地体现了明代建筑风格，具有很高的建筑艺术水平。

乐都南山

乐都区辖境最高山峰

海东市乐都区109国道附近

南山，古称雪山，当地叫照碑山。南山是乐都区辖境最高山峰，自西而东，横贯南境。根据《西宁府新志·地理志》记载："南山冬夏积雪不消，耸出万山之上，俨若银屏，又谓之雪山，俗称南山积雪，为八景之一也。"攀登绝顶，宛如身在天宫，头顶青云缥缈，脚下冰层晶莹。南山绝顶气候多变。

乐都南山风光

夏天前往欣赏"南山积雪"，真是风景独异。一脉高山，截成两节，分属两个世界：雪线下一碧万里，雪线上银装素裹。

柳湾墓地遗址

文化内涵丰富

海东市乐都区东17千米处的柳湾村一带

全天

柳湾墓地又称柳湾古墓群，是中国迄今发掘的规模最大的一处原始社会氏族公共墓地，其随葬品数量之多、文化内涵之丰富，在世界史前考古发掘中极其罕见。

墓地坐落在柳湾村后面的半山白土坡上，按照原始社会不同文化类型的墓葬分为新石器时代马家窑文化半山类型、马厂类型、齐家文化与辛店文化等类型，其中又以马家窑文化为主。这里的墓地多用木棺；葬法既有单人葬，又有两人以上的合葬。在每个墓内基本都有随葬品，如石制的斧、锛、凿、刀等生产工具，或陶制的各种生活用具等。柳湾墓地大量文物的出土，对研究我国原始社会晚期青海地区文化历史的发展提供了重要实物资料。

马厂类型墓葬

在柳湾墓地中部和东区、西区北部的墓葬，是其中最主要的马厂类型墓葬群。这里的墓葬多是长方形土坑，南北向放置，依自然地势高低不一。各墓葬多使用木棺葬具，分为吊头式、长方形和独木式三种。葬式有单人葬、多人葬，其中的合葬墓多为并排埋葬，有成年男女合葬，也有成年人与小孩合葬。

值得一提的是，马厂类型墓葬的随葬品以彩陶壶与器形较大的彩陶瓮为主，其中的彩陶花纹主要是蛙纹与圆圈纹等几何形花纹，同时还出现了人面形与裸人形浮塑彩陶壶以及葫芦形彩陶罐等，这在当时的社会并不多见，因而很有研究意义。

玩家 攻略

观赏这种历史景点，如果本身对其历史并不了解，建议最好请个导游，可以知道得更多，游览起来也会很有趣。一般可在景区门口或卖票处请到导游。如是想要省钱，可以蹭团或几人合请一个导游。

齐家文化墓葬

齐家文化墓葬主要分布在柳湾墓地西部的台地上，墓葬随自然地形排列，墓向多为西北向。这里的墓葬分长方形土坑和带墓道凸字形墓两种，规模大小很是悬殊。

齐家文化的合葬墓多是并排埋葬，一般男的多仰面直肢，女的多为侧身或仰身屈肢，似为夫妻合葬墓。每个墓地的随葬器物数量不一，少的只有1件，多的达20多件，而且质量优劣也有差别。通常，随葬器物都摆放在墓室的一侧。

玩家 解说

齐家文化墓葬的随葬物品有石制的斧、锛、凿、刀、矛、球、纺轮，骨制的锥、针、镞，陶制的纺轮等生产工具，壶、罐、瓮、豆、鬲、杯等陶器，以及绿松石、骨珠、海贝、石壁、臂饰等各种形状的装饰品。可见，当时的制陶手工业已达到一定水平。

柳湾彩陶博物馆

彩陶是青海省新石器时代文化的重要标志。为使世人更多地了解青海的历史文化，青海省政府建立了柳湾彩陶博物馆。馆内收藏4万多件文物，其中包括近2万多件彩陶，而且不乏我国远古彩陶艺术中的珍品。这些不同文化类型、图案、造型和纹饰的代表性彩陶，充分展示了中国彩陶文化鼎盛时期的风貌。

玩家 攻略

参观柳湾彩陶博物馆的游客，可以自主选择讲解员进行讲解，通常参观需1~1.5小时。如果对彩陶有浓厚兴趣，可以在博物馆内买到具有青海特色的彩陶工艺品及青海历史文化方面的书籍。

西来寺

规模宏大，古朴典雅

海东市乐都区东关街

8:00~17:00

西来寺规模宏大，古朴典雅，是青海境内保存完好的古寺中典型的汉语系佛寺。现为乐都区历史文物博物馆，陈列乐都地区收

柳湾彩陶博物馆之一景

藏和出土的珍贵文物以及原寺院遗存的24幅明代卷轴佛像画。

西来寺寺内主要建筑建在坐北朝南的中轴线上，由山门、中殿、大殿和东西两厢堂馆组成两进院落。庭院内绿树成荫，陪衬着佛殿走廊的朱红色檐柱和石绿色斗拱。山门中为门廊，东西为泥塑四大金刚。进入山门为前院，面对山门为中殿；东西两厢为堂馆，殿、堂均为硬山式建筑。中殿主供阿弥陀佛。大殿单檐歇山顶，矗立在台基上。大殿内供三世佛，中间释迦牟尼，两边为文殊、弥勒。东西两面山墙供菩萨四尊。整个墙面以半立体式浮雕着山水、人物、建筑、树木、珍禽、异兽等。

链接

趣闻典故

据说修寺的过程中资金发生困难，眼看就要半途而废，施工主人们想再去远方化布施。晨起，在院中发现两头骆驼，背负重囊，朝东而卧。邑人们认为是行脚驼峰，驼主会来赶走。迟至日中，未见驼主，始派人到处寻找。夜幕降临，未见赶走，于是有人解囊启袋，发现满是白银，约有9000两。得此银后，工匠们加快了进度，增建了殿堂。竣工后为寺命名时，人们以为如无西来之资，此寺难以完工，今能完工实乃西主资助之力，故定名“西来寺”。另一传说曰，有人在河边拾得一铜佛，为之建寺，特名为“西来寺”。

峡群寺森林公园

四季观光的好景区

海东市平安区西南部脑山地区

峡群寺森林公园，郁郁葱葱，生长着许多价值较高的植物，如树形优美的青海云杉与青扦、叶形绮丽的茶藨子、果红似火的山花楸等。峡群林区茂密的野生植物为野生动物的繁衍生存提供了良好的条件。公园的珍禽异兽有：狍鹿、猞猁、獐子、野狐、石鸡以及国家重点保护动物梅花鹿等。区内有1600

西来寺

多年悠久历史的佛教寺院——夏宗寺，该寺也是藏传佛教的发祥地。公园四季常青，是一年四季旅游观光的好景区。

民和桃花园林

有“万亩桃林”之称

海东市民和县川口镇马场垣乡

可自驾或包车前往

风景区总面积20平方千米，区内海拔1700米，年降水量500毫米。景区雨水充沛，气候湿润，盛夏凉爽宜人，有近万亩的果园、桃林，故有“万亩桃林”之称。近年来，经过大力宣传促销，影响力和知名度逐渐提高，已成为甘、青两省闻名的消夏胜地，现有休闲园21家，农家乐5家。

民和桃花园林

乐都周边乡村旅游休闲场所

海东民和“水源山宗”文化生态园：采用先进的结构工程技术、园林设计理念，以“名山之宗、中华水塔”之称的三江源命名棚内各包厢，结构合理，自然景观人文景观交相辉映。特色菜品有精品手抓、棕香牛排等。

海东民和县川口镇驼岭村

0972–8599999/8583333、13309729566

海东民和桃花园生态休闲园：始建于1997年，是全县规模较大、档次较高，集休闲、娱乐、餐饮于一身的农业生态园之一。园内有中型会议室1间，大小凉亭40个，同时建有钓鱼池、养鸡场，供游客休闲、游玩、品尝美食。菜品有烤兔子、香辣牛排、蒙古烤肉等。

民和县马场垣乡团结村4社

0972–8584098

川垣红生态园：始建于2006年，是集餐饮、观光、娱乐为一身的生态园。该园占地20亩，建有大型工棚，棚内摆放各类盆景，小桥流水，金鱼戏游。设有穆斯林礼拜房、豪华雅座及30个凉亭。环境幽雅，饭菜可口。特色菜品有地锅鸡、家乡烤牛排、烤全兔等。

0972–8584093

民和县马场垣乡团结村4社

海东平安宏丰生态园：建筑面积3500平方米。可容纳800多人同时就餐。

平安区三合镇张其寨村

0972–8616669

海东化隆盘龙曲玛锦绣生态园：集餐饮、住宿、茶艺、演绎、会议培训为一身，融观光、划船、垂钓、拓展、沙滩浴等于一体的黄河上游屈指可数的大型旅游企业。这里可同时接待800多人就餐，同时可停放50台车辆。

13195791512

化隆县牙什尕镇康扬电站旁

海东华隆顿珠林卡度假村：始建于2007年6月。占地面积6000平方米，用于接待的建筑面积2800平方米。远近闻名的农家休闲山庄。园内各类树木、花卉多达百余种。

化隆县群科新区

13909737277

七里寺

融森林景观和药水泉为一体

海东市民和县古鄯镇

七里寺为融森林景观和药水泉于一体的自然风景区，主要旅游景区有棒槌山、药水泉、药王庙等。

景区面积约53平方千米，最高海拔3200米。景区内泉水有健脾和胃、消食化瘀、杀菌祛痰之功能，泉水含有锶、氡、钙、锌、锂、硒、碘等多种微量元素。景区有红头鸟、麻鹌儿、红和尚等多种野生鸟类，冬虫夏草、大黄、党参、当归、野核桃等多种药用物种。七里寺是融旅游观光、休闲度假、药水疗养为一体的旅游胜地。

链接

七里寺花儿会

相传，在很早很早的时候，有个药王爷，腾云驾雾路过此地，发现这地方相当美，于是他看着看着就入迷了，一不小心，身上的葫芦掉下来了，药水洒了一地。洒在山坡上的药水都变成了中药材，滚到山沟里的则从石缝里冒出来了，冒个没完，形成泉水。以后这药水出名了，四面八方的人都到这里喝水，周围的民众为了感谢药王爷，就在七里寺附近建了一座药王庙。药王庙建成后，慢慢地来的人越来越多，年轻人除喝水、逛庙会外，渐渐地唱起了花儿，唱的人越来越多，于是形成了六月初六花儿会的胜景。

夏琼寺

青海最古老的藏传佛教寺院之一

海东市化隆县查甫乡

西宁长途汽车站每天有一趟班车去夏琼寺，或者选择从西宁或坎布拉包车前往

免费

全天

夏琼寺始建于1394年，为青海最古老的藏传佛教寺院之一，是藏传佛教格鲁派创始人宗喀巴皈依佛门的地方。该寺地势峻拔，幽雅殊胜。夏琼，本为藏语，意即大鹏，因寺后山崖形如展翅欲飞的鹫鸟，故得名“夏琼寺”。

夏琼寺自创建以来，先后修建了妙音菩萨殿、弥勒殿、金顶殿、阿底峡殿、金刚佛殿、支扎佛殿、煨桑殿、地藏菩萨殿、监河弥勒殿、山佛殿、护法神殿11个殿堂，构成了一处汉、藏艺术风格相结合的古建筑群。夏琼寺整体建筑庄严大方，雄伟壮观，布局井然，气势磅礴。

喇家遗址

新石器大型聚落遗址

海东市民和县官亭镇喇家村

喇家遗址是一处新石器时代的大型聚落遗址，被誉为黄河之滨的“东方庞贝”，是迄今为止发现的我国唯一一处大型灾难遗址。遗址内分布着许多史前时期与青铜时代的古文化遗址，诸如从庙底沟时期、马家窑文化、齐家文化到辛店文化等多种类型，其中以齐家文化遗址分布最多最广。

喇家遗址内有成排的半地穴房址，已发掘3座，地面、四壁用白灰抹平，圆形灶坑，出土了陶、石、玉器成品及半成品、玉料等。在这里还发现了中国考古史上最大的石磬——黄河磬王，它是喇家遗址中最惊人的发现。

喇家遗址的出土文物

景点推荐

互助旅游区

北山国家森林公园 AAAA

群峰巍峨，山清水秀

海东市互助土族自治县东北部

北山国家森林公园，海拔2100～4308米，公园总面积1127平方千米，森林覆盖率64.3%，森林蓄积量428.86万立方米。公园交通便利，境内群峰巍峨，山清水秀，天高云淡，空气洁净，高原特色突出，是旅游避暑、疗养度假、科普考察的胜地，是首批全国保护母亲河行动生态教育基地之一，也是青海省唯一的以森林自然景观为主体的生态公园。

国家森林公园目前主要有浪士当和扎龙沟两处景区。两景区分开售票。大部分游客每次来此游玩一个景区即可，可以根据个人兴趣选择游玩。

浪士当景区

浪士当景区是森林公园的核心。景区里有壮观的神龙潭瀑布，有神圣、洁净的圣母天池，还有清幽的大片桦树林等，景色非常漂亮，处处都是拍照的好景致。景区内还有一座才伦多度假庄园，是一位当地的土族画家设计的小城堡，十分有特色。

扎龙沟景区

扎龙沟景区以河流、瀑布和森林风光为主。这里的瀑布更小，但是更加密集，连瀑的景色也是非常怡人。每到春夏时期，沟内还会有野花盛开，非常漂亮。

五峰山

土乡著名的风景区

海东市互助土族自治县五峰乡

可从互助县包车前往

五峰山海拔2800米，因五峰耸立形如举掌而得名。山上布满松树、杨树等乔木和大批灌木。春夏之间，满山青翠；秋深以后，色彩斑斓，令人赏心悦目。山腰有洞穴三处，中有小道相通。洞下有澄花泉，泉水为矿泉水，洁净味甘，自山腰沿石壁跌落，形成瀑布，为五峰山一大景观。山上的五峰寺是远近闻名的寺院之一。五峰“青山藏古刹，流泉拥绿荫”，山幽水秀，为古湟中八景之一，现为土乡著名的风景区。

五峰山

汪家庄汉墓

为研究民族发展史提供资料

海东市互助土族自治县沙塘川乡汪家庄　5元　全天开放

汪家庄汉墓共有汉代洞室墓10座。每座又分墓室和长方形墓道两部分。此外还发现少量的木椁墓和砖室墓。墓葬中的葬具和人骨均保存完好，可以看出有夫妻合葬、众人合葬和二次葬等3种。出土的随葬品有陶器、铜器、车马饰器和汉代五铢钱等，同时还发现玉环1件。汪家庄汉墓的发掘，为研究我国各民族发展史提供了新的资料。

天佑德国际高尔夫球场

青海知名的高尔夫球场

海东市互助土族自治县沙塘川河河畔

天佑德国际高尔夫球场是青海省第一家可承办国际最高级别(TOUR)赛事的标准18洞国际锦标级高尔夫球场。球场大面积种植青藏高原珍稀名贵树种。球场内溪流密布，瀑布秀挂；清澈的沙塘河蜿蜒环绕球道而出，两者精巧别致，浑然天成。

球场充分结合当地地貌沿河而建。美丽的沙塘川河流经球场中线使整个球场一分为二。球场依据地势高低起伏而设计，别具一格。

佑宁寺

著名的藏传佛教寺院

海东市互助土族自治县威远镇寺滩村　可乘西宁长途汽车站的中巴；如包车的话，往返约200元

佑宁寺，藏语全称“郭隆弥勒洲寺”，简称“郭隆寺”。佑宁寺是著名的藏传佛教寺院。始建于明，距今已有400多年的历史，名师辈出，曾经风光无限，甚至一度超过塔尔

寺成为青海藏传佛教第一寺，号称“湟水北岸诸寺之母”。

佑宁寺内的主要经院有小经堂、大经堂、弥勒殿、天门寺等。小经堂是密宗学院，内有存经108卷；经堂内座床上供奉的佛像有：时轮金刚、释迦牟尼、密宗金刚。大经堂是显宗学院，内有房屋86间，可以同时容纳500余人诵经；供奉的佛像有：文殊菩萨、佛祖、宗喀巴、嘉色佛、章嘉佛、弥勒佛。弥勒殿位于大经堂后面，殿内供奉的弥勒佛像居正中，两侧有四大天王和护法神像。

玩家 解说

佑宁寺寺主为第七世嘉色活佛，已转世13世。原有20多位活佛，主要为章嘉、土观、松布、却藏、王佛等五大昂活佛和九小昂活佛。五大昂活佛在清代均受封为呼图克图，地位甚尊，在历史上很有影响；五大昂活佛精通藏、汉、蒙、满文和佛学典籍，著作颇多，声誉卓著。该寺现藏有印度造释迦牟尼佛像，挖掘出土的三位一体铜佛像和佑宁寺护法神天王神各一尊，寺后半山坡一世章嘉坟墓一处等，均属稀世之宝。每年正月初二到正月十五举行祈愿大法会。

彩虹部落土族园

著名的土族民俗文化古建筑群

海东市互助土族自治县威远镇西南部

彩虹部落土族园是一座大型土族民俗文化主题公园。园区是以青砖青瓦、生土土坯、砖雕木刻等形式建造的大型土族民俗文化古建筑群。

彩虹部落土族园集中展示了土族的历史、民俗文化、土族非物质文化遗产、民族建筑风格和土族生产生活习俗等。园区开发了一系列土族民俗风情和土乡文化方面的旅游项目，具有极高的观赏性、娱乐性和参与性。主要旅游项目有：百年老油坊、世义德酒坊、马术俱乐部、射箭场、活佛院、生产生活展示馆、十八坊商业街及吐谷浑大营。

玩家 解说

互助是我国唯一的土族自治县。土族信仰喇嘛教，对色彩有着特殊的天分，被誉为“披着彩虹的民族”。每年农历五月初五、六月初六、九月初九等民间节日，互助旅游区内多举行“花儿演唱会”，八九月的收获季节举行世界上最长的狂欢节——“纳顿节”。

却藏寺

经事活动众多

海东市互助土族自治县城北约20千米处

却藏寺始建于清顺治六年（1649年），道光皇帝曾敕令在这里的千佛殿前修建一座砖雕“九龙壁”，风格与北京北海公园的九龙壁类似。由皇帝恩准修建九龙壁，在寺院建筑中绝无仅有，可见却藏寺地位之高。寺院东西有两山环抱，右如盘龙绕卧，左似凤凰展翅。山上松柏苍翠，寺前良田千亩，一片翠绿。

玩家 解说

却藏寺全年的主要经事和学经活动为农历正月初四至十七举行的正月祈愿法会。其间，初八、十四有晒佛、跳欠活动，十五展出酥油花。届时周围及湟源、湟中一带群众纷纷赶会拜佛，热闹异常。现在，这种群众性的宗教活动逐渐成为兼具民族贸易和文娱活动的庙会，其他经事活动也有所简化。

却藏寺

白马寺

历史悠久，素享盛名

海东市互助土族自治县红崖子沟乡白马寺村

白马寺古称“金刚崖寺”，藏语称“玛藏观”。始建于10世纪，相传它的创建与藏传佛教史称之为“下路宏传”的复兴佛教活动的首创人——喇勤·贡巴饶赛有关。传说，其肉身涂药泥后供于石窟中。

白马寺由居于半山崖的经堂、僧舍、石窟、金刚佛像和大佛塔组成，历经劫难，目前只剩下规模很小的几层经堂和僧舍。山崖下现有一尊石雕佛像，藏语称“弥勒望河”；雕像古朴浑厚，左手托钵，右手做推移状。绿荫中的白塔与古石雕佛像相映成趣，自成一体。

土族故土园 AAAAA

以土族文化为主题的园区

海东市互助土族自治县威远镇古城村

可从西宁长途汽车站乘中巴到互助土族自治县

120元 8:00～18:00

土族是世居于青海的古老民族之一，因其独特的人文与自然条件而形成了土族文化艺术，又以其文化、历史、语言、民俗、艺术、宗教信仰等诸因素的独特而增添了几分神秘。

土族故土园

景区内原始淳朴的自然环境、雄奇独特的生态环境、古老神秘的文化遗迹、风格迥异的民族风情具有很强的吸引力和竞争力。极具特色的土族民族文化，发育完好的高原生态系统，历史悠久的宗教文化和青稞酒文化构成了互助旅游的四大品牌。园区的“二月二擂台会”“六月六花儿会”“丹麻会”等民间传统节庆活动和观经会、庙会等十分有特色，吸引了大量游客。

玩家 攻略

勿将马肉、驴肉、狗肉带进土族人家；未经主人允许也不要在主人家唱花儿或听花儿磁带，因为在土族花儿属于情歌，情歌是不能在家唱的。

玩家 解说

土族是青海省独有的一个少数民族，传说是历史上吐谷浑人的后裔，而互助是祖国唯一的一个土族自治县。这里有特殊的文化、服饰、建筑和歌舞等，其中很多与蒙古族、藏族类似，既有融合又有自己的特色。

互助县乡村旅游休闲场所

海东互助西部土族民俗风情园：内设反映土族原始生存状态的土族故土园、一进三院的土司府邸、四季如春的彩虹宫，还有土族文化演艺广场、民俗商品购物中心等，是一处集娱乐、餐饮、民俗接待、住宿购物为一身的、西部最具魅力的土族民俗旅游接待点。

0972–8320898，13309720962

互助县威远镇小庄村

海东互助纳顿庄园：占地3400平方米，曾多次圆满完成党和国家领导人、各界政要、全国及省部级大型会议的民俗接待工作。餐厅餐位50桌，可容纳500多人同时就餐。

0972–7311899，13309723989

互助县威远镇小庄村

海东互助才伦多森林农庄：农庄是一家家庭旅馆，占地面积约4000平方米，总建筑面积1680平方米，共有62个铺位。农庄是目前浪士当景区规模最大、档次最高的个体旅游接待点。

13897383969

互助北山景区浪士当沟

景点推荐

循化旅游区

孟达天池 AAAA

青藏高原上的西双版纳

海东市循化撒拉族自治县东部

从西宁长途汽车站乘到循化县的客车

0972-8892888　70元

8:00~18:30

孟达天池自然保护区是青海省的避暑、疗养和旅游胜地，被誉为“青藏高原上的西双版纳”。天池周围森林密布，环境清幽。游客来此可以登山漫步，观赏拍摄天池及池边的美丽风光，感受西北少见的自然风光。

孟达天池面积约300亩。池水清澈碧澄，与蓝天一色；群峰倒影，随波微动。湖面上水鸟飞翔，湖中鱼儿舒然游动。天池所在的孟达山处于青藏高原与黄土高原接合部，多雨，为青海的植物王国。区内森林覆盖面积14万余亩，有亚热带、暖温带植物。林中栖息着苏门羚、林麝、狍鹿、岩羊、狐狸、雪鸡、马鸡等珍禽异兽。

玩家 攻略

孟达天池附近海拔略高，为2400~2500米，虽然一般不会产生明显的高原反应，但建议不要剧烈运动；登山时步伐放慢，以免增加体力负担。

景区附近购物、用餐都较不方便，建议游玩之前准备一些干粮、饮用水。

玩家解说

前往孟达天池景区，路上的风光十分壮美，无论是从西宁还是临夏方向前来，一路上都可以看到赤红壮观的丹霞地貌，而且路上的黄河清澈碧绿，和火红丹霞对比起来景色非常漂亮，可以一路拍摄观赏。

华山松谷

木厂沟山脚下至游客进入林区河石的小路，山谷青松白桦，人称“华山松谷”。这里清清溪流，缘路绕行；青松白桦，千枝如鲲鹏展翅，盘根如龙抓石；山涧巨石像群象争饮。尤其是冬天，银装素裹，冰凌琼花，别有一派北国林海风光。

回音壁

从华山松谷行至向右300米的地方，就是回音壁。这种由花岗岩组成的峭壁，长百米、高十余米，有折射声音的效果。峭壁上长有华山松、珍珠梅等。如果在这里大声喊叫，遥远的山谷里可以听到“喔喔”的回声。

西山卧虎

位于西山峰。被命名为“西山卧虎”的巨石，长约5米、高约3米，耸立于峭壁千仞的西山峰顶，前身微起，昂首西望。当夕阳欲坠，群山合黛时，晚霞映卧虎，雄浑悲壮，其姿态令人叹为观止。另有一青石，形如怀抱幼子；坐在大巨石上的母猴，形象逼真生动。

神仙洞

位于孟达天池大坝西沟内峭壁上的石窟，人称“神仙洞”，藏族称“拉隆殊康”，是西藏吐蕃僧人拉隆·贝吉多杰（又叫拉隆毕多）的修行室，为藏传佛教圣迹之一。洞旁有一石块，据传是拉隆毕多升天的地方。

文都寺
循化地区最大的寺院

海东市循化撒拉族自治县城西南17千米处

7:00～17:00

文都寺是循化地区最大的寺院。该寺坐

孟达天池

循化撒拉族绿色庄园

西向东，依山而建；背山农田连片，南为拉代村庄；东面照山为自然林区，一片苍翠。

文都寺全部建筑占地80余亩，主体建筑有大经堂、三世佛殿、东科尔·多居嘉措灵塔殿（多哇赛东殿）、香维拉康等10座殿堂。其中，大经堂位于整个建筑群下部平地，为两层楼式建筑，尤为宏丽。该寺的土地均为私田，主要拥有者为十大活佛和其他上层僧侣，一般僧人主要由其俗家供给吃穿。

循化撒拉族绿色庄园

有“高原西双版纳”之称

海东市循化撒拉族自治县城东北处

海东客运站每天有两班发往循化县的班车

撒拉族绿色家园平均海拔2500米以上，主峰高4178米。绿色庄园山清水秀，数百种树木掩天蔽日，各种花草植物绿茵盖地，有人参、三七、贝母等名贵药材，还有大量的珍稀动物，有“高原西双版纳”之美称。绿色家

循化县乡村旅游休闲场所

海东循化伊拉斯农家院：占地面积1650平方米，建筑面积1200平方米，有餐位20桌，可容纳200多人同时就餐。特色为撒拉族特色食品，绝对不容错过。

0972-8811119

循化县街子镇三兰巴亥村

海东循化四合生态园：位于循化宾馆内，占地面积1500平方米，建筑面积1000平方米，有餐位70桌，可容纳700多人同时就餐。特色菜品主要为撒拉族民族餐。

0972-8814959、13997306666

循化县积石镇迎宾北路循化宾馆内

海东循化尕西木农家院：占地面积7000平方米，建筑面积5000平方米，有餐位60桌，可容纳500多人同时就餐。

13709706272

循化县积石镇下草村

海东循化阿吾农家院：占地面积1400平方米，建筑面积700平方米，有餐位25桌，可容纳260多人同时就餐。特色菜品主要有撒拉族民族餐、阿吾农家土豆、阿吾老字号特色手抓等。

0972-8812455、13709709662

循化县积石镇下草村清真寺旁

园气候温和，植物资源丰富。山顶有天池，明媚恬静，飞流直下的瀑布，更添天池秀色。

玩家 攻略

撒拉族妇女心灵手巧、善良朴实。她们手工制作的各种撒拉族小吃，令人垂涎欲滴。炒面、凉粉、酿皮、牙而玛、炒麦、麦梭、盖碗茶、手抓肉等早就名扬天下。

玩家 解说

早在元朝时，撒拉族的先民——中亚撒玛尔罕人经新疆长途跋涉迁徙至循化，后与周围的藏、回、汉、蒙古等族长期相处，逐渐形成了后来的撒拉族。撒拉族有自己的语言，属阿尔泰语系突厥语族西匈语支的乌古斯组。由于和邻近的汉、回、藏等族交往，也吸收了不少汉语和藏语的词汇。无文字，通汉文。撒拉族信仰伊斯兰教，其生活习俗大体与回族相似。撒拉族男子喜留胡子，头戴黑色或白色圆帽，身穿白汗褡、青夹袄；妇女头戴盖头，喜佩耳环、手镯等。

骆驼泉

传说中撒拉族的发祥地

海东市循化撒拉族自治县积石镇西4千米的街子村清真大寺附近

8:00～18:00

骆驼泉是撒拉族之乡的一处圣迹，也是传说中撒拉族的发祥地。骆驼泉被撒拉族视为圣泉，在撒拉族文化中占有重要地位。

前几年，当地人民为了保护骆驼泉，在泉边修建了围墙和铁栅栏，围墙内种上了松柏、果树和鲜花，还在园内泉边竖立了3座不同形状的大型骆驼石雕像，修建了水榭和亭阁。骆驼泉的景点面积约为3500平方米，呈长方形。中央部分为一长约40米、宽约20米的水池，泉水从池中央的泉眼中涌出。池深0.6米左右，周边为水泥砌成。

链接

关于骆驼泉的传说

传说，撒拉族的祖先原是居住在中亚撒马尔罕的一个小部落，为首的头人是兄弟俩，名叫尕勒莽和阿合莽。他俩在群众中威望很高。后来，因国王忌恨而被迫离开家园，四处流浪。他俩带着同族的18人，牵了一峰白骆驼，驮着故乡的水土和《古兰经》，向东寻找新的乐土。一路上，他们经天山，过嘉峪关，绕河西走廊，渡黄河，辗转来到积石山下。不料，黑夜中走失了白骆驼。第二天，他们在街子东面的沙子坡发现一眼清泉和走失的白骆驼（已化为白石卧在泉边），于是便在这里居住下来，并将这个清泉起名为骆驼泉。

街子镇清真寺

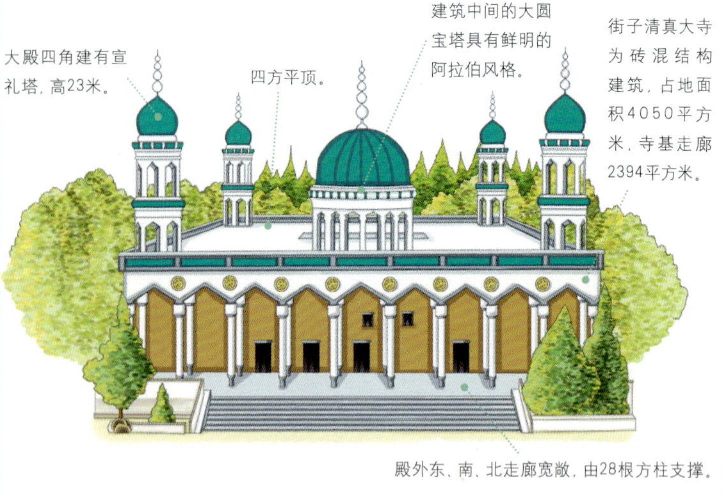

街子镇清真寺

具有鲜明的阿拉伯风格

海东市循化撒拉族自治县街子镇古吉来村

初建于明洪武三年（1370年），清代和民国二十年（1931年）曾有3次扩建。原有礼拜殿面积达1000多平方米，可容纳1500多人排班做礼拜。清真寺后来被毁，1982年仿照新疆喀什清真寺重新修建。

新建的清真寺为砖混结构，大殿呈正方形，殿内4根大柱支撑着49间的殿顶；大殿四角是距地面23米高的宣礼塔；中间的大圆宝塔，具有鲜明的阿拉伯风格。寺院对面是先祖阿合莽和尕勒莽的拱北（先贤墓冢），由雕刻大型花卉图案的青砖围墙组成，两棵枝繁叶茂的老榆树从两拱北分别长出，披荫一方。拱北与街子清真大寺、骆驼泉浑然一体，互为映衬，真是“白驼映泉泉更美，亭榭飞花花复芳”。每年前来清真寺游览观光的国内外游客络绎不绝。

班禅故居

极具藏族风情

海东市循化撒拉族自治县文都乡

7:00～17:00

班禅故居是第十世班禅额尔德尼·确吉坚赞出生的地方。1938年农历正月初三，班禅大师诞生在此地。

班禅故居

班禅故居门前两棵老白杨高耸挺拔。故居共分三院，东院为停车场、杂物房、仓库等；西院为班禅大师旧居，其老厨房靠柱子系有哈达的地方，是班禅大师诞生之地；东院为两层的藏式楼房，楼北正中为大师诵经的佛堂。整个建筑错落有致，层次分明，极具藏族风情。大师不仅受藏族同胞爱戴，同样在省内外广受各族群众的爱戴。故居现已成为旅游观光胜地和佛教徒的朝拜之地。

丹斗寺

“后弘期”佛教的发祥地

海东市循化撒拉族自治县

丹斗寺亦称“丹笛寺”“旦斗寺”“丹豆寺”“旦兜寺”等，藏语称“丹斗谢吉央贡”。丹斗寺作为“后弘期”佛教的发祥地，在藏传佛教史上占有重要位置，一直是各派信徒们向往的圣地，朝圣者络绎不绝，三世达赖喇嘛等西藏重要人物都曾到过丹斗寺。

丹斗寺四周悬崖陡立，石壁高耸，佛殿或建于峭壁之中，或依天然岩洞而成，别具一格。寺由阿尼鲁加殿、热杂帕殿、比丘阿吉达修行殿、三世达赖喇嘛修行殿、“三贤哲”及喇勤修行殿、弥勒殿、阿柔格西修行殿、释迦殿、大经堂、才旦夏茸拉章、叶东佛塔及僧舍、大厨房等组成，共约200间，是一个完整的建筑群。曾两度关闭，但大部分建筑完好无损。

丹斗寺

攻略资讯

- 交通
- 住宿
- 美食
- 购物
- 娱乐

交通

飞机

曹家堡机场就在海东互助县境内，距离平安区5千米，已开通北京、上海、广州、西安、成都、乌鲁木齐等航线。

火车

青藏铁路、兰青铁路复线穿境而过，与陇海—兰新铁路干线贯通。

海东平安火车站位于海东平安区城中心，途径青藏铁路的多趟列车在此停靠。列车向西可到达西宁、格尔木、拉萨，向东可抵达兰州、银川、郑州、成都、北京等城市。

汽车

海东市公路网密布，境内109国道、兰西高速、省道平临公路以及各县乡级公路纵横交错，将海东市西与省内各城市、东与内地都紧密相连。

海东汽车客运站： 位于海东市平安区化隆路57号附近。

曹家堡机场

循化黄河大桥

住宿

海东市住宿主要集中于平安区、乐都区以及机场、火车站附近，住宿情况较为一般。这里星级酒店不是很多，多为快捷酒店、宾馆以及招待所。游客可根据自身情况自行选择。

●海峰国际大饭店

海峰国际大饭店是一家商务旅游酒店，毗邻海东市委、平安区文化广场及商业步行街。酒店距曹家堡机场10分钟、西宁市区25分钟、西宁火车站30分钟，交通便利，尽享天时、地利、人和之优势。 海东市平安区新平大道205号（海东会议中心对面） 0972–7699999

海东夜景

●恺洋大酒店

恺洋大酒店是融餐饮、养生、保健、客房等商务会议等多功能于一体的现代化大酒店。距西宁机场8千米，离火车站仅5分钟的车程，交通极其便利。 海东市平安区平安大道288号 0972–8668808

美食

海东人口相对集中，经济较为发达，是青海重要的农牧业经济区和乡镇企业较发达地区之一。这里的美食品类非常丰富，独具特色，令人垂涎欲滴。特色小吃主要有锟锅馍馍、尕面片、炒面片、狗浇尿油饼、羊肠面、手抓羊肉、什锦人参果、酿皮等。

●尕面片

尕面片是西北地区最具特色的一款家常面食。尕面片的形状很有特色，十分小巧。因与不同的汤料、酱料混合，有的做成汤面，有的做成炒面片，每种吃法都各具特色。

●狗浇尿油饼

用青油煎的薄饼，有只加一点酵子的“半死面”和不加酵子的“死面”两种。烙饼时，用小油壶沿锅边浇油的动作，犹如狗在墙根撒尿的姿势，故称“狗浇尿”。

狗浇尿油饼

●手抓羊肉

手抓羊肉是青海牧民们的传统饮食。因其吃时直接用手抓，故而得名。羊肉香而不腻，肉质鲜嫩且不膻，区别于内地平原的羊肉口感。它是来青海旅游的游客必尝的美食之一。

●酿皮

酿皮是青海地方风味较浓的传统小吃。配上面筋，浇上醋、辣油、芥末、韭菜、蒜泥等佐料，就是上好的酿皮了。吃起来辛辣、凉爽，口感柔韧、细腻，回味悠长。

酿皮

购物

海东市交通便利，与青海其他地方相比，区位优势较为明显。平安区、乐都区的商贸街、商场、购物中心众多，各种高、中、低档商品琳琅满目，商贸交流频繁，是出行海东购物的首选之地。特产主要有牛角梳、互助青稞酒、牦牛肉以及极具民族特色的纪念品等。

●牛角梳

牛角工艺品，以牛角为原料，采用传统的工艺制作而成。牛角清凉、无毒，使用牛角梳不会产生静电。长期使用，能消除头痛等头部疾病，让人头脑清醒、精神焕发。

●青稞酒

青稞酒以青稞、小麦等为原料酿造勾兑而成，饮后不头痛、不口渴、不伤胃、醒酒快，是具有特色的高原酒。其特点是酒香纯正，色泽澄明，令人回味。

青稞酒

●土族盘绣

土族盘绣绣品多以花鸟虫鱼为内容，色彩鲜艳，绣法多样，做工精细，且耐保存。代

土族盘绣

表作品有五瓣梅花、富贵不断头、孔雀戏牡丹、狮子滚绣球等。

●牦牛肉

牦牛肉被誉为“牛肉之冠”，属半野生天然绿色食品，富含多种微量元素。牦牛肉脂肪含量特别低，热量特别高，对增强人体抗病力有显著作用。

娱乐

海东主要以汉族居民为主，聚居着土、回、藏、撒拉等多个民族，各民族相处和睦，文化活动相当活跃。而海东的少数民族群众的娱乐活动更是丰富多彩，具有浓郁的民族特色。每当节日、庙会或远客到来，在城市的广场，乡间的田野、麦场，都能看到欢乐的场面，感受到节日的喜庆。

●土族“波波”节

“波波”为土族语，意为法师做道场。俗称“跳神”。“波波会”是土族传统的民俗活动，主要仪式有竖幡、跳神、招魂、放幡、卜卦等。每年的“波波会”香火旺盛，法鼓不停。

时间：每逢农历二月二、三月三、四月八等

地点：青海许多土族乡村

●五峰寺花儿会

每年夏季，在五峰山林木葱茏、百花盛开、群鸟鸣啭、彩蝶飞舞时，各地群众和民歌爱好者汇集到五峰寺，举行声势浩大的花儿赛歌会。歌声从一大早一直到夕阳落山，更深夜静才结束。一些专家学者也常常乘机来此采风拾萃。

时间：农历六月初六

地点：海东市互助县五峰寺

●土族纳顿节

“纳顿”是土族人的传统节日。“纳顿”土语为“玩”的意思。每当夏粮收割完毕，人们为了感谢神灵，欢庆丰收的“纳顿”会的鼓声就敲响了。数十里的川道沉浸在节日的欢乐之中，到处彩旗飘动，鼓乐喧天。人们穿上最好的服装探亲访友，畅谈丰收的喜悦和对来年美好生活的祝愿。

时间：农历七月十二日至九月十五日

地点：青海许多土族乡村

●互助彩虹冰雪节

冰雪节主场地周围集餐饮、住宿、娱乐为一身，主要活动项目有：速降雪滑梯、体验式滑雪、雪地摩托车、冰上碰碰车、冰车、冰刀、四轮越野车、射箭、马拉雪橇、马术表演等。

时间：每年12月20日开幕

地点：海东市互助县

互助彩虹冰雪节上的滑雪者

发现者旅行指南

黄南

概览

亮点

坎布拉国家森林公园

坎布拉国家森林公园为丹霞地貌，由森林植被、宗教文化、电站大坝、峡谷库区及藏族风情构成，集自然景观和人文景观于一身。

隆务寺

早期为藏传佛教萨迦派寺院。全寺依山而建，布局错落有致，藻饰华丽宏伟。大经堂位居全寺中央，体量雄阔，内供释迦牟尼佛等数十尊佛像。佛像造型精美，庄严肃穆。

热贡艺术馆

热贡艺术是同仁地区民间佛教绘塑艺术的统称，是佛教艺术中独具特色的一个流派。热贡艺术馆是青海省唯一的藏画研究机构，建筑很有民族特色。

隆务寺

郭麻日村

郭麻日村是国家历史文化名村。村民大都擅长绘画、雕塑、堆绣，热贡艺术繁荣，文化底蕴深厚。著名景点有郭麻日寺和郭麻日古堡等。

和日寺

和日寺的藏戏和石经墙闻名遐迩。藏戏以《松赞干布》最为出名。石经墙字体清晰工整，绘画精美舒展，皆为不可多得的石刻艺术品，被誉为“世界石书奇观”。

线路

黄南风情二日游

第一天首先前往吾屯下寺参观，之后去吾屯上寺，两座寺庙相隔并不远。游览完毕后，前往热贡艺术馆参观，之后可顺便游览隆务河、郭麻日寺以及郭麻日古堡。

第二天第一站为坎布拉国家森林公园，游览完毕后，

吾屯上寺

可前往德钦寺参观，寺内有赤金度母、檀香木度母、金灯以及历代活佛灵塔等景观。

为何去

黄南藏族自治州位于青海省东南部，地处九曲黄河第一弯。自治州内旅游资源丰富，自然景观秀美迷人。同时，黄南的民族艺术也让人赞叹。技艺精湛、从艺人员众多的热贡艺术，是我国藏传佛教艺术的重要流派。黄南更有“藏画之乡”的美誉。

泽库和日石刻

何时去

黄南藏族自治州全年气温偏低，年均气温约6℃，冬季气温更低。高海拔、低气温的寒冷天气，极不适合出行。每年7~9月是到黄南旅游的最佳季节。

藏族演员

7~9月的黄南光照时间长，天黑得较晚，但紫外线辐射较强。这一时节草原青青，天气凉爽而惬意，非常适合旅游观光活动。当地的“六月会”也在此时举行，旅游、休闲娱乐可一举兼得。

区域解读

区号：0973
面积：约17 809km²
人口：约27万人
主要少数民族：
藏族、蒙古族

地理 GEOGRAPHY

区划

黄南藏族自治州下辖3个县（同仁县、尖扎县、泽库县），1个自治县（河南蒙古族自治县）。

地形

黄南州有大小河流60余条，黄河流经自治州南北边缘，北段长96千米。

气候

黄南州气候属高原大陆性气候。雨热同季，干湿季差别明显；热量不足，无霜期短，降水变率大，时空分布不均；光照时间长，太阳辐射强；冷季漫长干冷，暖季短促润凉；多灾害天气。

黄南州高山景观

历史 HISTORY

311年，永嘉之乱，吐谷浑进入黄河南部地区。

唐景云元年（710年），金城公主远嫁吐蕃赞普，划九曲之地为公主沐浴之地。天宝十二年（753年），唐将哥舒翰收复九曲之地，次年设洮阳郡辖今黄南州境，两年后复陷于吐蕃。

宋初，河湟地区统一于唃厮啰政权。

明洪武三年（1370年），设河州卫，改必里万户府为必里千户所，辖黄南南部游牧部落。

明洪武八年（1375年），改贵德为贵德守御千户所，下设10屯，今黄南州有7屯。

明宣德元年（1426年），今同仁、泽库地

隆务寺

区遂由隆务寺夏日仓活佛——隆务囊索代而治之，之后逐渐形成热贡地区政教合一的制度。

万历年间（1573—1620年），黄南地区为蒙古土默特部洪萨巴图尔控制。

1953年9月30日，政务院批准设立黄南藏族自治区（地级），自治区人民政府驻同仁县隆务寺，辖尖扎、同仁、泽库3县；1953年12月22日正式成立。

文化 CULTURE

原始的民间艺术——於菟舞

“於菟”系古汉语，意为“老虎”。在青海省同仁县热贡地区，当地人认为，每年的农历腊月二十日为“黑日”，这时妖魔鬼怪纷纷出来作乱，所以要举行跳於菟的祭祀活动，也就是模仿老虎的动作，为的是驱逐妖魔，保佑太平。

在举行跳於菟的前夜，当地群众还要进行“邦祭”的活动。首先是请神。在天亮时分，把山神的轿子从山神庙里请到要举行“邦祭”的人家里，在拉瓦（法师）的带领下进行祭祀。在祭祀的过程中，由拉瓦挑选表演於菟的人员。祭祀结束后，青年男女就可以自由地唱起“拉伊”，谈情说爱，而长辈们则需要回避。

第二天下午，选定的7名男子来到山神庙。他们脱去上衣，挽起裤腿，用墨汁或者锅灰在全身包括脸上绘上虎豹的斑纹，并用法师施过咒的白纸条把头发扎成发怒状，恰似猛虎狂怒的情形。然后开始祭拜山神。於菟们握持用经文裹定的木棍，到庙前的广场，围绕桑台，伴着锣鼓声有节奏地跳起古朴的於菟舞。

在表演快要结束的时候，有人在村口鸣枪，当於菟们听到枪响后，便气势汹汹地冲出神庙，直扑村中。此前各家各户供桌上已经准备好了馍馍、果品及酒肉等，等着那些於菟前来享用。在进入人家以后，於菟们可以肆无忌惮地搜寻食物。之后，村民们将准备好的中间有孔的馍馍穿在於菟们手持的棍子上，於菟们聚齐后，边舞边走出村庄。这时候，人们鸣枪，巫师再次诵经，驱赶於菟。扮演於菟者在逃窜到河边以后，砸开河面上的冰，然后用水洗去身上的虎豹花纹。在於菟们回来的路上，人们燃起一堆火，让他们从火上跨过去，表示这时候妖魔邪恶已经除去。

拟兽舞与原始人的狩猎生活紧密相连，是原始舞蹈中最常见、最有代表性的舞蹈形式，它是原始人万物有灵的宗教文化观念在民间艺术中的遗存。在当今同仁热贡地区，保存着的於菟舞，是古老傩文化的载体。这一由宗教与艺术相结合，娱神与娱人相结合的古朴、原始、独特的舞蹈仪式，一直在民间传承，成为土族傩文化的"活化石"。

藏画之乡——热贡

始于15世纪甚至更早的热贡艺术是我国藏传佛教艺术的重要流派，主要包括唐卡、堆绣、雕塑、建筑彩画、图案、酥油花等多种艺术形式，因发祥于青海省黄南藏族自治州同仁县隆务河畔的热贡（藏语"金色谷地"）而得名。

在热贡地区的吾屯、年都乎、郭麻日、尕沙日等藏族、土族聚居村，数百年来村中男子十有八九都传承着从宗教寺院走出来的民间佛教绘塑艺术，其从艺人员之众多、群体技艺之精湛，叹为观止，故有"藏画之乡"的美誉。

19世纪以后，为热贡艺术的黄金期。这个时期的作品色彩鲜艳，笔法细腻，特别追求装饰趣味，同时大量用金，使画面呈现出金碧辉煌的效果和热烈的气氛。近期的代表人物有更藏、尖木措、夏吾才郎（20世纪40年代曾随师受聘协助张大千赴敦煌临摹壁画）。他们的作品构图疏密有致；人物造型严谨又不显刻板；色彩鲜丽和谐，富于装饰性；画面既有一种统一感，又显得生动活泼；艺术效果不同凡响。热贡艺术作为藏传佛教艺术中的一个流派，区别于其他藏区艺术，也在这一时期表现得最为突出，作品一经拿出，即知是热贡地区的佳作。

热贡艺术凭借其精美的设计、艳丽的色彩和精细的线条，不仅在佛教盛行地区流行，而且也越来越受到港澳台地区以及世界各地艺术爱好者们的欢迎。在近十多年的发展中，热贡艺术有繁荣的趋势，但是随着老艺人的相继去世（4位大师级的画家前后于世纪之交离世）、市场经济和商品意识的不断冲击、旅游业的不断繁荣，热贡艺术精品越来越少，而充斥市场的赝品、复制品和粗制滥造的现象却越来越多，急需抢救保护。

热贡艺术——酥油花

景点推荐

黄南旅游区

隆务寺

古老的藏传佛教大寺

黄南州同仁县隆务镇西山脚下

西宁汽车站每天都有发往隆务镇的班车，途中还可以看到漂亮的黄河水

60元

8:00~18:00

隆务寺藏语称“隆务大尔法轮洲”。该寺早期为藏传佛教萨迦派寺院，是藏传佛教在安多藏区（青海、甘肃一带）最著名的寺院之一，其规模和地位仅次于塔尔寺及拉卜楞寺，是一处古老的藏传佛教大寺。

现主要建筑有大经堂、修习殿、夏日仓殿、观音殿、天女殿、文殊殿、七世夏日仓灵塔及密宗院、时轮院等20余座，塔8座。全寺依山而建，布局错落有致，藻饰华丽宏伟。大经堂位居全寺中央，体量雄阔，内供释迦牟尼佛等数十尊佛像。佛像造型精美，庄严肃穆。其中，宗喀巴大师像高11米，底座周长26米，通体镀金，七宝装饰，尤见精奇。寺中现存明朝御赐释迦牟尼金像等珍贵文物；古碑2块，分别列为国家级、省级文物。寺藏佛经上万部，其中以德格版《甘珠尔》《丹珠尔》尤为珍贵。

玩家 攻略

正月祈愿法会：于正月初七至十六举行，其间有正月十四的晒佛、十五的转弥勒佛、十六的跳欠等活动。

隆务河

沿岸风情别样

黄南州同仁县

隆务河是黄河在青海东部的一级支流。亦称隆务格曲、格曲。“隆务河”藏语意为“九条溪流汇合的河”。

隆务河由南向北一直到尖扎县附近汇入黄河。河的两侧都是高山峡谷，其中有很多丹霞地貌，颜色和形状都很独特；崖壁上还有很多藏式壁画，个别处有巨大的佛像绘画，蔚为壮观。在快到尖扎县时，可以看到之前碧绿清澈的黄河水，流经这里之后便瞬间变黄，非常独特。

年都乎寺

寺僧多出艺人

黄南州同仁县

年都乎寺藏语称“年都乎噶尔扎西达吉林”，意为“年都乎吉祥兴旺洲”。据《安多政教史》记载，年都乎寺由丹智钦初建，第三世夏日仓根敦赤列（1740—1794）时期成为隆务寺属寺。

寺僧继承噶如画师的绘画传统，多出艺人。如今新建僧舍15院，现有寺僧15人。寺院循例于农历每月十五、三十集体诵经，正月初八至十三举行祈愿法会。其间，于正月十二展出堆绣的释迦牟尼大佛像。

吾屯上寺

被称为“热贡艺术学校”

黄南州同仁县隆务河东岸的吾屯村

吾屯上寺藏语称“桑格雄华丹群觉林”，意为“吉祥法财洲”，是隆务寺的附属寺。始建于1645年，寺内珍藏释迦牟尼头发、法宗大师舍利以及各种塑像、唐卡等文物。该寺处于“热贡艺术”的发源地，僧人大多擅长绘画、泥塑、雕刻，而且那里的老艺人热心授徒，故被称为“热贡艺术学校”。

吾屯上寺其貌不扬，主体建筑有大经堂、释迦牟尼佛殿以及弥勒佛殿。走进经堂、佛殿内，眼花缭乱之中才明白它的不凡，一尊尊栩栩如生的佛像在黯淡的光线里闪耀着金色光芒，除了地面以外，几乎所有的空间都被难以计数的壁画和唐卡填得满满当当。

吾屯下寺

有藏族特色的装饰图案

黄南州同仁县隆务河东岸的吾屯村

吾屯下寺亦称“森格央下寺”，藏语称“格丹彭措曲林”，意为“具善圆满法洲”。

吾屯下寺有大经堂、弥勒殿、护法殿各1座，茶房1院，建筑占地约80亩。

寺中重要文物有清朝檀香木雕弥勒佛像等省级文物，并藏有相传自印度迎请的五粒释迦牟尼佛发舍利，作为镇寺之宝供奉于释迦牟尼佛像内。此外，还供养有僧舍利1000余粒，火化时呈现香气四溢等异相。寺中珍藏《甘珠尔》《丹珠尔》等佛经，数量甚多，共达7000余部。寺院门外塑有8尊白色佛塔，名为“解脱八尊佛塔”，全部由吾屯村民捐资兴建。

吾屯下寺有许多带有藏族民族特色的装饰图案，主要是部分木制墙壁及隔板，还有室内摆设及日常用具。这种图案艺术在很大程度上已经跳出了佛教艺术的范围，向世俗发展的迹象十分明显。

玩家 攻略

吾屯距同仁县隆务镇7千米。从隆务镇乘出租车前往，车费10元左右。吾屯下寺不收门票，但参观大经堂的话可能会被喇嘛要求供钱，10元左右即可。

每年农历六月十六至八月初一，吾屯下寺僧人闭关修行。这期间拒绝妇女进入寺院，女性游客参观会相当不便。

玩家 解说

吾屯下寺门外有一座4层佛塔，高约20米，内供奉藏传佛教“时轮金刚”像，佛塔外装饰各种佛像、白塔数十座，非常精美。此佛塔为吾屯村扎西一家出资100万元修建的，完工后无偿捐献给吾屯下寺。此佛塔也成为旅游者拜访吾屯下寺不可错过的景点。

郭麻日寺

拥有安多藏区最大的佛塔

黄南州同仁县

0973–8795001 10元

郭麻日寺藏语全称“郭麻日噶尔噶丹彭措林”，意为“郭麻日具喜圆满洲”。该寺有大经堂、弥勒殿等建筑。郭麻日寺的时轮

吾屯下寺的大经堂

塔，为安多藏区最大的佛塔。时轮塔颜色非常艳丽，特别是塔上的半球形涂上了鲜艳的涂料，远看就像是镶上了大块的宝石。

郭麻日寺主殿周围有12座小塔，塔顶为圆拱鼓形，塔拱内部设有佛堂。塔基周围环绕藏式平顶小屋，内置嘛呢经轮。整座佛塔建筑结构严谨，布局新颖别致，造型奇特，建筑雄伟，构思奇巧，典雅大方，充分显示了热贡地区藏传佛教建筑艺术的高超和热贡艺术及技艺的精湛。

郭麻日古堡

热贡艺术的发祥地之一

黄南州同仁县郭麻日村

郭麻日古堡是热贡历史文化名城景区、国家文化产业示范基地的重要组成部分，是热贡艺术的发祥地之一。古堡是一座镇守边关的军营城，距今有700余年的历史。古城堡城墙为夯土版筑，东西长260米，南北宽180米，高11米，根基厚4米。古堡开东、西、南三门，其中东门为正门，以红铜铸造（郭麻日意即“红色之门”）。古堡内除了相互贯通的巷道处，没有多余的空间。每家每户仅有一座土木二层“廊房式”结构建筑，占地面积很小。

热贡艺术馆

藏画研究机构

黄南州同仁县热贡路52号

0973-8722539

热贡艺术馆是青海省唯一的藏画研究机构，主要对热贡艺术的历史发展、艺人生平和作品分布、失落情况进行调查研究，以挖掘、搜集、整理艺术精品，以及宣传热贡艺术为己任。全馆现有展厅5个：唐卡厅、雕刻厅、堆绣厅、沙盘厅、文物厅。馆藏明、清时期作品近百件，近代精品1000多件，版画、雕塑等作品100多件。

郭麻日寺的佛塔

热贡艺术馆的唐卡

热贡艺术馆享誉西北乃至东南亚与我国港澳台地区，已经成为黄南乃至青海主要的旅游项目、旅游产品。

保安铁城山遗址

历代兵家必争之地

黄南州同仁县保安镇保安村河西铁城山上

唐景云元年(710年)，吐蕃东扩时，在铁城山筑城，驻军设防，作为东进的前哨。宋朝时又修筑碉堡、门楼、营房、操场等。元、明、清各朝代加修城防，又驻军防守。

此城呈簸箕形，由东向西倾斜，城墙以红土夯筑，依地形而成，形似雕巢，故又名雕巢城，是历代兵家必争之地。站在铁城雄关之上，同仁全境尽收眼底，游人可饱览秀美壮丽的山川风光。

曲库乎温泉

被称为“神水”

黄南州同仁县城以南18千米处的麦秀山北端

曲库乎温泉是疗养、避暑、游览的胜地。温泉交通便利，风景优美，树木葱茏，溪流淙淙。共有5个泉口。泉水清澈透明，水温在65℃左右，年流量为2万吨，四季同温。水中含有大量锂、偏硅酸等多种对人体有益的元素。泉水对治疗风湿性关节炎、皮肤病、动脉硬化等疾病有显著疗效，被当地群众称为“神水”。

旺加寺

青南著名的本教寺

黄南州同仁县

旺加寺俗称“小布达拉宫”，藏语称“曼热雪珠敏林”，意为“曼热的讲修成熟解脱洲”，是青南地区最著名的本教寺。

据传，旧址原在现址下部的日得木地方，实建迄今已有700多年的历史。该寺原系贵德县却毛寺的属寺，由却毛寺的寺主却毛仓任寺主。后来随着寺院的发展形成了本寺的转世活佛系统，自此该活佛系统一般俗称为“旺加活佛”。

坎布拉国家森林公园 AAAA

僧、密、尼同处的法地

黄南州尖扎县坎布拉乡境内

可自驾或包车前往

50元

全年

坎布拉森林公园被称为“香巴拉神苑”，“坎”是藏语，意为“康巴”的意思，坎布拉即“康巴人的庄园”。这里由奇特的丹霞地貌、茂密的森林植被、古老的宗教文化、雄伟的电站大坝、绮丽的峡谷库区及独特的藏族风情构成，是一处理想的旅游胜地。

进入景区，典型的丹霞地貌展现在眼

前。沿着南宗沟前进，两旁方山、洞穴、峭壁比比皆是。高耸的山体如柱如塔、似壁似堡、似人如兽，形态万千，栩栩如生，人们赞它“峰回路转展千姿，丹壁红崖塑万态”。同时，这里还是藏传佛教后弘期的发祥地，有宗扎西寺、南宗寺、尼姑寺等藏传佛教圣地，是青海省唯一一处僧、密、尼同处一地的法地。

玩家 攻略

•景区有3个观景台，中巴车会先送一批游客到一号台，让游客下车拍照，然后它接上一批游客送到第二个观景台；拍照完后登记排队，等下一班中巴车送至第二个观景台，如此循环。

•景区内的农家菜卫生条件不算特别好，如果对此介意，最好提前自带干粮。

•从西宁市区到坎布拉会经过机场，若是自驾的游客，建议最后一天去坎布拉，可以避免二次折返。

•景区为山区，注意天气变化，带好御寒衣物。高原紫外线强烈，注意防晒。

•景区内主要居民为当地藏族，应尊重民族信仰。

•景区多为林区，注意明火。

•坎布拉景区中心的德宏村有住宿，有农家乐，可以享受藏式民宿，睡大炕，吃藏餐，住宿费用在50元左右，一般都包吃。坎布拉景区外的坎布拉镇也有住宿，多为招待所级别，卫生条件尚可。一般游客不在坎布拉停留，返回西宁住宿是大多数人的选择。

李家峡水电站

李家峡水电站是黄河上游梯级电站的重要组成部分，是我国首次采用双排机布置的水电站。清清黄河在李家峡水电站被截留，于上游形成了宽阔的人工湖，犹如宝镜镶嵌在黄土群山之间，蓝天碧水，波澜不惊，一改过去人们印象中“黄河水，黄河黄”的印象。每当洪泄时，水电站爆发出巨大的能量，五组发电机排列成一朵巨大的梅花图形，远远望去，很有一种彩虹映照的感觉。

玩家 攻略

李家峡为军事禁区，最好不要到坝底拍照，以免遇到不必要的麻烦。

坎布拉国家森林公园

丹霞十八峰

坎布拉共有18座高峰，自西向东依次而立，这些山峰的命名大都带有浓厚的宗教色彩。随着远近、高低、角度的变化，座座山峰姿态万千，形象各异，有的如擎天一柱，直插云霄；有的如妙龄少女，婀娜多姿。

天龙八部

这是坎布拉丹霞十八峰之一的德杰峰，其名意思主要是说它山形如天宫、龙宫般巍峨壮美，其色彩多样，有云、烟、尘、雾、影、光、明、暗等多种变化。当地藏族民众认为，若是按期供养、祭祀“天龙八部”，就会得到神灵保佑，否则会有冰雹降临，摧毁庄稼。同时，“天龙八部”还是佛教高僧的修行圣地，因为其形态与拉萨布达拉宫相似，故而增添了几分神秘色彩。

玩家解说

丹霞十八峰是指南宗峰、宫保峰、德杰峰、内宝宗峰、大雁峰、尼姑峰、山羊峰、牦牛峰等18座山峰，其命名大都带有浓厚的宗教色彩。

链接

关于“天龙八部”与布达拉宫的传说

布达拉宫初建于7世纪吐蕃赞普松赞干布时期，后来毁于雷电、兵火。1645年，五世达赖喇嘛阿旺罗桑嘉措决定主持重建布达拉宫。据说当时他征集了上百种图样，但都不像寺庙，基本上类似于内地的汉式宫殿。

后来，一位佛教徒呈献了一幅图样，五世达赖喇嘛非常满意，说这才是他要建的布达拉宫，并询问设计者怎么想得如此独特完美。设计者答：“是天意，早把它显现在青海南宗寺黄河边的红底了，我不过是请来奉献给您罢了。”这里所说的“黄河边的红底”，就是“天龙八部”所在的坎布拉。

南宗沟

南宗沟长千米，两旁丹霞奇峰林立，森林茂密，是坎布拉国家地质公园与国家森林公园的主要区段。沟的西侧是圣地南宗峰，沟东侧有南宗尼姑寺、阿琼南宗寺、桑阿旦杰寺3座名刹，形成黄教、红教共生，僧尼同修的圣境。

阿琼南宗寺

阿琼南宗寺，又称“安穹南宗寺”“安俊寺”“南尊寺”等，位于坎布拉国家森林公园丹霞地貌中心景区，为藏传佛教宁玛派的寺院，距今已有1100多年的历史。寺院周边群峰叠起，林木蓊郁，溪水潺潺，景色秀美壮观。

阿琼南宗寺

堪比华山奇绝的南宗峰矗立于寺院的东北，峰北的石阶山径可通往山顶，山径在悬崖中直上直下，如同云梯，十分险峻。阿琼南宗寺就掩映于山顶的苍翠古木之中。登南宗峰远眺，可将坎布拉的景色一览无余。

链接

南宗三寺

清朝康熙年间，一个名叫白玛仁增的大活佛，在南宗沟建成了著名的南宗三寺。其中，南宗尼姑寺是青海最著名的尼姑寺，站在公路上，能看见寺院庞大的僧舍和一排白塔。而阿琼南宗寺是尖扎地区宁玛派教徒集中活动的重要场所。另外一座南宗扎寺，处于南宗沟的最深处，是格鲁派教徒集中活动的地方。

德钦寺

格鲁派寺院

黄南州尖扎县能科乡

德钦寺建于清康熙二十一年（1682年），是尖扎地区最大的格鲁派寺院。寺主“白佛”，藏语称“夏茸尕布”。德钦寺因属寺、转世活佛众多而著称于世。该寺曾有属寺40多座。寺内供有赤金度母、檀香木度母、金灯以及历代活佛灵塔。

德钦寺

智合寺

被誉为“青藏高原的莫高窟”

黄南州尖扎县境内

始建于元代的藏传佛教宁玛派寺院智合寺，亦称“金刚崖寺”，被誉为“青藏高原的莫高窟”。金刚崖上的天然佛像，仪态万千，颇具神韵，既有宗教神秘感，又充满人间情趣，远远望去，一个诸神众佛的大千世界呈现在天地之间。智合寺规模最大的宗教活动，是农历四月初九至十五的祝愿法会，届时附近的信教群众纷纷来到寺院参加法会。

昂拉千户宅院

保存较完整的藏式庄院

黄南州尖扎县昂拉乡尖巴昂村

昂拉千户宅院原为居住在尖扎地区的昂拉千户的宅院，是目前诸多旧宅中保存较完整的藏式庄院之一。据历史记载，昂拉千户是吐蕃王朝赤热巴坚的后代，项谦为第七代千户，这个庄院是项谦继位后新建的，至今已有50多年的历史。

宅院风格独特，其府第傍山滨水，依势而筑，以二进式雕梁画栋四合二层木质结构建筑为主，坐西向东。第一进院四面皆为面宽7间、进深2间的平顶木质结构二层楼；第二进院正面为单层山顶砖木结构正房，面宽5间、进深3间，四面建平顶木质结构厢房，正面两侧各有一座小角院，为佛堂。大门为砖木雕刻，带门楼，前有砖雕照壁。宅院共230多间房屋。整体构思精巧，做工细致。

和日寺

有被誉为世界“石书奇观”的石经墙

黄南州泽库县和日乡

和日寺亦称“切更寺”“切更尔寺”，藏语称“和日贡特却扎西林”，意为“和日妙乘吉祥洲”。该寺为宁玛派寺院，早年为帐房

和日寺的石经墙

寺。寺内大经堂供奉着藏传佛教鼻祖莲花生大师的塑像。寺后海拔3500多米高的山坡上，有被誉为世界"石书奇观"的石经墙。和日寺石经墙是迄今发现的全国最大的雕刻石群。

石经墙位于黄南州泽库县和日寺后山。石经墙高3米、厚2.5米、长200米，加上另外3堆石经，总长度近300米，全部用刻有经文的大小石板砌成。经文内容是藏传佛教名著《甘珠尔》《丹珠尔》和《大般若经》等，还有千余幅佛教故事石刻画。石刻工程浩繁巨大，充分显示了藏族人民吃苦耐劳的精神和聪明智慧，是罕见的人文景观。

吾格寺

隆务寺所属寺院

黄南州泽库县西偏北130千米处

吾格寺亦称"俄日根寺"，藏语称"吾什格贡托桑木奉绛曲林"，意为"吾什格闻思菩提洲"，为隆务寺所属格鲁派寺院，由隆务第七世夏日仓（1916—1978）始建于1936年，建寺后由当地僧人罗桑楚臣贤赞负责具体事务。该寺的香火庄主要为附近的尼什加、然尕、然乃亥3村。

索乃亥寺

藏汉结合建筑

黄南州泽库县南4千米处的泽曲河北岸

索乃亥寺藏语称"索乃亥具善吉祥法洲"，因在夏德日乡境内，故亦称"夏德日寺"，为隆务寺所属格鲁派寺院。该寺原为帐房寺，由益俄合·三旦嘉措约初建于清顺治年间。1958年底，寺院建筑拆毁，1981年1月26日批准开放。现有大经堂1座，坐北朝南，藏汉结合建筑，歇山顶天井，面阔5间、进深6间；前廊1间，面阔5间；护法殿1座，面阔3间、进深2间；囊欠1座，僧舍76院，寺僧近102人。

多杰宗寺

黄南著名的藏传佛教寺院

黄南州泽库县麦秀沟南大门处

多杰宗寺院又名官秀寺，是融藏传佛教建筑艺术及其发展历史、旅游观光为一体的寺院。100多年前由第一世墀甘仓活佛修建而成。此后，该寺就成为历届墀甘仓活佛弘扬佛法的圣地。

寺院总面积约36 860平方米，有各种佛经文史资料及银质大持金刚，响铜制成的文殊像，传说文殊菩萨向墀甘仓活佛显身时赐给的自响白海螺、蓝宝石、珊瑚等贵重宗教物品近百种。另外，寺院所在地是格萨尔王臣达培的官邸，气候温和，山清水秀，是旅游避暑之胜地。

幸福山班禅文化宝殿
尽现藏传佛教的神韵

黄南州泽库县

幸福山，原名“夏德日幸福山”，“夏德日”意思是“事业刚刚起步、前程远大”，即事业发祥地的意思。2011年，泽库县在幸福山上修建纪念班禅文化宝塔、班禅佛阁、8个小塔、转经房及转经道、栈道等。白塔是班禅委员长的纪念塔，随风飘动的经幡是当地群众为祈求事业有成、吉祥幸福而敬献的。

每到农历的初一、十五等吉祥日，人们便起早迎着朝霞、沐着晨露纷纷来这里煨桑祈福，整个山坡桑烟弥漫，此时此地，可以领略藏传佛教的神韵和静谧。

宗玛寺
格鲁派寺院

黄南州泽库县东北60千米处

宗玛寺亦称“麦秀宗玛寺”，藏语称“宗玛扎西曲林”，意为“宗玛吉祥法洲”，系隆务寺所属格鲁派寺院。据《安多政教史》记载，该寺经第三世夏日仓根敦赤列拉杰（1740—1794）指示并捐资，由措雪俄仁巴·罗藏嘉措主持破土仪式，新建经堂和寝室等。

宗玛寺

据传，该寺故址在今麦秀镇境下部的宗玛沟，附近多红岩，故名“宗玛”。1948年，在第七世夏日仓的支持下，由茸俄仓将寺院下迁20多千米至现址。附近麦秀各村为其主要香火庄。

麦秀国家森林公园
原始森林自然风景区

黄南州泽库县

班车可以到，但出来需要拦过路车，不是很方便；最方便的是包车前往，约200~250元

麦秀国家森林公园是一个原始森林自然风景区。园区植物景观丰富多彩，构成公园景观主体，兼具青藏高原特色的地质景观与水体景观、天象景观与人文景观。

麦秀国家森林公园区内群峰叠翠，林海苍茫，是一处幽静的避暑胜地。在麦秀森林附近建有同仁曲库乎温泉宾馆，泉水温度保持在30℃左右，内含多种矿物质，是沐浴、疗养和休憩的理想场所。公园中有大片水草丰美的绿地，远远看去，藏族牧民的帐篷像小花一样点缀在草皮之上。这里没有都市的喧嚣，有的只是平和宁静。

拉卡寺
拥有典型的草原风光

黄南州河南蒙古族自治县县城之东约2千米处

拉卡寺全称“拉卡嘎丹夏智布达吉林”，意为“拉卡俱喜讲修兴旺洲”，由第五世拉卡活佛罗桑索南嘉措创建于1924年。拉卡寺坐落在优干宁山阳坡柯代沟旁，现有大经堂1座25间，僧舍29院102间。寺院坐北朝

南，背靠优干山，面临泽曲河，周围草原辽阔，水草丰美，是四季皆宜的优良牧场，有典型的草原风光。

曲格寺

位于水草丰茂、风光宜人的泽曲河旁

黄南州河南蒙古族自治县县城西31千米处

曲格寺原名“曲格桑昂曲索朗”，后改名为“曲格扎西曲朗”，意为“曲格吉祥法寨”，于1937年由河南当时的亲王扎西才让的母亲兰曼措主持修建。现有经堂1座9间，僧舍25院105间，有僧侣58名。寺院坐北朝南，泽曲河流经寺前，河流两岸草场平坦，水草丰茂，风光宜人。

曲格亲王府

典型的蒙、汉建筑风格

黄南州河南蒙古族自治县境内

新建的曲格亲王府，是集“河南蒙古族自治县文史陈列馆”“中共河南蒙旗工委早期办公处”和“曲格亲王府”于一身的纪念馆。

主体建筑在原亲王府遗址基础上修建，灰色浆砌石基座，汉白玉栏杆，蒙、汉建筑风格相结合的三层宫殿，重檐飞翘，斗栱交错，雕梁画栋，山脊中央有镏金莲花宝幢一座。大殿一层为文史陈列和工委早期办公处。二层为亲王府邸及和硕特蒙古先祖与历辈亲王祠堂、佛堂等。

香扎寺

景色独特，风光优美

黄南州河南蒙古族自治县正南75千米处

香扎寺原名德隆寺，后改用现名，全称“香扎贡扎西勒奇”，意为“香扎吉祥乐善汇集洲”，由香扎罗桑却古喜措始建于清光绪三十一年（1905年）。

香扎寺现有经堂1座25间，弥勒殿1座，囊欠1院16间，僧舍20院130间，有僧侣68名。寺院北依吉岗，南临黄河，寺院附近有黄河古渡口，通往甘肃省玛曲县欧拉草原。寺址所在地气候温暖，草原开阔，水草丰茂，风光壮美。

仙女湖

给人以净洁、悠远、神圣之感的圣湖

黄南州河南蒙古族自治县县城南部45千米处的吉岗山北麓的尕海滩上

圣湖平如明镜、蓝如宝石、清可见底，当地群众称为“拉毛兰木措”，意即“仙女湖”。早在清康熙四十八年（1709年）九月，一世嘉木祥应察罕丹津之请由藏东返回家乡夏河创建拉卜楞寺时，与赶来迎接的僧俗一起，为仙女湖诵经祈祷，由此更增加了仙女湖的宗教色彩。自那以后，世代相传，仙女湖遂即成为当地群众崇信的圣湖和宗教活动的地方。

现今的仙女湖泉水清澈凛冽，汇而成湖，出而漫流，形成湖周围的沼泽。湖水上映蓝天白云，底见碧绿砾石。仙女湖虽不大，却给人以净洁、悠远、神圣之感。

香扎寺的转经筒

玩家解说

每年4月，附近群众都来这里诵经、膜拜，绕湖“郭拉”；平时遇有病痛灾祸，也来这里磕头、“煨桑”，祈祷神灵降福祛灾。牧民群众逐水草而居，不能常年绕湖膜拜，即在三眼泉流出湖岸的各分流口，安装缠有佛经的嘛呢经轮，借水转轮，以代口诵，轮转一周，即相当于诵经一遍。水流不息，轮转不止，从而了却常年诵颂“嘛呢”经的心愿。

仙女洞

青海第一洞

黄南州河南蒙古族自治县县城50千米处

仙女洞是一处天然形成的大溶洞，幽深奇妙，神秘莫名，群众称为仙女洞。仙女洞已探知的深度为1500米，可称“青海第一洞”。

仙女洞洞口低矮，必须爬行方能进洞。进洞20多米，便有一处可容数百人的大洞，似可视为门庭。大洞周围另有三个旁洞，其中两个互相通连。洞内又有许多小洞，形成了洞内有洞，大小通连的奇特景观。洞内幽暗，景状各异，有的宛如宫室，有的则如拱帐。在一段长约200米的蜿蜒曲折的洞罅后面有一宽大洞室，即为中厅。经过后厅200米，便到达龙王厅。龙王厅内有地下湖和龙女池。

李恰如山风景区

黄河支流洮河发源地

黄南州河南蒙古族自治县县城东部50千米处

李恰如山是巍巍西倾山山脉的一大支脉，被誉为“不冻河”的黄河一级支流洮河便发源于这里。

洮河在李恰如山山谷中汹涌奔腾，在穿过虎头峰、狮头峰、熊头峰三峰鼎立的峡谷时，有的地方水流仅有二三米宽，水流湍急。两岸山峰耸立，许多具有高原特色的生物物种在这里生长繁衍，随处可见。李恰如山天池坐落在石山环绕之中，池面约1500平方米，池水清澈碧绿；每年都有大量的白鹤、鹭鸶等珍禽来这里栖息；池边石崖上雪莲、党参等药用植物，比比皆是。

黄河大峡谷风景区

水流湍急，气势磅礴

黄南州河南蒙古族自治县宁木特乡

黄河大峡谷全长30千米，两岸高山耸立。在陡峭的石壁上，有许多天然岩洞。关于这些岩洞，有许多神秘的传说。如本教的藏经地，此事已证实；古董存放处，有恐龙化石等。曲曲折折的黄河大峡谷水流湍急，气势磅礴，观之心旷神怡，豪气顿生。

黄河大峡谷风景区

攻略资讯

- 交通
- 住宿
- 美食
- 购物
- 娱乐

黄南风光

交通

汽车

黄南州没有机场，也不通铁路，公路是唯一的对外运输渠道。203省道是主要的交通干线。

黄南汽车站：位于黄南州同仁县东山路，有通往国内大部分城市的班车；去往西宁的班次很多，较为方便。

黄南公路

住宿

黄南州住宿条件一般，主要集中于同仁，以中小型宾馆为主，家庭旅馆很多，但是卫生条件不尽如人意。好在消费水平不高，花适中的价格可以住一些条件相对较好的宾馆。

●热贡教育宾馆

位于市中心，地处黄南州中心地带，地理位置优越，交通便利。宾馆设施齐全，装修豪华典雅，融藏式风格和现代风格为一体，别具一格。✉ 黄南州同仁县隆务镇德合隆中路（县政府斜对面）☎ 0973-8797378

●诺尔邦旅游客栈

客栈虽位于州中心，但非闹市区，闹中取静，环境优美。最受欢迎的是客栈的温馨气氛，让入住的游客享有在热贡的"家"的感觉。客栈可以给那些不了解热贡的游客规划旅游行程。✉ 黄南州同仁县雪莲东路 ☎ 0973-8726999

美食

黄南州内居民以藏族为主，回、汉、撒拉等多民族杂居。州府同仁县隆务镇较为繁华，市区大小餐馆林立，藏式的、回族的各种饮食应有尽有。

黄南当地藏族民众一日三餐主食依然是糌粑，日常生活中的饮料便是奶茶、酥油茶等；而当贵客来时，手抓羊肉、羊筋菜、奶皮、烧羊肝、水油饼、蕨麻油糕、酥油蒸饭等便是招待贵客的主要菜品了。

●爆焖羊羔肉

爆焖羊羔肉色泽暗红，闻之芳香；吃时肉质细嫩，辣酥爽口；嚼时柔软，入口不腻；营养丰富，有补益壮身之功。

爆焖羊羔肉

●奶皮

奶皮也叫干奶酪，入口奶油溢香，酥柔味美，不油不腻，营养丰富。奶皮不但可供日常食用，而且更是逢年过节、迎亲嫁女待客的上品，也是探亲访友、慰问老年病人的礼品。

奶皮

●羊筋菜

在宰杀羊时，羊筋经过剔取、拉直、阴干处理；扎成小把，可长期保存，久藏不坏。由于羊筋由胶质组成，比起海参、鱼翅来，价廉味美，是烹制珍馐美馔的重要佳料。

购物

黄南地区少数民族风情浓郁，物产丰富，种类多样，名优特主要集中于农牧林业中，最为著名的当属泽库的黑紫羔皮，河南的河曲马、同仁黄果梨、尖扎的发菜，以及肉苁蓉、藏族纪念品等。

●黑紫羔皮

黑紫羔皮取自黑藏羊的羔羊。黑紫羔皮被毛柔软，毛圈形花，花纹紧密，卷曲美丽，色泽黑艳，皮板轻松，保暖性好。

黑藏羊

●同仁黄果梨

同仁县被誉为中国的“黄果之乡”。同仁黄果梨的特点是，果实硕大、色泽金黄、酸甜适度、耐贮藏，是消食调胃之佳品。

同仁黄果梨

●牛羊头工艺饰品

牛羊头工艺饰品一般选用青藏高原特有的雪山牦牛和藏系羊头，其硕大而特殊的骨角非常容易制作造型。用牛羊头加工的饰品品种有挂件、摆件和吊饰及灯饰、笔架等。

● 肉苁蓉

黄南州的肉苁蓉个大、肉厚、味甜，被誉为“沙漠人参”。肉苁蓉干燥后的肉质茎的药用价值很高，味甜、性温，有润肠通便之功能，对治疗腰膝发软等症有良好的功效。

肉苁蓉

娱乐

黄南州的民间娱乐活动可谓丰富多彩，但主要的娱乐活动多在民族特色浓郁的少数民族节日期间举行。跳欠、辩经、晒佛等各种佛事活动场面隆重而盛大，神秘而带有浓郁的宗教色彩和地方特色，定会让南北游客感受到藏地人文景观的别样魅力与风情。

● 同仁六月会

六月会，藏语称为“六月勒瑞”，意为“六月献给龙的歌舞”，至今已有上千年的历史了，每年农历六月十六开始至二十五结束，它蕴含着宗教、历史、民俗等丰富的文化内涵，表现了藏族人民勤劳朴实、智慧勇敢的美德。其中，以苏乎日、四和吉、年都乎村的六月会最为古老，规模也最大。

时间：每年农历六月

地点：以同仁县为主

● 於菟舞

即虎舞，土族民间舞蹈。跳於菟舞为的是祭山神驱妖求吉祥。舞者为7名男子，面部和全身用锅底黑灰画虎头图案和虎皮斑纹，发扎成刷形，双手各执一树枝，枝顶贴有汉字经文。主持者为一巫师，戴五佛，击羊皮鼓。另有一人在旁敲锣伴奏。午后二时，海螺鸣起，舞者与观者聚集于山神庙内，先祭神，巫师诵经击鼓，於菟列队面向山神像蹲地倾听。

时间：每年农历十一月二十

地点：同仁县年都乎村

同仁六月会的演出活动

发现者旅行指南

果洛

概览

亮点

黄河源景区

黄河源头风光宜人，水草丰美，湖泊、小溪星罗棋布，甚为壮观。黄河源头是探险、考察胜地。在这里，你会领略到那袒露无遗而又神秘莫测的大自然之美。

阿尼玛卿山

阿尼玛卿山为西藏古老雍仲本教的圣地，在藏族人民信仰的21座神雪山中排行第四，是藏族的救护者。阿尼玛卿山山势巍峨，气势磅礴，动植物资源十分丰富。

格萨尔王狮龙宫殿

格萨尔王狮龙宫殿展现了一个绚丽多彩、栩栩如生的格萨尔王。据称宫殿四周有1000多条山沟从东西南北四个方向指向这里，被认为是八宝如意图，可算作一处奇观。

玛多黄河源

拉加寺

拉加寺又称“嘉样寺”，是黄河沿岸最著名的格鲁派寺院。寺院设有总领全寺的大经堂“托桑林”，下分五院。寺院每年都会举行祈愿法会、供养法会、五供节等。

线路

果洛风光二日游

第一天首先前往花石峡景区，游览完毕后前往黄河源景区参观游览，晚上可夜宿玛多镇。

第二天前往阿尼玛卿山观光滑雪，感受别样的果洛风情。

花石峡风光

为何去

果洛州是一个藏族聚居的纯牧业区，位于黄河的源头。这里神奇、美丽、富饶，风光优美奇异，有插入云天的陡峭雪峰，有遮天盖地的原始森林，有蜿蜒流淌的溪流，有宛如明镜的海子湖泊，有广袤千里的金色草原，有数以万计的牛羊骏马。果洛旅游资源得天独厚，全境都焕发着藏域腹地特有的民族风格与颇具特色的自然人文景观。

草原风光

何时去

果洛藏族自治州一年无四季之分，6~10月是到果洛州旅游的最佳时节。

7~8月是青南高原最生机勃勃的时候，而且赛马会、法会、歌舞会也在这段时间举行。在那高高擎起的雪峰下，海洋般的歌舞表演与绿色的草原相互辉映，这时你的内心升腾起的，除了快乐，一定还有感动。

藏族歌舞表演

果洛旅游示意图

区域解读

区号：0975
面积：约74 367km²
人口：约21万人
主要少数民族：藏族

地理 GEOGRAPHY

区划

果洛藏族自治州下辖6个县（玛沁县、班玛县、甘德县、达日县、久治县、玛多县）。

地形

果洛州地形自西北向东南倾斜，西北海拔高，多丘陵，地势平缓；东南海拔低，多高山，坡陡谷深。平均海拔4000米以上。境内雪峰耸立，山脉交错，巴颜喀拉山绵亘南部，阿尼玛卿山逶迤境北，年保玉则则高耸东南；河流纵横，湖泊繁多，长江、黄河发源于西北，扎陵湖、鄂陵湖相连，仙女湖、妖女湖两两相望。

气候

果洛州具有高寒缺氧、气温低、光辐射强、昼夜温差大等典型的高原大陆性气候特点。地势高峻，易受北方和西北方的寒流影响，日照时间长，降雨（雪）量较多，蒸发量大，多阵性大风。一年无四季之分，只有冷暖之别，而通常又把冷暖两季分别称为冬季和夏季。

黄河之水天上来

黄河是中国境内仅次于长江的河流，它发源于青藏高原的巴颜喀拉山，呈“几”字形，流经青海、四川、甘肃、宁夏、内蒙古、陕西、山西、河南及山东9个省（自治区）。由于河流中段流经中国黄土高原地区，因此夹带了大量的泥沙，所以它也被称为世界上含沙量最多的河流。黄河沿河流域是中华民族最主要的发祥地之一，所以黄河被誉为中国的“母亲河”。

黄河河源一为扎曲，二为约古宗列曲，三为卡日曲。扎曲一年之中大部分时间干涸；而卡日曲最长，是以5个泉眼开始的，流域

果洛扎拉山垭口

经幡山

面积也最大，在旱季也不干涸。约古宗列曲发源于巴颜喀拉山北麓的约古宗列盆地中。“约古宗列”在藏语中的意思为“炒青稞的锅”。约古宗列盆地东西长40千米、南北宽约60千米，为椭圆形，内有100多个小水泊。

历史 HISTORY

果洛州古为“析支”（一作赐支国）地，为党项羌人所据。

北周，“党项始强”，以姓氏为号，结成大小不等的部落，各自分立，划地游牧。隋大业年间（605—617年），部众受治赤水县（今海南州兴海县桑当乡夏塘古城），上隶河源郡。

唐贞观年间（627—649年），党项细封氏首领步赖率众归附，唐授步赖为刺史。步赖驻牧地（今果洛州南部）上隶轨州受辖。党项拓跋部首领赤辞依附吐谷浑，后经岷州都督李道彦征讨劝附，始归附唐朝，唐封赤辞为西戎州都督，赐姓李，领原驻牧地，复归松州都督府节制，析支地纳入唐王朝版图。

唐高宗时，吐蕃入据党项牧地，一部分党项人东迁，一部分归附吐蕃。吐蕃王朝崩

玛多黄河源

溃后，果洛割据为互不统属的地方势力。

元统一中国后，今果洛地区属“吐蕃等路宣慰使司都元帅府”节制。

明初，基本沿袭元制，属朵甘思宣慰司，上隶于朵甘行都指挥使司，受河州卫节制。

明末清初，果洛地区名义上被和硕特蒙古固始汗子孙役属，实际上藏族各部落已处于各自为政的状态。

清康熙六十年（1721年），川陕总督年羹尧派四川提督岳钟琪率兵克复果洛41寨（部落）后，解除了藏族部落对索罗木（今鄂陵湖以北）兵站的骚扰，推行“以夷制夷”的千百户统治制度。

1721年后，今班玛、久治、达日隶属于四川成绵龙茂道松潘漳腊营。

1929年，果洛归青海省直辖，曾置果洛行政督察区、青海省第三行政督察区。

1946年，撤销既设机构，果洛藏族诸部由部落头人管理。

1952年8月4日，果洛解放。

1954年1月1日，果洛藏族自治区正式成立，次年易名为果洛藏族自治州。

文化 CULTURE

东方的《伊利亚特》——《格萨尔史诗》

《格萨尔史诗》是研究古代少数民族的社会历史、民族交往、道德观念、民风民俗等问题的一部百科全书。它代表着古代藏族民间文化与口头叙事传统的最高成就，是世界范围内规模最大、演唱篇幅最长的英雄史诗，被称为“东方的《伊利亚特》”。

《格萨尔史诗》的故事讲述的是，在很久很久以前，天灾人祸遍及藏区，妖魔鬼怪横行，黎民百姓遭受荼毒。大慈大悲的观世音菩萨为了普度众生出苦海，向阿弥陀佛请求派天神之子下凡降魔。神子推巴噶瓦发愿到藏区，做黑头发藏人的君王——格萨尔王。为了让格萨尔能够完成降妖伏魔、抑强扶弱、造福百姓的神圣使命，史诗的作者们赋予他特殊的品格和非凡的才能，把他塑造成神龙念（藏族原始宗教里的一种厉神）三者合一的半人半神的英雄。格萨尔从诞生之日起，就开始为民除害，造福百姓。他多次遭到陷害，但由于他本身的力量和诸天神的保护，不仅未遭毒手，反而将害人的妖魔和鬼怪杀死。

《格萨尔史诗》就像一个能装乾坤的大宝袋，一座文学艺术和美学的大花园。它植根于当时社会生活的沃土，揭示了深邃而广阔的社会生活，同时也塑造了数以百计的人物形象，个性鲜明，形象突出，给人留下了不可磨灭的印象。

长期以来，《格萨尔史诗》深得广大人民的喜爱，各地有专门的艺人说唱和多种卷数不同的传抄本。随着我国各民族之间文化交流的深入和发展，《格萨尔史诗》传播到

格萨尔王画像

我国蒙古族、土家族、纳西族、裕固族、普米族等兄弟民族地区，与他们的文化传统相融合，在各民族文化发展历史上，产生了深远的影响。此外，这部史诗还流传到了境外的蒙古国，俄罗斯的布里亚特、卡尔梅克共和国以及喜马拉雅山以南的印度、巴基斯坦、尼泊尔、不丹等国家。

游牧民族的住所——毡房与碉房

藏族素以勤劳、勇敢、强悍而著称。他们居住的地方，大都是海拔3000～6000米的高寒地区，所以被人们称为“高原上的强者”。

藏族的居住因地制宜，各不相同，以游牧为主的一般住在用牛毛织成的黑色帐篷里，个别地方也有用毡做的毡房。帐房结构简单，轻巧方便，中间用一根长而细的木梁，两头支8根短而硬的木杆，四周再架几根小柱，然后将牛毛帐搭在上面，周围用木桩钉在地上即可。这种帐房雨水不渗，风雪难侵，冬暖夏凉，宜于搬迁，是游牧民族的传统住所。

在果洛一些峡谷地带的小块农业区，有一种被称之为“碉房”的房屋。这种房屋的内外墙全部用片石和泥巴衬砌而成，外墙用石，下大上小，十分结实，其厚度都在1米左右。房屋多系上、下两层的平顶建筑，个别也有三层的布局；下层为牛、马、羊等牲畜圈和杂用房，上层则为人的住室。房屋门窗很小，像碉堡的枪口，因而室内光线暗淡；房屋的椽檐、窗户及大门，施以重彩，颜色鲜艳；平时窗户外挂有白底黑边的帘子，富有民族色彩。“碉房”大都依山就势而建，高低错落，远望犹如层层堡垒，颇为壮观。

碉房

景点推荐

玛多旅游区

黄河源旅游区

万里黄河之源

果洛藏族自治州玛多县境内

从西宁或玛多县城玛查里镇包车前往

80元　全天开放

黄河源风景区位于青海省腹地，在地理上，泛指龙羊峡水库以上，青藏高原东北部的黄河流域范围。黄河的河源有三，分别为扎曲、约古宗列曲（又称玛典）、卡日曲。其中，扎曲一年之中大部分时间干涸；约古宗列曲有1个泉眼；卡日曲有5个泉眼，水量丰沛，流域面积也最为广阔，即使在旱季也不会干涸，为黄河的正源。扎陵湖与鄂陵湖，是黄河源地区最大的两个湖泊。

玩家攻略

黄河源地区的海拔在5000米以上，空气相当稀薄，所以不少游客到此都会出现高原反应，身体不好的游客应特别注意。另外，高海拔区多大风，还应注意保暖。

链接

历史上的黄河源

唐贞观十五年（641年），文成公主从长安前往西藏，吐蕃王松赞干布在黄河源头迎娶了文成公主。821年，唐朝使者刘元鼎在出使吐蕃时，也曾专门到黄河源区域考察。这一切赋予了黄河源区域特殊的历史意义。

星宿海

在历史上，人们以星宿海来表示整个黄河源头地区。星宿海东与扎陵湖相邻，西与

黄河源头的探寻

关于黄河源头的记载，最早的要数《尚书》。《尚书·禹贡》曾有“导河积石，至于龙门”的记载，“积石”即阿尼玛卿山，也称为大积石山，但这里离黄河源头还有一段不近的距离。《山海经》《尔雅》有“河出昆仑”的记载。西汉张骞出使西域后，有黄河“发源于于阗，东流至盐泽，再潜行地下，南出为河源”的说法（见于《史记·大宛列传》）。这些说法都不确切，但却延续到隋唐。

隋炀帝大业五年（609年）灭吐谷浑后设置河源郡，即现今青海省果洛藏族自治州和海南藏族自治州部分地区，表明人们已知黄河发源于此。

唐太宗贞观九年（635年）为平定吐谷浑叛乱，唐朝将领李靖、侯君集、李道宗曾率领人马到达星宿海一带，《新唐书》载他们“次星宿川，达柏海上，望积石山，览观河源”。唐宋以来，长期将星宿海称为黄河源头。

元代人们开始对黄河河源进行实地考察。元至元十七年（1280年），元世祖忽必烈派都实等人勘察黄河河源，对星宿海一带作了详细考察。1315年，潘昂霄根据都实的调查写成《河源志》一书，明确指出黄河发源于星宿海西南百余里处，该处有“水从地涌出如井，其井百余”。

清康熙四十三年（1704年），康熙命拉锡、舒兰探黄河河源。他们到达星宿海，发现星宿海上源还有3条河流，但并未追至源头。拉锡、舒兰归京后绘有《河源图》，舒兰还写有《河源记》。

清乾隆四十七年（1782年），乾隆命侍卫阿弥达“恭祭河源”。阿弥达到达星宿海以西300里处，对星宿海上源3条河流进行了实地勘查，认定星宿海西南的阿勒斯坦郭勒河（今卡日曲）为黄河上源。

中华人民共和国成立后，对黄河源头进行了多次考察。1952年，由黄河水利委员会组织，在项立志、董在华率领下，黄河水利委员会河源勘查队对黄河河源进行了为期数月的勘查。河源勘查队认定约古宗列曲（玛曲源流段）为黄河正源。

1978年，青海省邀请中央和地方有关科研专业人员，再次对黄河源头和扎陵、鄂陵两湖进行实地勘查，提出了卡日曲为黄河正源的建议。

1985年，黄河水利委员会根据历史传统和各家意见，确认约古宗列曲为黄河正源，并在约古宗列盆地西南隅的玛曲曲果竖立了黄河源标志。

2008年9月6日至10月16日，由青海省政府组织，汇集了国内测绘、遥感、水文、地质等领域优秀科学家的三江源头科学考察队，利用现代高新技术，行程7300多千米，对长江、黄河、澜沧江的19个源头进行了实地考察。这是我国首次同时对三大江河的源头地理位置进行的综合性科学考察。考察队采用国际上确定河流正源的三大标准，即“河源唯长”“流量唯大”“与主流方向一致”。根据这次科考，科考队发现，卡日曲的流量是玛曲的两倍。专家认为，以河源为远的原则，卡日曲应为黄河源头。

黄河源流玛曲相接，为一东西长南北宽的狭长盆地，黄河水顺流至此时，因地势平缓，河面展宽，流速变缓，河水四处流淌并形成了大片沼泽以及数以百计的大小湖泊，这些湖泊形状各异，如点点繁星闪烁于盆地之内，在阳光照耀下非常美丽。

黄河源牛头纪念碑

黄河源牛头纪念碑位于玛多县境内措日尕则山的顶峰，由玛多县人民政府于1988

黄河源牛头纪念碑

年竖立。纪念碑为牛头形状，高2米，以纯铜铸造，立于巍峨山峰之上。纪念碑上的粗壮牛角有力地伸向天空，象征着中华民族伟大而坚强的民族精神及强烈的凝聚力、向心力，给人以粗犷、雄壮之感。纪念碑上的“黄河源头”汉藏文字样分别由胡耀邦同志和十世班禅大师题写。

链接

牛头山

黄河源牛头纪念碑所处的山峰也叫牛头山，只因这座牛头雕像的存在。纪念碑挺拔、雄浑，象征着黄河之源的坚韧有力，是湛蓝天空下最醒目的标志。

鄂陵湖

鄂陵湖又称鄂灵海、错鄂朗，位于青海省玛多县西部的凹地内，是青藏高原上的一个大型微咸水湖，与扎陵湖并称为“黄河源头的姊妹湖”。其湖形如金钟，东西窄，南北长；湖面海拔4272米；湖水呈青蓝色，清澈美丽。

不少冷水性无鳞鱼类栖息于湖中。另外，鄂陵湖还是诸多鸟类，如鸬鹚、雁鸭类（如斑头雁、赤麻鸭）和鸥类（棕头鸥、渔鸥）等的重要繁殖地，其湖心岛屿上鸟类群集，为青藏高原上有名的鸟岛。湖四周分布有亚高山草甸，是青海重要的牧场。

扎陵湖

扎陵湖又称查灵海，位于鄂陵湖西侧，与鄂陵湖由一天然堤相隔。扎陵湖南北窄，东西长；湖水碧澄发亮，如一枚美丽的贝壳镶嵌于黄河之上。黄河由巴颜喀拉山发源，经星宿海和玛曲河之后，最先注入的就是这里。湖心处有黄河的主流线，该线将湖面分为两半：一半微微发白，另一半则清澈碧绿。

与鄂陵湖一样，扎陵湖周边也分布有鸟岛及牧场，每年有数以万计的大雁、鱼鸥等鸟类从印度半岛飞到这里繁衍生息。目前，该地区已成为青海省重要的牧业基地和渔业生产基地。

扎陵湖

玩家攻略

黄河源牛头纪念碑与扎陵湖、鄂陵湖统一属于黄河源风景区，但当地并没有前往此地的专门旅游班车。游客只能选择从西宁市或者玛多县城玛查里镇租车，两地可租到的车的类型不一样，在西宁可租到车况较好的越野车，如“丰田”“三菱”；而在玛查里则一般只能租到类似“北京2020”的吉普车，或者一些单位司机的越野车。

需注意的是，玛查里到扎陵湖和鄂陵湖的路况并不好，车子行驶起来比较颠簸，所以尽管玛多县城至鄂陵湖只有约60千米的距离，单程也需4个多小时。黄河源景区的3个景点一块游览需1天时间，包车价格在600元左右，能砍价的余地也不大。当地多冻土地带，且少有明显路标。不推荐游客自驾车或骑自行车游览，那会相当辛苦，也较危险。

黄河第一桥

混凝土结构的六孔桥

果洛藏族自治州玛多县西郊

在玛多县的西郊有黄河第一桥——倒邦公路桥。这座桥是混凝土结构的六孔桥，长约90米。虽然不像黄河下游的诸多大桥那样宏伟，但20世纪50年代在高寒缺氧的冻土层地带施工建设一座大桥，可谓是一个壮举。

哈姜盐湖

拥有丰富的盐资源

果洛藏族自治州玛多县

哈姜盐湖呈深蓝色，含盐浓度较高，属

天然盐池。每逢夏秋多雨季节，地面上的盐质溶解于水，汇聚在湖中，经过冬春两季风吹日晒，盐在湖面上结晶为灰白色小颗粒并逐渐沉积在水底，这时候就可以捞取。哈姜盐湖现在每年产盐500~700吨。

哈姜盐湖以其丰富的储量，誉满整个川康地区。

冬给措纳湖

主要依赖地表径流补给

果洛藏族自治州玛多县

冬给措纳湖又名托索湖、黑海。在玛多县布青山、布尔汗布达山间断陷盆地内。湖区属青南高寒草原半干旱气候。集水面积3040.0平方千米，补给系数13.1。湖水主要依赖地表径流补给，入湖河流3~4条，东曲最大，长83.0千米，中、上游水量较丰，下游河水渗漏严重成为干沟，近湖滨以泉水形式出露汇水成河入湖；次为北部入湖的歇马昂里河，长27.0千米。出流经西北隅的托索河流入柴达木河，尔后注入南霍鲁逊湖。距青康公路花石峡站24.0千米，仅有乡间小路可达，交通不便。

大野马岭

拥有丰富的野生动植物资源

果洛藏族自治州玛多县

大野马岭海拔4326米，小野马岭海拔4302米，野牛沟离大、小野马岭不算太远，这三个地方离雁口山、巴颜喀拉山也不算太远。这三个地方的地名都带一个“野”字，自然与野生动植物有关。野牛沟与可可西里国家自然保护区只有一山之隔，这个地方是青藏高原野生动植物最丰富的地区之一。野牛沟有国家一级保护动物黑颈鹤、藏羚羊、藏原羊、野驴等，而最主要的是，它是国家一级保护动物野牦牛的重要栖息地。

雅拉达泽峰

世外桃源

果洛藏族自治州玛多县境内

雅拉达泽峰属东昆仑山脉的南支，雪山区有数十座海拔5000米左右的雪峰，从而成为各大河流取之不竭的水源。

主峰雅拉达泽峰，海拔5214米。藏语“雅拉达泽”意为“牛角虎峰”。雪峰拔地冲霄，就像长了牛角的虎头，但不失婀娜秀美之态。四周群峰高耸，空气稀薄，气候严寒，属于大陆性高原气候亚湿润区。雪线以下，生长着大片牧草和灌木，是高原草甸草原动物群落的天然家园。雪山绵亘，冰川逶迤，湖沼广布，群泉奔流，俨然一个“世外桃源”。

巴颜喀拉山

富饶青（黑）色的山

主峰位于果洛藏族自治州玛多县西南

位于山脉中部、鄂陵湖以南的巴颜喀拉山口，是唐代唐蕃古道的必经之地。巴颜喀拉山为昆仑山脉南支，旧称巴颜喀喇山。巴颜喀拉（喇）蒙古语意为“富饶青（黑）色的山”；藏语叫“职权玛尼木占木松”，即“祖山”的意思。

巴颜喀拉山海拔五六千米，北坡平缓，南坡深切，多峡谷。山区地势高，气候寒冷，

巴颜喀拉山的山花

属高寒荒漠草原，人烟稀少，只有藏族民众在此从事畜牧。这里有许多终年积雪的高山，处处冰河垂悬。每年春天以后，在强烈的日光照耀下，高山冰雪渐渐消融，融水汇成一股股溪流，滋润干燥的沃土，更为长江与黄河供给水源。黄河源流细水涓涓，清澈平缓，穿过锅形沮洳地中央，注入星宿海。

措日尕则山

为国内登峰健行及山区旅游之佳地

果洛藏族自治州玛多县境内

措日尕则是藏语，意思就是“两湖中间的白峰山”。

措日尕则山长年被积雪覆盖，海拔4610米；远看像山，近看似川，好像一座宏伟的大坝横亘在扎陵湖、鄂陵湖中间。措日尕则山为国内登峰健行及山区旅游之最佳地区。从措日尕则山眺望四周，鄂陵湖、扎陵湖尽收眼底。

措哇尕什则多卡寺

果洛八大寺院之一

果洛藏族自治州玛多县境内东吉乡的东吉滩

多卡寺因为早期是堆放石刻嘛呢石碑的地方，所以得名为“多卡”（石堆处），又名“两教兴盛洲”，为藏传佛教宁玛、格鲁合一的无偏教法传统圣地，系果洛地区八大寺院之一。

该寺僧侣有的信奉格鲁派，有的信奉宁玛派，但以宁玛派为主。寺内供奉有分别装藏麻尼喇嘛和桑洪遗骨的镶银珊瑚铜塔2座。寺侧新建有牧民定居房屋13座38间。信仰此寺者，多为扎陵湖地方原霍科部落的群众，还有玉树曲麻莱的部分群众。

嘉洛城堡遗址

著名的格萨尔王遗址

果洛藏族自治州玛多县境内

嘉洛城堡遗址海拔4500米，方圆约6000

措哇尕什则多卡寺

平方米，是大富豪嘉洛·东巴坚参的宫殿，也是岭国七大美女之一珠姆的诞生地。

这里北临扎陵湖，周围牧草丰茂，山坡上经旗遍布，山坡上的经箭台上经箭林立，台前两座煨桑台呈长方形环山顶而建。人们曾在这里发现过战刀、箭头等。1961年在此修建扎陵湖乡学校时，曾出土了一件有瓶颈伏藏的白铜锅。而今城堡早已倾颓，只留下几段残破的石墙和许多美丽的传说。

花石峡

黄河源头第一关

果洛藏族自治州玛多县东北部

花石峡，在藏语中称作“干纳哇”，意为“犏牛的角”，原因就是这里的峡谷中的石头上有各色花纹，而这种花纹很像犏牛的角。路边都是大片的草场和成群结队的牛羊。头顶大朵大朵的白云，好像棉花糖一样，那么诱人，那么厚实。走到这里，路已经变得非常平坦，一道美景映入眼帘，夕阳西下时，风景更美。

玩家 攻略

花石峡虽然是西宁至玉树的交通要道，但这里还是以小旅馆为主，而且几乎全部都是当地人开的，很多都是土炕，只有后开的一些宾馆有简单的木床。

玩家 解说

很多人到花石峡谷后，都会出现高原反应。大家不要被它的名字蒙蔽了，以为此处是一个浪漫的地方，其实不然，它与青藏线上的五道梁齐名，被称为G214上的“鬼门关”。

格萨尔尕吾金殿

纪念性场馆

果洛藏族自治州玛多县花石峡镇

“尕吾”系藏语音译，意为“护身符”。该金殿是为缅怀岭国雄狮大王格萨尔及其80员英雄战将护佑岭国百姓安居乐业而修建的纪念性场馆，由卡科寺唐日活佛于20世纪80年代创建。

金殿分三层。第一层为化身世界，主供莲花生大师镏金铜像、《大藏经》、释迦牟尼、格萨尔大王镏金铜像、珠姆、乃琼及岭国80位英雄、藏传佛教各教派的传承上师、各种掘藏品等，奇珍异宝琳琅满目；第二层为报身世界，主供千手观音镏金铜像、释迦牟尼、隆钦让降巴、妙音天女等镏金铜像；第三层为法身世界，主供法身金刚持。

晁同的头盔

神话色彩浓厚

果洛藏族自治州玛多县花石峡镇敦格喀多

晁同的头盔是一块周长约100米的巨石，形状酷似古代的头盔，当地人称之为晁同的头盔。

据当地民间传说，格萨尔把玛域的所有草场分封给岭国的诸位英雄、叔伯兄弟和广大牧民时，将这块寒冷的地方分给了奸诈、邪恶、惯使两面派伎俩的叔叔晁同。晁同虽然知道当地严寒无比，但自己曾有愧于格萨尔大王，不好意思再去请求更换牧场。后来，不知过了多长时间，格萨尔又给他分了另一片草场。晁同闻讯，高兴过度，转场时连自己的头盔都遗忘在那里，日久天长就变成了这座状如头盔的石山。

卡克寺

曾经没有固定的活动场所的寺院

果洛藏族自治州玛多县花石峡镇

卡克寺原名扎西曲浪寺，位于花石峡镇境内，原为夸科部落所属寺院，现已更名为卡克寺。1945年以前，寺院属随牧流动寺院，没有固定的活动场所，主要宗教活动是斋戒、聚众诵经、给僧众布施斋茶等。1945年，夸科部落在“色格”地方修建扎西曲浪寺。

曲那迈寺

原夸科部落寺院

果洛藏族自治州玛多县花石峡镇

曲那迈寺原是夸科部落的流动帐房寺院，1958年时僧众达到100多人。1985年，在曲那迈地方建起了寺院，逐年扩大规模，现建筑面积35平方米，僧侣37人，其中活佛2人，分有草山1500亩。

苦海

流传着动人的传说故事

果洛藏族自治州玛多县花石峡镇

苦海藏语名称为“豆措”，“豆”是“毒”的意思，“措”是“湖”的意思。由于湖水味道又苦又涩，所以称为“豆措”。

据说格萨尔12岁时在部落赛马大会上取得胜利，并娶森姜·珠姆为妃。后来，霍尔国的白帐王抢走了森姜·珠姆。在霍国，珠姆坚贞不屈，惨遭酷刑。三仙鹤向格萨尔王传递了不幸的消息，格萨尔战胜了白帐王，迎回了珠姆。

据说珠姆被迎回岭国后，在玛多境内的维日斗措沐浴，洗去了被敌人掳走遭受的耻辱，获得了新生。但从此以后，湖水变得又苦又涩，水草不生，鱼虾不活，牲畜不饮，人称“苦海”。“维日斗措”就是“苦海”的意思，这个名称一直沿用至今。

莫格德哇古墓群遗址

唐代吐蕃墓葬群

果洛藏族自治州玛多县花石峡西北约80千米处

莫格德哇古墓群遗址面积约2000平方米。在第三次全国文物普查中，莫格德哇遗址已被认定为唐代吐蕃墓葬群，对藏族文化历史发展和黄河流域文化具有较高的研究价值。

长期以来，由于无专门的管护人员，莫格德哇古墓群遗址遭到盗墓者的疯狂挖掘，古墓遭到严重破坏，遍体鳞伤，千疮百孔，残墙、古墓、壕沟触目皆是，残陶碎片遍地散落。

珠姆桑炽

丹霞地貌

果洛藏族自治州玛多县花石峡镇

离苦海不远的冬给措纳湖边，有一处被

珠姆桑炽

称为"珠姆桑炽"的地方，即珠姆煨桑台。这是一处丹霞地貌，它从地面上高高凸出来，形状就像一座硕大的平台。它就是藏族群众传说中格萨尔王妃珠姆的煨桑台，人称"珠姆桑炽"。

岭·格萨尔文化博览园

格萨尔王纪念园

果洛藏族自治州玛多县城以东的地藏王经山

岭·格萨尔文化博览园，建筑面积53 790平方米，园内有英雄格萨尔登基威慑三界宝座铜像1座，王后珠姆铜像1座，独角神马铜像1座，英雄格萨尔生平事迹展示墙32面，各种图案浮雕89幅，佛塔115座，八宝祥瑞、五妙欲、七珍宝等雕刻图案22幅，彩绘16幅，经筒608尊，装满经文数万亿篇、六字真言石刻19 952平方米2.53万块，煨桑台1座，神箭80根等，所有雕刻均以花岗岩、大理石、汉白玉等石材刻成。

和科寺

建寺历史已有80多年

果洛藏族自治州玛多县黄河乡

和科寺建寺历史已有80多年。现在整个寺院建筑面积为9000平方米，其中，经堂1座，面积为270平方米。全寺住寺僧人上百人，活佛5人，供奉佛像百余尊。1994年，寺院由住寺阿卡民主选举产生了寺院管理委员会，具体管理寺院的一切宗教事务。寺院信奉红教，其宗教活动、习俗清规，仍保留着别具一格的地方特色，散发着浓郁的乡土气息。

玩家 攻略

和科寺一年有两个大的宗教节日，一个叫"煨桑节"，一个叫"献花节"。"煨桑节"安排在每年初夏(农历四月)，在海拔4800米的同布山举行。山上筑一座高台，人们把酥油、曲拉、糌粑、青稞、茶叶等物堆集到台上，用柏枝等柴火点燃。接着举行盛大的赛马、骑射活动。

"献花节"安排在每年仲夏（农历五月），

那时正值草原的黄金季节。人们手捧鲜花，从四面八方纷纷来到寺院，一跪三拜地步入经堂，焚香献银，叩长头，数念珠，摇“科洛”，转“郭拉”，进行各式朝拜。走出寺院后，把一束束鲜花抛向空中。这就是和科寺的“献花节”活动。

和科寺除平时的诵经活动外，每年还要举行4次较为隆重的念经活动。

玩家 解说

传说该寺初建后，涌出一泉，四季不竭，群众视若“神水”，在果洛、玉树、四川德格等地藏族群众中很有影响。

黄河源国际狩猎场

对外开放的狩猎场

果洛藏族自治州玛多县境内

黄河源国际狩猎场是青海省对外开放的第二个狩猎场。该狩猎场面积约30万公顷，分别由花石峡镇境内的冬给措纳湖狩猎点、扎陵湖乡境内的扎陵湖和鄂陵湖狩猎点、玛查里镇野马滩狩猎点组成。

猎场地处高山环抱之中，宛若屏障，北部和东部分别是布青山和阿尼玛卿山，西南面是巴颜喀拉山，山地海拔多在5000米以上。中部平坦开阔，湖泊星罗棋布，自然环境复杂多样，植被以高寒草甸、草原和沼泽草甸为主。狩猎场野生动物资源丰富，兽类有数十种，且数量较大。目前，可供开发利用的野生动物有岩羊、石羊、藏原羚、狼、高原兔等。

黄河源国际狩猎场

景点推荐

玛沁旅游区

阿尼玛卿山

我国对外开放的著名山峰

果洛藏族自治州玛沁县（大武镇）西北部

可由玛沁县包车前往，也可从拉加乡包车前往

免费 全天开放

阿尼玛卿山又称玛积雪山或玛卿岗日，为东昆仑山的东支，是我国对外开放的著名山峰之一，主峰海拔6282米。在藏语中，阿尼玛卿意为“黄河流经的大雪山爷爷”，它和西藏的冈仁波齐、云南的梅里雪山、玉树的尕朵觉悟并称“四大神山”。该山在藏族传统文化中具有举足轻重的地位，被藏族人视为开天辟地的九大造化神之一。每年都有无数的信徒磕长头来阿尼玛卿山朝拜，祭祀山神。

阿尼玛卿山由13座山峰组成，山势雄伟壮观，山体由砂岩、石灰岩及花岗岩构成，平均海拔5900米以上，给人以气势磅礴之感。因山峰多积雪，阿尼玛卿山也成为人们心中理想的滑雪胜地，初级滑雪登山者可在这里接受训练。

玩家解说

“阿尼”是安多藏语的译音，意为“先祖、老翁”，也含有“美丽、幸福或博大、无畏”等意；“玛卿”的意思是“黄河源头最大的山”，也有

“雄伟、壮观”之意。

玛卿岗日

玛卿岗日，为阿尼玛卿山的主峰，海拔为6282米，雪线以上终年冰封，为我国也是世界上较为典型的现代冰川。山峰呈锯齿重叠形状，山上冰峰雄峙，冰川面积广阔，冰川有57条，其中东北坡的哈龙冰川长7.7千米，为黄河流域最长最大的冰川。山峰周围还耸立着17座海拔5000米以上的雪峰。

阿尼玛卿山转山指南

阿尼玛卿山位于黄河源头，也是黄河源头最大的山。在《格萨尔史诗》的故乡——黄河源头，这座海拔6282米的雪峰被视为创世之神。

阿尼玛卿登山大本营距果洛州首府大武镇85千米左右；山高路险，雨季翻浆严重，车辆要有良好的越野性能。

阿尼玛卿山转山一周至少需要8天，最佳旅游登山时间是4月底至6月初或9月至10月。一般的行程路线基本是“西宁—大武—雪山三岔口—茶昂—枯毛昂学呼—扎德—恰木龙—哈龙沟—白塔—大武—西宁”。其中，雪山三岔口是徒步转山的起点。途中会经过最高海拔5000米以上的山口，需有高原徒步经验。

气候：阿尼玛卿山区属大陆性气候，天气变化无常，有时一日数变，每年4月底以前狂风大雪肆虐；6月底以后至8月末以前，则阴雨连绵，雪雹不断。因此，最佳旅游登山时间是4月底至6月初或9月至10月。

食宿：雪山路沿线没有食宿点，要自备食物和野营装备。夏季应准备抵御-5~-10℃气温的睡袋，帐篷要有良好的防水抗风功能。

特别提示：

阿尼玛卿山气候条件恶劣，海拔均在4000米以上，会有不同程度的高山反应，应准备抗缺氧药物，预防感冒。

徒步转山一周需要七八天，如果体能不够，可以通过大武登山协会租用马或牦牛。转山时，会有许多神秘莫测的自然现象考验朝圣者的虔诚。

玛卿岗日独特的自然环境也为多种野生动植物的生长、栖息提供了绝佳的条件。在不同的海拔地区生长着不同的野生植物，如海拔3800米以上生长的是高大翠绿的云杉、圆柏等寒温性针叶林，3800～4000米是由金鹿梅、山柳、杜鹃组成的高山灌丛，雪线附近则是高山牧场。白唇鹿、雪豹、雪鸡等野生动物都栖息于林中。

链接

玛卿岗日的传说

除浑然天成的自然风光外，玛卿岗日还有一个为其增添了诸多神秘色彩的迷人的传说。人们认为玛卿岗日是“博卡瓦间贡”的21座神圣雪山之一，为开天辟地的9位造化神中排行第四的斯巴侨贝拉格，它可以主宰山河，且拥有神通广大的能力。玛卿岗日的神威自然来源于此。藏族民众对神有着毋庸置疑的信仰，相信玛卿岗日就是神的化身，可以保佑他们平安、幸福。

因此，每逢藏历的“羊年”或者“神门、雪门之年”，当地信徒们会来此转山，以此来获得神的青睐。他们视转山途中遇见的一切为神赐的礼物。

拉加寺

著名的格鲁派寺院

果洛藏族自治州玛沁县县政府所在地大武镇

拉加寺又称“嘉样寺”，是黄河沿岸最著名的格鲁派寺院。“拉加”系藏语译音，指四不像（麋鹿）。据说拉加寺在破土动工时，发现了一只四不像，故寺院以取其名。该寺由阿柔格西创建，系西藏色拉寺属寺。

拉加寺设有总领全寺的大经堂“托桑林”，下分五院。每年有农历正月初一至十五的祈愿法会、三月初三至十五的供养法会以及十月底的“五供节”等。属寺有本州久治县的隆格寺、甘德县的夏日乎寺以及海西州天峻县的阿汗达勒寺等。拉加寺历代多出高僧，而且多有著述传世。此外该寺原供释迦牟尼、弥勒佛像及金字《甘珠尔》等亦负盛名，惜皆焚毁。

拉加寺

阿尼玛卿山

景点推荐 果洛州南部景点

塞西多卡石经墙
果洛地区最长的石经墙

果洛藏族自治州甘德县岗龙乡

藏文石经，是用金属等工具将《大藏经》镌刻在石头上的一种特殊的经书形式，又称石头书。在藏族地区，人们又形象地称其为“多卡”或“多让”，意为“石经墙”。

塞西多卡石经墙是著名的塞西仓修建的，距今有400多年的历史，长1300多米，宽3米，高3米，石经板有上亿块。它是目前果洛地区最长的石经墙。

龙恩寺
藏传佛教佛塔

距离甘德县县城36千米处

0975-8304299 免费

龙恩寺是藏传佛教宁玛派寺院。寺院背靠两座神秘的大山，其中之一酷似安详伏卧的大象，另外一座恰似一条腾飞的巨龙。甘德县著名的玛域格萨尔文化中心就建在龙恩寺内。

该寺由帐篷式寺院改建而成，是一座集印度、尼泊尔、藏族建筑风格为一身的综合型寺院。这里有全世界最大的藏传佛教雪域夏绒卡霄大佛塔。佛塔占地6000多平方米，高60米，塔尖塔顶直径8米并全部镀以纯金，塔内装藏有显密经续40余万本、《大藏经》1100余套，并有释迦牟尼佛舍利及莲花生大师头发等珍贵圣物。

东吉多卡寺
宁玛派和格鲁派合住寺院

果洛藏族自治州甘德县

东吉多卡寺亦称“哇雁寺”“哇雁赛日塘寺”，藏语称“旦底达吉林”。东吉多卡寺为宁玛派和格鲁派合住寺院，寺僧中部分人信奉宁玛派，以四川德格的西钦寺为母寺，属该派敏珠林系统；部分人信奉格鲁派，以今达日县的年毛寺为母寺。两派僧人和睦相处，可在同一经堂各诵其经。该寺在夏季有坐夏活动，社会上的流散僧侣亦来参加，有时坐夏者多达200余人。

查朗寺
宁玛派寺院

果洛藏族自治州达日县

查朗寺是果洛州影响较大的宁玛派寺院之一，藏语称“扎西曲丹林”，意为“吉祥具法洲”，简称“朗贡”，系四川省白玉县噶陀寺子寺。

查朗寺相传是格萨尔王王宫所在地。寺院面滩背山，寺前溪流潺潺，满山经幡飘摇，庄严肃穆。寺中文物颇多，以10世纪所铸无量寿佛铜像最有价值。供奉的上千粒舍利中，有的自印度请来，有的出自本寺高僧。该寺藏经甚多，有《甘珠尔》《丹珠尔》等佛经上万部。

格萨尔王狮龙宫殿
历史悠久，雄伟古朴

果洛藏族自治达日县吉迈镇

格萨尔王狮龙宫殿是以藏族传说中的格萨尔大王为主要供奉对象的寺院，始建于1044年，历史悠久。

格萨尔王狮龙宫殿是一座雄伟古朴的藏式建筑风格的宫殿，褚红色围墙朴实无华，大型藏式宫殿装饰得富丽堂皇。正中是格萨尔大王的巨型塑像，进门左边是白度母化身噶嘉洛森姜珠牡，右边是绿度母化身邬乐吉杰乃琼。所有这些塑像的内藏里，都有舍利塔、各种各样的佛陀菩提佛像、密宗四部和修行佛法等各种经典、贤哲大师们的遗骨和舍利、佛法僧三宝、圣物、法衣以及收集来的各种汉藏法物礼品。

玩家解说

格萨尔是藏族人民塑造的一位天神赐予其神奇力量，负有降妖伏魔、抑强扶弱、造福百姓使命的英雄形象。时至今日，藏区许多地方仍信奉他。至于历史上是否确有其人，以及他的生卒

格萨尔王狮龙宫殿的佛像

年代等，国内外藏学界有许多不同观点。作为英雄史诗故乡的果洛州的人们，从不怀疑其真实性。他们不但认为历史上确有其人，而且史诗中所描写的岭国国王格萨尔大王的宫殿就在果洛州达日县境内。

格萨尔王林卡

经幡飞舞，气势恢宏

果洛藏族自治州达日县

0975–8313936 无

格萨尔王林卡位于卡热东那吉祥的山头上。格萨尔王骑马雕像威风凛凛，30员大将浮雕总高21米，威武而雄壮。与浮雕相连的是莲花生大师纪念堂，占地面积2500平方米，主楼有三层，回廊绕梁，气势恢宏，经幡飞舞。站在格萨尔王雕像下面，遥望远山黄河，更显高山之广阔，黄河水之明净。

白玉达唐寺

规模宏大，雄伟壮观

果洛藏族自治州久治县白玉乡白玉寺1号

白玉达唐寺，全称为“白玉达唐显密讲修法轮繁荣洲”，是一座古老的藏传佛教宁玛派寺庙，建于1857年，迄今已有150余年的历史，是青川甘边界地区影响很广的宁玛派寺院。

寺院规模宏大，建筑风格独特，造型精美，雄伟壮观。主要建筑有经堂7座、佛殿3座、灵塔3座，大型转经房8座及僧舍若干等，有僧众千余人。该寺每年的主要佛教活动有农历正月初八至二月初八的“如来三身”修持会和七八月为期45天的“坐夏”。届时成千上万名僧侣和信教群众前来，叩拜佛像，敬献哈达，场面十分壮观。

康赛寺

寺院的藏医为广大牧民热情行医

果洛藏族自治州久治县101省道旁

康赛寺全称为“宁友具喜法轮洲”，信奉格鲁派。现寺院自养有藏医门诊1所，小卖部1个和小型牧场1个（50余头奶牛），年创收近3万元。该寺藏医门诊长期坚持医疗扶贫，给贫困群众74户240人发放“免费就医卡”，实行免费医疗，每年医疗开支达1.9万余元。目前，经有关部门批准，该寺院藏医门诊改建成康赛乡宁友合作医疗站，加环藏医为负责人，医疗站门诊为广大牧民热情行医，解除痛苦。

鄂木措景区

有着引人入胜的传说故事的景区

果洛藏族自治州久治县

鄂木措分两个湖，分别叫鄂木措尕玛和鄂木措公玛。当地人传说，尕玛是鬼湖，每年会吞噬很多牛羊的生命，偶尔还有人会莫名其妙地掉入湖中丧命。公玛是神湖，有缘分和福报的人在寂静的早晨或傍晚能听到湖面上传来的人语声和神牛的鸣叫声。

每年当地的百姓会请大活佛前来主持法会，为两个湖开光加持。从白玉到隆格（有很古老的宁玛巴传承的隆格寺院）有15~20千米，路边有一条土路延伸到山的深处，这便是前往鄂木措的便道。从便道到湖边约5千米，夏季要淌过无数条小河溪流，冬季则要慢慢穿行过无数条冰河。

鄂木措景区

尖木达寺

有声势较大的念诵活动

果洛藏族自治州久治县

“尖木达”为寺院所处地名。尖木达寺由藏哇·俄旺却培尖措比丘创建于1849年，信奉觉囊派。

尖木达寺寺院正面与年保玉则神山邻近，背面为护境大神扎吾之贤子期巴神山，左为章达河，右为尖木河，两河夹滩，地势平坦辽阔，是通往哇赛乡的必经之路。前全国人大常委会副委员长阿沛·阿旺晋美曾授予该寺“尖木达党囊寺佛教文化温习洲”之荣称。尖木达寺僧侣注重六支瑜伽的修持。每年农历八九月有经文念诵活动，声势较大。

红军沟

红色旅游纪念馆

果洛藏族自治州班玛县

0975-8322029　免费

1936年7月，中国工农红军长征经过班玛原始林区子木达沟（红军沟），因此，子木达沟也叫“红军沟”。

红军沟景区位于原始林区，班玛红军纪念馆则设立于县城中。2005年，班玛县修建了红色旅游展览馆，使之成为青海省第二个红色旅游纪念馆。班玛县在红军沟景点的基础上，新增红军泉、红军路、红军墓等景点。红军沟是高原红色旅游之重要景点。

多尕麻寺

原尼达部落寺院

果洛藏族自治州班玛县

多尕麻寺为藏传佛教宁玛派寺院，距今有100多年的历史。寺院地势、地形特殊，建筑具有鲜明的民族特色。其中，格萨尔莲花神殿独具特色。

20世纪90年代，拉参活佛多方筹措资金开始重新修建格萨尔王文化艺术馆，并邀请塑像名家，结合神话传说、史料记载以及古今装饰，制作完成了格萨尔王岭国30员大将及妃子的雕像。大将骑着各自的坐骑，手持独有的乐器，威武、彪悍；妃子面带微笑手捧供器，婀娜多姿。在整个艺术馆的墙面上，绘有格萨尔王赛马称王、降伏四魔及百姓安居乐业的景象，以文字及绘画的形式记

红军沟

载了格萨尔王辉煌的一生。

白扎寺

果洛有名的宁玛派寺院

果洛藏族自治州班玛县江日堂乡

白扎寺亦称“江日堂寺”“追公寺”，是果洛地区较有名气的宁玛派寺院。1936年由白扎喇嘛重建，属噶陀派。白扎寺由三部分组成，即追公寺、多卡寺和天葬台。

寺院分上下两部分：上寺在北侧山顶，以尼姑禅修为主，有大小2座经堂，1座佛殿，僧舍100多间；下寺坐落在小圆山周围，为该寺主体部分，环绕小圆山建有讲经院、禅修院、大经堂、医明院、寺舍、石塔等。白扎寺现有僧侣76人。塔基四周的三层经板上刻有佛像，可视为藏族石刻艺术的聚集地。寺内收藏的佛教石刻印版也颇为珍贵。

阿什姜寺

历史悠久的觉囊派寺院

果洛藏族自治州班玛县江日堂乡阿什姜村

阿什姜寺全称“阿什姜贾贡显密讲修洲”，通称“江日堂贾贡巴”。阿什姜寺是果洛地区寺院中历史比较悠久、规模较大的觉囊派寺院。

阿什姜寺的主要建筑物有大经堂1座30间，神殿1座5间，昂欠1座10间，以及常性塔、度母塔、时轮塔等。3座古塔于20世纪80年代修复竣工，其中两座下部四周各建佛堂1间，门楣彩绘精美。塔的式样独特，造型类似人形。该寺塔林共有塔6座，最古老、重要的是菩提塔。寺中保存有不少历史文物，较重要的有15世纪所以然铸度母铜像，珍藏《甘珠尔》《丹珠尔》等佛经上千部。

卡昂寺

历史悠久的宁玛派寺院

果洛藏族自治州班玛县达卡乡

卡昂寺亦称“上卡昂帐房寺”“求格寺”。寺属宁玛派，1840年创建。供奉此寺的有原上下卡昂部落的牧民群众。1958年前有僧侣130人，1981年5月13日批准开放。现建成经堂1座12间，僧舍11座15间，有僧侣79人，部分住家。

阿什姜寺

攻略资讯

- 交通
- 住宿
- 美食
- 购物
- 娱乐

鄂陵湖

交通

汽车

从西宁进入果洛的公路主要有三条：第一条公路是西久公路；第二条是青康公路；第三条路从称多县的清水河，向西可达曲麻县，然后向南到治多县政府所在地治多，再折向东边到玉树的结古镇。

玛沁县汽车站：位于玛沁县环城南路和甘德路的交叉口附近。

住宿

果洛藏族自治州住宿条件一般，多为家庭旅馆以及小型宾馆。在果洛藏族自治州的各处县城，都能找到每晚10~30元的小旅馆。年保玉则山区没有住宿的地方，运气好能找到游牧部落的帐篷，但还是建议自带帐篷睡袋就地宿营。

●阿尼玛卿酒店

阿尼玛卿酒店是一家集住宿、餐饮、茶

果洛风光

艺、休闲为一体的商务度假酒店。酒店拥有65间客房、总统套房10间、标准间35间，各类套房各具特色。酒店内设有各式餐厅。餐厅总数10间、豪华包间7间，还有茶艺厅。酒店环境舒适、温馨。✉ 玛沁县大武镇玛多路 ✆ 0975-8356888

● **果洛威斯特大酒店**

酒店建筑设计融入藏式风格。周围餐饮、娱乐生活配套齐全，交通便利，房间宽敞舒适，干净整洁。✉ 玛沁大武镇团结路与班玛路 ✆ 0975-8359888

美食

果洛州美食有黄蘑菇、地皮菜、爆焖羊羔肉、杂碎汤、梅花蹄筋、清蒸牛蹄筋、人参羊筋、酥油糌粑、杂碎汤泡馍等。酸奶是草原上独特的奶制冷饮。手抓羊肉是青海牧区群众款待宾客的肴馔。

玛多县三岔口的清真餐馆做的羊杂碎汤很鲜嫩，毫无腥膻味，想必是拜这里的水土所赐。因为临近四川，青南的川菜普遍比较地道，有时间的话也可以去品尝一番。

● **地皮菜**

地皮菜是念珠藻科念珠藻属的一种食用藻。茶褐色，片状。主产于青海果洛、海东和门源。吃法颇多，可炒、烩、炖，亦可做馅。

● **杂碎汤**

杂碎是指煮熟的牛羊的头、心、肺、肠、胃、四蹄等。将材料用文火煮，完成后加一些干葱丝、绿芫荽等调味品。杂碎汤香味浓、不腻。杂碎汤既能补身、耐饥，又能抗寒。

地皮菜

杂碎汤

● **人参羊筋**

青海著名风味小吃，因其主料羊筋造型似人参，故名。有嫩黄鲜亮，不膻不腻，酥韧爽口的特色。

人参羊筋

购物

果洛地区受气候影响，特产以畜产品为主，蕨麻、牛肉干等享有盛誉。

另外，在果洛的集市上可以购买到民族风俗品，如昆仑彩石、孔雀翎、藏刀、铜酒壶等。

● **蕨麻**

蕨麻亦称人参果，为蔷薇科委陵菜属的

多年生草本植物。植物整个植株呈粗网状平铺在地面上。春季发芽，夏季长出众多紫红色的须茎，匍匐在地面上，伸向四方，节外生根，犹如蛛网。

蕨麻

●果洛牛肉干

牦牛肉质细嫩，味道鲜美。果洛牛肉干以新鲜牦牛肉为原料，每年9月宰杀，12月制成牦牛肉干。

果洛牛肉干

节日和重大活动

节日	位置	时间
阿尼玛卿山文化旅游节	玛沁县	每年8月15日
年保玉则文化旅游节	年保玉则景区	每年8月下旬
古村藏寨风情暨格萨尔文化旅游节	班玛县	9月6日

节日活动

发现者旅行指南

海北·海南

概览

亮点

青海湖

青海湖是中国最大的内陆湖和咸水湖。在不断变化的季节流转中，青海湖总会呈现出不同的自然美景。

龙羊峡

龙羊峡一边是起伏峻险的茶纳山，一边是连绵不断的莽原，中间是一片宽阔平坦的盆地，这种地形使整个峡谷成为一个巨大的天然库区。

祁连山草原

祁连山草原被评为中国最美六大草原之一。每年七八月，与草原相接的祁连山依旧银装素裹，而草原上却碧波万顷，马、牛、羊群点缀其中。

贵德古城

门源油菜花海

门源县是西北地区的主要油料产区。这里的油菜花绵延数十千米，仿佛一幅浑然天成的油画。

贵德国家地质公园

地质公园由13个文化主题广场和7条丹霞峡谷组成，其中女娲峡、千佛峡、通天峡等都是世界上罕见的自然奇观。

线路

青海湖大环线二日游路线

第一天从西宁出发途经湟源县游览日月山景区，之后可前往青海湖二郎剑景区赏玩，游览完毕后前往黑马河游玩，可夜宿黑马河镇。

第二天可前往西海镇游览。

海北州深度四日游

第一天从西宁出发前往西海镇原子城游览，这里是世界名曲《在那遥远的地方》的诞生地。午后可继续游览西海镇其他景区，晚上可宿于西海镇。

第二天前往刚察县参观仙女湾景点，游览完毕后可前往二郎剑景区游览观光，之后前往祁连镇，夜宿祁连。

第三天先游览卓尔山风景区。站在卓尔山山顶可欣赏牛心山、祁连山、八宝河等风光。游览完毕后前往门源县。

第四天早餐后游览照壁山景点，午餐品尝回族特色美食，午后至观花台景点，之后前往花海芬芳浴景点，尽情饱览自然风光。

为何去

海南夏季风光

海北藏族自治州位于青海省境东北部，古代是西戎、羌、吐谷浑等民族杂居交错之地，今天这里仍然生活着多个少数民族。这里千山堆秀，百川相织，草原广袤，资源丰富。这里风景优美，有着丰富的自然人文景观、悠久的历史与灿烂的文化。

海南藏族自治州素有“海藏通衢”之称。海南州民族风情绚丽多彩，草原辽阔，牛羊漫山遍野，帐篷星罗棋布。独特、神秘是海南州最大的诱惑力。

何时去

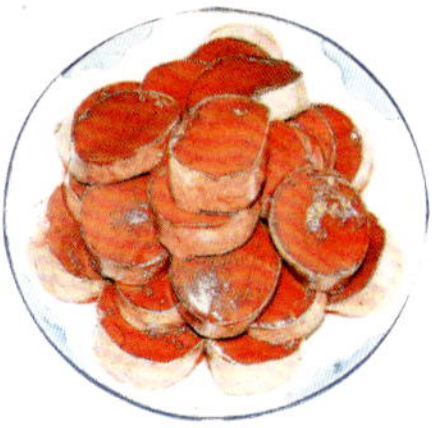

青海湖畔的油菜花海

海北藏族自治州、海南藏族自治州四季皆有不同风光，但最佳游季为夏季。夏季海北州、海南州气候凉爽宜人，能够欣赏到大片草原风光以及壮阔的油菜花海，感受最浓郁的少数民族风情。此外，夏季有很多节日。

区域解读

海北区号：0970
海南区号：0974
总面积：约77 936km²
总人口：约76万人
主要少数民族：
藏族、回族

地理 GEOGRAPHY

区划

海北藏族自治州下辖3个县（海晏县、祁连县、刚察县），1个自治县（门源回族自治县）。

海南藏族自治州下辖5个县（共和县、同德县、贵德县、兴海县、贵南县）。

地形

海北州境内以山地为主，四周环山，盆地居中，高原丘陵和河谷台地相间其中，地势起伏较大，复杂多样。海北州地处祁连山中部地带，平均海拔3654米，最高海拔5287米，最低海拔2180米，全州约85%的地区海拔超过3000米。自治州境内河流众多，主要为黄河水系和青海湖水系河流。

青海湖

山地是海南州主要的地貌类型，面积占全州陆地总面积的42.3%；丘陵及残山占全州陆地总面积的11%；中海拔平原和台地占全州陆地总面积的46.7%，其中河谷阶地为12.4%。海南州平均海拔3000米以上，最高海拔5305米，最低海拔2168米。

气候

海北州、海南州均为典型的高原大陆性气候区。其特征是大气稀薄，干旱少雨，光照时间长，太阳辐射强。春季干旱多风，夏季短促凉爽，秋季阴湿多雨，冬季漫长干燥。全年平均气温4℃左右，气温年较差小、日较差大。以温凉寒冷气候为主。

天下黄河贵德清

贵德地处黄河谷地，上有龙羊峡锁关，下有松巴峡守户，四面环山，平川开阔，土地肥沃，素有高原“小江南”之称。龙羊峡长40千米，黄河穿越其间，河谷宽9千米；河谷两岸，一边是起伏险峻的茶纳山，一边是连绵不断的莽原，中间是一片宽阔平坦、肥沃丰腴的盆地，这种地形使整个峡谷成为一个巨大的天然库区。

黄河从贵德县西面的龙羊峡入境，经过拉西瓦峡谷、三河谷地，从松巴峡出境，在贵

德境内全长76.8千米。贵德的黄河水域清澈见底，有“天下黄河贵德清”一说。其实，黄河不仅仅在贵德，应该是贵德以上的河段都很清。

黄河贵德段河水之所以四季清澈，是因为水流在上游龙羊峡水库经过了泥沙沉积。另外，多年来沿河大规模植树造林也是一个重要原因。

贵德人越来越体会到清澈的黄河水给他们带来的好处。除了提供充足的农牧业灌溉和生活用水，黄河还成为当地城镇群众天然的公园。夏秋时节、工作之余，人们在河岸林间休闲娱乐，享受着“高原小江南”的水景绿意。

历史 HISTORY

海北藏族自治州历史大事记

3000多年前，这里就有人类活动，多处发现的卡约文化、辛店文化遗址证明了这一点。

西汉时期，今海北州为西羌故地。

汉平帝元始四年（4年），王莽在今海晏县设置西海郡。

两汉时，有名的胡羌道和羌中道已经成为“丝绸之路”的辅道。胡羌道穿越今门源县和今祁连县，东晋法显和尚西行求经，即经此道。

隋炀帝西征吐谷浑时，由湟水谷地西行，沿长宁谷西北行，越达坂山，经门源、祁连，穿大斗拔谷（今扁都沟），到达张掖。羌中道穿越今海晏、刚察县，南朝僧人昙无竭、北魏僧人宋云等，都由此道入西域转往天竺。

南北朝和隋朝时，今海北州为鲜卑族、吐谷浑所据。唐代，属吐蕃王朝管辖。宋朝时，为唃厮啰地方政权辖区。元代，归宣政院吐蕃等处宣慰司都元帅府管辖。明末，为蒙古贵族麦力干的游牧地。清雍正二年（1724年）以前，为厄鲁特蒙古各部的游牧地。

1953年12月31日，海北藏族自治区成立，1955年5月20日改自治区为自治州。

海南藏族自治州历史大事记

7000多年以前，这里的先民进入铜石并用时代，有了原始的采集业和农业。

秦汉时期，羌人开辟羌中道，由日月山入境，经青海湖北至伏俟城，然后分路通往西藏、四川。

魏晋、南北朝时期，河西走廊群雄割据，战火频仍，“丝绸之路”堵塞，往返于东西方的僧侣与商旅改由原羌中道青海境内东北段路线，即由西宁—日月山—伏俟城—柴达木通过，羌中道成为河西走廊以南的重要通道，史称“丝绸辅道”。

西汉前期，海南地区已纳入中央王朝建制体系。西汉神爵二年（前60年），金城郡设河关县，辖今贵德、共和东部地区，受“护羌校尉”节制。

唐贞观十五年（641年），文成公主和亲沿途路线形成唐蕃古道。文成公主从日月山入境，经倒淌河、东巴、恰卜恰、切吉、大河坝，进入果洛、玉树到拉萨。唐代文成公主入藏时以车载佛像，可见当时已能通行马车。

清雍正二年（1724年），今贵德黄河以北地区归西宁县管辖。是年，在今贵德设“钦差总理蒙古番子事务大臣公署”，后移驻西宁，管理包括今海南州在内的广大牧区。

1932年，同德拉加寺香萨活佛从上海购进一辆福特牌小汽车，并修通从该寺至黄河沿别墅的1千米的简易公路，这是自治州公路交通的最早记载。

1950年初，国家拨出巨额专款修筑青藏、青康公路。

1953年12月6日，海南藏族自治区正式设立，1955年6月5日改自治区为自治州。

贵德古城

千年平安路——唐蕃古道

唐蕃古道是我国古代历史上一条非常著名的交通大道，也是唐代以来中原内地去往青海、西藏乃至尼泊尔、印度等国的必经之路。它起自陕西西安（长安），途经甘肃、青海，至西藏拉萨（逻些），全长3000余千米。整个古道横贯中国西部，跨越举世闻名的世界屋脊，连通我国西南的友好邻邦，故亦有“丝绸南路”之称。

唐贞观八年（634年），松赞干布派使者远赴长安与唐朝通聘结好。640年，松赞干布派大相噶尔·东赞宇松（又作禄东赞）携带厚礼，到长安再次向唐太宗请婚。

唐贞观十五年（641年），唐太宗派江夏王礼部尚书李道宗护送16岁的文成公主入吐蕃。之后的200多年间，唐与吐蕃少有战事。两国使臣和商人往来不断，终于在长安与拉萨之间，踏出了一条3000多千米的“黄金路”——唐蕃古道。

文成公主的入藏，为西藏带来了大批工匠、艺人和大量绸缎、典籍、医书、粮食，给吐蕃的社会、经济、文化、科学带来了划时代的巨变。

唐蕃古道被称为中国古代三大通道之一，是藏汉友好的见证，是唐朝与吐蕃之间的贸易往来要道，是中国七大奇迹之一，更是一条承载汉藏交好、科技文化传播的“文化运河”。

文化 CULTURE

在那遥远的地方

金银滩是一片茫茫草原，位于海晏县境内。而金银滩的名字早在20世纪就跟一位伟大的音乐家连在了一起。

西部歌王王洛宾于20世纪40年代初，在金银滩创作了歌曲《在那遥远的地方》。

1939年秋，王洛宾受马步芳委派，协助电影艺术家郑君里在青海湖畔拍摄纪录片《民族万岁》时，认识了藏族姑娘卓玛，她是当地一位藏族千户的女儿。卓玛有着乌黑的大眼睛、粗粗的长辫子和一张柔和的鹅蛋脸。三天的相处，活泼美丽的卓玛给王洛宾留下了深刻的印象，于是他为她创作了这首歌曲。

《在那遥远的地方》的曲调源于哈萨克族民歌，它是世界范围内传唱最广的华人歌曲之一，也是王洛宾所有创作歌曲中艺术评价最高的，被赞为“艺术里的珍品，皇冠上的明珠”。

古老的民俗文化——青海湖祭海

青海湖是莽莽雪域高原上的一颗明珠，千百年来一直为人们所景仰。青海湖祭海，不仅是一种带有浓郁宗教色彩的民俗活动，更是一种文化现象。

祭海就是祭祀青海湖。祭海最初是蒙古族的传统。原来信仰萨满教的蒙古族人相信万物有灵，尤其认为天是至高无上的神。在元代，蒙古族就有祭天、祭山、祭海之风俗；清代以来，当地民众对青海湖的祭祀活动更具规模及宗教色彩。与此同时，环湖地区的藏族人也参加这项祭祀活动。

宝瓶是藏八宝之一，是祭海仪式中不可或缺的祭祀物品。宝瓶内装有青稞、小麦、豌豆、玉米、蚕豆5种粮食，同时还将珊瑚、蜜蜡、玛瑙等碾成粉后放入宝瓶，最后还要放入经幡，然后由活佛加持系带。在祭海仪式中，群众将承载着自己心愿的宝瓶投入青海湖，以祈求自己的心愿能够实现。

如今，青海湖的祭海仪式已全部藏化。对于藏族同胞来说，青海湖祭海是件非常神圣的事情，就如同他们马年转神山、羊年转圣湖一样。而大规模的祭海仪式一年就一两次，如能赶上青海湖边八大活佛主持的祭海仪式，那便是三生有幸。

一代名曲诞生地——金银滩

景点推荐

青海湖 AAAAA

青海湖是中国最大的内陆湖泊，也是中国最大的咸水湖，它由祁连山的大通山、日月山与青海南山之间的断层陷落形成。

这里是人们进入藏区的中转站，匆匆而过的行人可能会不经意间错过无数美丽，然而如果你去探索，就会发现在它粗犷的外表下，掩藏着很多让人惊艳的风景。

除了四季秀丽的自然风光，青海湖也蕴含着厚重悠久的历史文明，周边的历史古迹，如沙陀寺、伏俟古城、尕海古城等，也吸引着远道而来的游人。

东北部的青海湖盆地内

西宁建国路汽车站有诸多前往青海湖周围城镇的交通，班次频繁，非常方便

旺季（4月15日至10月15日）100元，淡季（10月16日至次年4月14日）50元

全天

玩家攻略

青海湖周边及附近城镇上都有很多住宿地，二郎剑景区、江西沟、黑马河乡、鸟岛、刚察县、西海镇是住宿聚集地。鸟岛的住宿条件最好，但价格也昂贵，难以预订。总体来说，青海湖住宿条件一般，但可满足基本需求，宾馆内多是公共卫浴。青海湖旁边有不少环湖宾馆，一般环境不错，风景优美，且方便欣赏湖边日出。

青海湖周边多是少数民族特色饮食，川味食品也很多，一些特色小吃在很多沿湖的藏族帐篷中可以吃到。但这里的美食并不像大城市那样随处可见，多是随走随遇。推荐品尝手抓羊肉、老酸奶、面片、牦牛肉干等。

青海湖周边的购物可选择当地特产及特色民族装饰品，不少饰品都极具少数民族风情。购物地推荐黑马河乡，物品种类多样，但也参差不齐，需仔细分辨。

自2007年举办首届青海湖国际沙雕节以

来，沙岛及其沙雕闻名世界，现今国际雕塑与大地艺术季已落地沙岛，于每年6~7月举办。

链接

青海湖内部交通

包车：环湖风景非常不错，但青海湖及沿线的公共交通并不发达，包车是多数游客的首选。西宁到青海湖的公路距离约100千米，环湖一周约360千米。包车环湖游览一天的费用约900元，两天约需1200元，另外还要负责随行司机的餐饮。若是旺季前往，要提前订好车辆，注意选择正规车队。

自行车：沿环湖公路骑行，需4~6天。

出租车：可选择分段乘出租车或搭车，绝大部分城镇都有不正规的出租车及摩托车，价格约每千米2元，可砍价。

二郎剑景区

青海湖主流景区

海北藏族自治州共和县（青海湖东南部）

西宁八一路汽车站每天有发往青海湖景区的班车，车程两个半小时；西宁建国路汽车站从早上陆续有开往青海湖的过路车

淡季50元，旺季100元

全天开放

二郎剑景区因酷似一把长剑而得名。它是一处狭长的陆地堤带，自南向北没入青海湖中，因而是观赏青海湖的主流景区。整个景区除二郎剑外，还有151基地等其他景区。

二郎剑

二郎剑是青海湖旅游区中的一颗耀眼明珠，它蜿蜒深入青海湖中，有以草原、沙滩、动物为主的生态自然资源，有内容丰富的民间文化活动。目前建有以观鸟台、观鹿园、观海桥、观海亭为组合的观赏区，以码头广场、《吉祥四瑞》雕塑为组合的休闲区，以水上摩托、自驾游艇为活动内容的水上娱乐区等。这里是观赏青海湖的最好位置，既可以看到青海湖小巧玲珑的湖泊景观，又可以看到它如大海般大气宁静的一面。

玩家攻略

从景区大门到湖边有6千米的路，可乘景区环保车游览，每人10元；或在湖边乘游艇，每人50元，抵达二郎剑景区。需要提醒的是，在支付过游艇费用后，可免费搭乘环保车。建议来回选择不同的交通工具，可以欣赏到不同的景色。

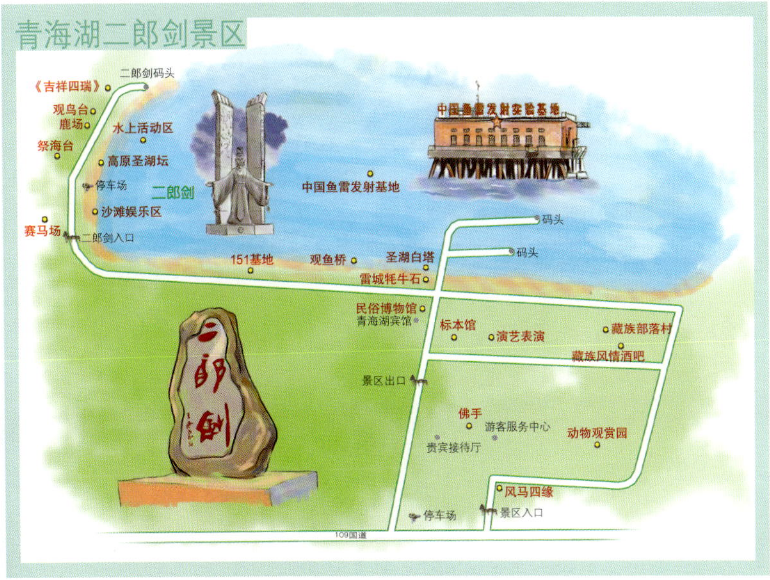

二郎剑《吉祥四瑞》

链 接

二郎剑由来的传说

二郎剑景区的藏语名为“朗千且瓦”，就是一对象牙的意思。相传很早以前，一头巨象不知从何处散游来到野摩塘草原，因为不适应这里的水土，最后死在了湖滨，它那巨大的象牙掉在这里，逐渐形成了由南向北的两条沙堤，因形状酷似一把长剑，于是被称为“二郎剑”。

海心山

海心山俗称湖心岛，古称仙山、龙驹岛，位于青海湖心偏南，距南岸约30千米。全岛东西长，南北宽，状如螺壳。山体由花岗岩和片麻岩构成，略呈乳白色。山顶高出湖面约数十米。海心山周边草木旺盛，湖水清澈，环境幽雅，风景旖旎；天气晴朗之时，登高远眺，可见岛屿如雪浪般飘浮，周边海阔天空，水天相接，如入仙境。于海心山的顶端可俯瞰青海湖全貌。夏季旅行者可从二郎剑或鸟岛坐船前往；冬季青海湖结冻，可乘车抵达。

三块石

三块石，又名孤插山，由7块紧密相连的石灰石、礁石组成，因远望如3块巨石而得名。三块石立于青海湖波涛之中，周边水拍浪激，蔚为壮观；礁石之上虽植被覆盖少，仅有些牛尾蒿于碎石块间生长，但却有众多鸟类栖息，鸟类数量已超过鸟岛。

海西岛（蛋岛）

海西岛是鸟岛的主要景观岛，形似驼峰。这里是斑头雁、鱼鸥、棕颈鸥的世袭领地，鸟类数量有八九万只之多。人们平时所说的鸟岛，其实主要就是指这里。

每年春天，斑头雁、鱼鸥、棕颈鸥等鸟类聚集到海西岛上，其中还包括多种珍稀禽类，它们各自在岛上筑巢垒窝。到了产卵季节，岛上的鸟蛋一窝连着一窝，密密麻麻，所以海西岛又被人称为"蛋岛"。

海西皮（鸬鹚岛）

海西皮是鸬鹚等鸟类的王国，面积较大，岛上有茂密的植物。小岛东部是临近湖面的巨石悬崖，岩壁上有相连不断的鸬鹚窝，像是一座鸟窝构成的城堡。

海西皮建有一条长约1.5千米的栈道，这是一条青海湖自然生态的科普长廊，栈道上以图文并茂的形式向游人介绍青海湖的自然资源和生态环境。漫游其上，既可眺望远处蔚蓝的青海湖，还能近距离观赏正在学飞的雏鸟。

仙女湾景区

青海湖优质观光区域

海北藏族自治州刚察县县城正南16千米处

在西宁汽车站乘开往刚察县的大巴车，到达刚察县城后，可包车前往

旺季60元，淡季30元

全天开放

仙女湾景区是青海湖的一处著名湿地，也是青海湖最具观光价值的区域之一。这里是鸟的天堂、大天鹅的故乡。每年有多种鸟类来此栖息，包括斑头雁、鱼鸥、鸬鹚、天鹅以及国家一级保护动物黑颈鹤等。景区是观鸟和摄影爱好者进行观鸟、摄影活动的佳地。

仙女湾

除此之外，仙女湾还有着浓郁的宗教文化和历史传说，它是藏族传统的祭海圣地，被定义为“青海湖最感染人的地方”。景区以绚丽的高原草甸湿地、多彩的藏民族文化风情，以及水、鸟、鱼为依托，是一处集高原湿地生态体验和祭海文化为一身的旅游景区。

玩家 解说

青海湖在历史上一直被视为仙海，历代都有“祭海”的宗教政治活动。仙女湾就是当地信教群众的祭海之地。从每年4月开始，当地的寺院僧侣、信教群众都会到此煨桑朝拜。对这一活动，藏族人很重视，他们相信这不仅仅是对神灵和神湖的祭祀，同时更重要的意义是净化自己，保佑自己、家人和朋友，实现自己心里的愿望。一般“煨桑”时，最忌讳的是向湖内抛撒脏物和在泉眼旁乱挖石土。

链接

仙女湾得名的两种传说

第一种：据说仙女湾是西王母设宴邀请中原天子穆天子相会的地方。诗歌《瑶池》中写道：“瑶池阿母绮窗开，黄竹歌声动地哀。八骏日行三万里，穆王何事不重来。”很早以前，就有中原天子和西天王母之间有很深的感情之传说。这首诗告诉我们西王母迟迟未能等到心上人的到来。于是，西王母派仙女们的化身天鹅每年飞到这里，向世人展示，由此得名“仙女湾”。

第二种：传说六世达赖喇嘛仓央嘉措途经青海湖边，被这里透明的湖光大自然吸引，他仿佛听到了神在呼唤他，于是踏浪入海。此时，青海湖顿显神灵，仙女奏琴吹唢，仙鹤结群飞舞，大师就这样消失了。当然，也有说法是他随着众仙子赴天上仙境了。于是，这里就有了“仙女湾”的名字。

西海镇

曾是鲜为人知的军事禁区

海北藏族自治州海晏县西海镇

西宁长途客运站有直达西海镇的班车

原子城8:00~18:00

西海镇是青海湖附近的一个小城镇，位于湟水源头、海晏盆地的金银滩大草原上，东北、西、南方向有高山屏障，东南是草原的延缓地带，地理位置很是优越。熟悉中国历史的人应该知道，西海镇是中国两弹的诞生地，曾是鲜为人知的军事禁区。

独特的民俗风情、美丽的草原、俊美的山川，构成了西海镇独特的人文景观和自然景观，使其成为青海省重要的旅游景区之一。

玩家 解说

1964年10月16日下午3时，中国第一颗原子弹在新疆罗布泊爆炸成功，这朵渐渐升起的蘑菇云打破了当时西方资本主义对新中国的核封锁，有力地保障了当时还很弱小的新中国的国防安全。而中国第一颗原子弹、氢弹就是在这里研制成功的。

原子城

原子城实际上是西海镇的另一个称呼。在20世纪50年代，中国的最高决策者们提出"中国不能没有原子弹"，于是中国踏上了研制原子弹的艰苦旅程。在选址的过程中，经过再三斟酌，海晏县的金银滩被选中，对外称221厂。这里成为我国第一个核武器研制基地。

1987年6月，根据国家战略部署的调整，国营221厂被撤销，但是为了纪念这座伟大的小镇，西海镇旁竖立了一块纪念碑。现在的原子城，依然完好无损地保存着被称为"亚洲第一坑"的填埋坑和爆轰试验场等遗迹，以供游人参观。

爆轰试验场

爆轰试验场是位于藏家风情苑西北方的几座小小的堡垒形半掩埋式平房，是专门用来做爆轰试验的场所。试验场由6个整体浇筑的钢筋混凝土机械室、炸药或武器存放室等构筑物组成的试验工号，以及1个天然临时试验靶场、2个试验废物掩埋坑等三部分构成。当时主要是分别进行爆轰冲击波试验、核武器试验、常规武器等试验。

玩家 攻略

爆轰试验场有3个展厅，通过实物、蜡像、模型、图片、影像等手段，生动展现当时进行各项爆轰试验的工作场景。

原子城纪念馆

原子城纪念馆是一座记录221厂沧桑历程的场馆，共有《历史抉择》《激情岁月》《勇攀高峰》《东方巨响》和《共和国的记忆》5个展厅，是"青海原子城国家级爱国主义教育示范基地"。

玩家 攻略

纪念馆第三展厅中陈列了一个反映221厂全貌的巨型沙盘和诸多制作原子弹所必需的仪器

西海镇原子城

和器械，喜欢军事的朋友估计很感兴趣。

东风二号导弹是纪念馆的镇馆之宝，它不仅是当年那段峥嵘历史的见证，更是因为1966年10月27日就是这枚导弹在我国本土完成了带核空中爆炸试验，历史价值极高。

金银滩

金银滩是一片广阔的大草原，西部同宝山与青海湖相邻，北、东部被高山峻岭环绕，南部与海晏县三角城接壤，中间被麻皮河和哈利津河贯穿，可谓是典型的牧区。

这里的天，蓝得醉人；这里的云，白得可心；这里的山，美得如画。草原上如浮云般的羊群、棕黑相间的牦牛，星星点点地徜徉在青草和野花丛中；不时还有穿着藏服的藏族牧民从远处缓缓骑马而过。置身其中，人的心情会变得格外恬静。

玩家攻略

金银滩景区是藏乡举行“六月会”的场地，每年农历六月十六至二十五，藏族牧民会举行大型的祭祀活动。另外，这里每年还会举办藏系羔羊美食文化节、王洛宾音乐艺术节等活动。

东大滩水库
有“草原门户”之称

海北藏族自治州海晏县城东6千米处

水库是农业区和牧业区的分界线。回首往东是田园千顷，阡陌纵横；而翘首向西就是广袤的大草原了，所以东大滩水库又有“草原门户”之称。

草原的盛夏，也是高原的黄金季节。游人可以乘水上自行车、游艇、小船等捕鱼赏景。水中的虹鳟鱼悠闲地游来游去；野鸭子成群结队，胜似闲庭信步。美景常使游客流连忘返，乐不思归。近几年来，帐房宾馆也成为水库附近一道亮丽的风景，每天接纳游客无数。东大滩水库已成为极富青海民族特色的一处游览和休闲的胜地。

伏俟古城遗址
“王者之城”

海南藏族自治州共和县石乃亥乡政府所在地北部

“伏俟”为鲜卑语，意为“王者之城”。

东大滩水库

540年，吐谷浑夸吕即位称汗，定都于此，名伏俟城。城内自城门起向北有一轴线，中轴两旁有隆起的3个互相连接的房基遗址。最西边还有一小方院（亦说乃小方城），东边有门，南北及东墙略高于现在的地面，西墙与城的西城墙重合。小方院与南城墙之间有一夯土台，台上有房屋遗迹。城内有通衢，与城墙的方向一致，东西向与南北向交织成棋盘式的布局。城内发现了大量的碎瓦片和陶片等遗物。

湖里木沟岩画

灿烂多彩的艺术画廊

海南藏族自治州共和县切吉乡然乎村

湖里木沟岩画是位于青海南山山底的一个绚烂多彩的艺术画廊，创作时间跨中原地区的唐、宋、元三个朝代，也有可能延伸到近代。湖里木沟岩画是青海岩画的典型代表。这里的岩画内容很是宽泛，包括动物、植物、人物、狩猎、放牧、舞蹈等多个方面。岩画弥补了游牧民族居无定所而造成的文物、文献史料不足的缺憾，丰富了中国古代文化的宝库。

尕海古城

曾是羌人活动的中心地带

海北藏族自治州海晏县甘子河乡尕海村

尕海古城地处海晏通往刚察的必经之路，是环青海湖古城池中的五城之一。这里历史上曾经是羌人活动的中心地带，属吐谷浑文化范畴，出土了汉代的五铢钱、灰色陶片、残铜镜等，可见其在汉代时期就十分繁荣。

切吉草原

大非川战役的发生地

海南藏族自治州共和县切吉乡

这里是历史上著名的大非川战役的发生地。当时唐帝国对唐蕃边疆的战略构想，就在大非川一役中破灭。现今这片草原辽阔平坦，周围是连绵的山丘。切吉草原是扎营的好地方，在这里游客可以体验到浓郁的藏族风情。

切吉草原

年钦夏格日山
常年积雪，白云缭绕

海北藏族自治州海晏和刚察两县的交接处

夏格日山，藏语全称为“阿尼年钦夏格日”，意为法力无边、白脸英俊的山神。年钦夏格日山顶峰常年积雪，白云缭绕。由于它凸起在平坦的草原上，所以显得雄浑壮观，巍峨陡峭。登上山顶，奇山异峰傲立在眼前，青海湖及周围湖光山色尽收眼底，顿觉天高地阔，给人一种“人天合一”的感觉。顶峰奇石林立，主峰有石柱一根，突出地面的部分有一人多高，宛如殿堂的廊柱，表面光洁如削，能敲出铿锵的金属之声，是藏语神话中的“镇山神柱”。

刚察大寺
刚察地区宗教活动的中心

海北藏族自治州刚察县沙柳河乡正北25千米处

刚察大寺，藏语称“刚察贡钦嘎丹却佩郎”，意为“刚察大寺具喜宏德洲”，原属刚察地区最大的寺院，也是刚察地区宗教活动的中心，为化隆支扎寺所属格鲁派寺院。

寺院依山而建，庭院楼阁高低错落，碧瓦宫墙、挑角飞檐，为刚察一大景观。佛堂建筑金碧辉煌，佛殿内珍藏颇多，雕塑、壁画、绒绣俱全。大经堂殿脊法轮辉煌，宝伞玲珑，双鹿欲奔。殿宇内雕梁画栋，殿柱绣裹，经垫横铺，壁龛中有数百尊佛像。殿中香烟缭绕，佛灯长明，使人顿生超凡脱俗之感。

沙陀寺
青海湖周边最大的宁玛派寺院

海北藏族自治州刚察县泉吉乡境内布哈河畔的单龙沟

沙陀寺是青海湖周边最大的宁玛派寺院。沙陀寺经堂、经楼、僧舍集藏汉建筑艺术为一身，在青海湖风光的衬托下，显得颇为壮观。寺内藏有大藏经《甘珠尔》《丹珠尔》及其他经卷数百部，大小佛像近百尊，各种法器上千件。寺院终年香烟缭绕，香客不断。

舍布齐岩画
岩画形象古朴、生动

海北藏族自治州刚察县吉尔孟乡青海湖西山舍布齐沟沟口处

舍布齐岩画雕凿于一块高2.8米、宽3.4米的岩石上，内容为动物、狩猎等。岩画大概绘于南北朝至唐代期间，均为垂直打击法，线条粗犷、豪放，形象古朴、生动。由于岩面风蚀剥落，现仅存31幅。其中的骑猎图是一幅具有断代意义的画面，有很高的文物价值。

北向阳古城
曾发现过五铢钱等遗物

海北藏族自治州刚察县吉尔孟乡北向阳村

古城为汉代时期所筑，是汉西海郡所属五县之一的驻地。古城东有条干枯的小河，北为青藏铁路。城内由城门起向北有一中轴大道，大道东为较平坦的广场，大道西部隆起，并被风沙淹没形成许多小丘，经考察是当时的房屋基址。据当地村民说，在修建村庄院落及房屋时，这里曾经发现过五铢钱、铜镞及许多杂骨等遗物。

贡宝东神洞
怪石嶙峋，形态各异

海南藏族自治州共和县黑马河乡政府向北10千米处

贡宝东神洞洞口朝东南，里边有一洞，由洞沿着台阶向下走去，可到洞厅。洞厅有一间房大小，四周怪石嶙峋，形态各异，有卧牛形，有盘龙形，不一而足；上方由彩石形成密宗神坛城图样；洞厅中央有似桌凳的大小石墩。再往里行，有水池，池中有一块巨石，周围水波闪烁，水中可捞黄丹等药物。再往里走，洞分两岔，人到此处，感觉胸闷头晕，呼吸困难。

因人无法到达洞底，故称“无底洞”。

玩家 解说

贡宝东神洞洞口不远处有个石堆。传说，石堆下镇一妖。莲花生大师在此洞中静修时，曾制伏九弟兄魔鬼，压在天峻山、赤秀嘉摩湖滨等9处地方。洞口大，里面小，坡度大。距洞口8米远的地方，黑暗不辨人影。

班禅敖包

举办隆重的祭海活动的地方

海南藏族自治州共和县黑马河乡

传说很早以前，青海湖湖水外溢，殃及方圆万里百姓，无法阻止。莲花生大师为拯救百姓，广施佛法，将位于印度的神山麻哈戴哇山的顶部移入青海湖，堵住泉眼，阻止了湖水肆虐。

为纪念观世音菩萨和莲花生大师，第十世班禅大师生前于20世纪50年代和80年代两次在此祭海。班禅敖包是青海湖周边祭海的又一个重要地方，每年转湖的群众在此湖中抛掷宝瓶、吉祥“代尔”。

班禅敖包

景点推荐

龙羊峡周边

龙羊峡水库

大坝锁黄河，高峡出平湖

海南藏族自治州共和县和贵南县交界处

建议自驾或包车前往

免费 全天

龙羊峡是黄河流经青海大草原后，进入黄河峡谷区的第一个峡口。峡口只有30米宽，坚硬的花岗岩两壁直立近200米高，是建立大坝的宝地。

龙羊峡人工水库已成为美丽的旅游景点。大坝锁黄河，高峡出平湖。碧波荡漾，湖光山影。乘游船绕湖一周，苍穹碧野，心旷神怡。黄河水在这里是“清”的，清清的黄河水，是大自然的赋予，是人们对黄河利用和改造的结果。

龙羊峡土林地质公园

丹霞土林地质景观之一

海南藏族自治州共和县境内

60元

龙羊峡土林地质公园是国内最大的丹霞土林地质景观之一，分为极限挑战区、文化体验区、温泉度假区、沙漠探险区、水上游乐区、高原漫游区六大区域，是一个综合性的高原度假养生旅游区。

区内生态环境保护良好，生物物种丰富，金鳟、白条、三文鱼、中华鲟等高原冷水鱼游弋其间，岩羊、野狐、白天鹅随处可见，到处是一幅天人合一的和谐画面。在园内，你可以沿着木栈道前行，从不同角度感受原始景观的震撼，还可以看到各种野生生物，触摸20世纪留下的建筑等。

青海湖藏族民俗博物馆

散发着浓浓的藏族文化气息

海南藏族自治州共和县

青海湖藏族民俗博物馆蕴含着浓浓的藏族文化气息。在藏文化中，尤其对女性而言，用“浑身披挂”四字更为贴切。博物馆中女性头上佩的簪子、发卡、骨环、发珠饰链及各类耳环等，胸前戴的项链、珠饰、托架（远古金属圣物）、嘎乌等各类护身饰件，样样都有所陈列，可以从展品中了解藏文化。

橡皮山

一座巨大的屏障

海南藏族自治州共和县

建议包车或者自驾前往

橡皮山属于青海南山山系的一部分，海拔4451米。出黑马河不久，就可以看见连绵起伏的橡皮山麓高高地耸立在前方，像一座巨大的屏障。橡皮山的坡路较陡，大多是30~40度，甚至更陡的陡坡。登上橡皮山的山口，放眼望去，美丽的高山牧场、悠闲吃草的羊群尽收眼底。春季，这里的山坡被覆盖上毛茸茸的绿“毯子”；夏季，这里的山坡上星星点点开着斑斓的小野花。

日月山

有“草原门户”之称

海南藏族自治州共和县与西宁市湟源县南部交界处

日月山，初唐时名赤岭，是青海农区和牧区的分界线，是游人进入青藏高原的必经之地，故有“西海屏风”“草原门户”之称。

日月山山峦起伏，峰岭高耸，山峰白雪皑皑。低处则红土覆盖，红岩磊磊，所以唐朝时叫赤岭。日月山口的南北各有1个乳峰，其形状似太阳和月亮。藏语叫日月山为“尼玛达哇”，蒙古语称“纳喇萨喇”，都是太阳和月亮的意思。此地原为唐朝和吐蕃实行物资交流和两地使者往来的中转站。现在山隘上尚立有“日月山”三字的青石碑，山顶修有遥遥相望的日亭和月亭，山南脚下有流向独特的倒淌河。

玩家 解说

据说当年文成公主入藏途经此山时，登峰东望，不见长安故乡，悲从心起，身上的宝镜不小心掉下来，一分为二，一半化为金日，一半化为银月，日月交相辉映，照亮西去的征程。

倒淌河嘛呢石刻

石刻内容多是对神佛的祈祷尊崇

海南藏族自治州共和县境内

倒淌河嘛呢石刻文化旅游景点位于倒淌河至青海湖风景区8千米处，109国道左侧，是集嘛呢石刻、白塔、转经筒、敬香台及供佛台等景点为一身的旅游地。嘛呢石是高原人精神生活的寄托，是信仰驱动的产物。

嘛呢石刻的形式源于藏区原始的自然崇拜和万物有灵的观念，衍生于一种古老的被称为“拉则的山神崇拜”的祭祀石堆——灵石崇拜的祭坛。嘛呢石刻的内容更多的是表示对神佛的祈祷尊崇——顶礼膜拜和积累功德的虔诚之举。信徒们每过嘛呢堆必丢一颗石子或放一块刻有经文图符的石块，作

倒淌河

为一次祈祷。

北山湾温泉度假村

休闲度假的好场所

海南藏族自治州共和县恰卜恰镇以南约8千米处

北山湾温泉度假村地处黄河谷地，占地面积1000余亩，气候温和，植被良好，林木葱郁，周围环绕农田、林地，环境优美。度假村内设大型全封闭式温泉游泳馆一座，水源为346米的深层承压水，水温达34℃。度假村还设有蒙古式帐房餐馆等，日可接待游客300余人次。这是一处集休闲、娱乐、药浴为一身的度假好场所。

德吉滩旅游景点

重要的宗教场所

海南藏族自治州共和县恰卜恰镇东北部1千米处

“德吉”为藏语，意为“幸福”。德吉滩旅游景点建有十世班禅大师纪念塔，还有佛塔、大经堂、佛堂等，是广大信徒朝觐的重要宗教场所之一。此处香火旺盛，盛名远播，吸引了众多的省内外游客。周围树林密布，环境幽静，绿草如茵，是城镇居民休闲度假的首选之地。

新寺

共和县三大寺院之一

海南藏族自治州共和县原东巴乡上梅村和下梅村之间

新寺创建于1894年，属“黄教”寺院，为共和县三大寺院之一。新寺每年举行的宗教活动名目繁多，主要有跳神、诵经、晒佛等。最大的法会是藏历正月举行的纪念释迦牟尼的“毛兰”（藏语，意为祈愿会）和藏历十月二十五日纪念宗喀巴的“安桥”（藏语，意为宗喀巴圆寂纪念日）。法会期间，要举行跳神和晒佛等宗教活动，届时信徒纷纷前往顶礼膜拜，十分虔诚。

夏拉草原

环湖牧区主要的夏季草场

海南藏族自治州共和县境内，距恰卜恰镇20余千米

夏拉草原地处青海南山的峰峦之间，是环湖牧区主要的夏季草场，也是一片风光旖旎的辽阔草原。每到夏季，草场风景迷人，绿草如茵，野花遍地，鲜美的草蘑菇俯拾皆是，洁白的羊群如同一朵朵白云在绿地毯上浮动，远处牧羊人动听的歌声婉转悠扬，听起来令人心旷神怡。夏拉草原是夏秋季节野外旅游的好去处。

夏拉草原

景点推荐

祁连旅游区

祁连山草原

中国最美的草原之一

海北藏族自治州祁连县祁连山冷龙岭北麓

西宁长途汽车站每天有6班车开往祁连县

免费 全天开放

在祁连山草原，雪山、森林、草原、丹霞、峡谷、河流完美结合，形成了白雪皑皑、草原莽莽、森林浓密、河流潺潺的壮美景观。祁连山草原被誉为“中国最美丽的六大草原之一”。

祁连山草原的诱惑，除了秀美的草原风光外，还有当地牧民那淳朴的民风。来这里之后，你会看到草地上自娱自乐的牧民，他们会热情地邀请游人参加歌会，甚至还会让你分享他们的零食。

玩家攻略

推荐金秋时节来祁连山旅游，那时山顶覆盖着白雪，天空湛蓝清澈，金色的草原上星星点点地散落着牛羊，景色美得令人难以忘怀。

祁连山草原有2000多年的悠久历史，这里有很多好玩的地方，比如世界第二、亚洲第一的马场——山丹军马场，亚洲最大的半野生鹿驯养基地，油葫芦自然保护区等。

祁连草原上有几家当地牧民开的跑马场，峨堡、阿柔和默勒三乡镇各有1处。跑马场不但可以骑马，而且牧民家还有正宗青海老酸奶可以喝。这种酸奶又稠又香，青海人都很难喝到，所以有幸遇上，千万别错过。

玩家解说

祁连山山峰海拔多在4000~5000米，因而高山积雪形成了硕长又宽阔的冰川地貌奇观。祁连山的雪线位于海拔4000米的地方。雪线以

祁连县旅游交通示意图

上气温很低，常年积雪，基本不会有植物存活；但在祁连山雪线之上，却常常会有逆反的生物奇观出现。这里的浅雪山层中，有名为雪山草甸植物的蘑菇状蚕缀，还有珍贵的药材——高山雪莲，以及一种生长在风蚀的岩石下的雪山草，这三种植物并称祁连山雪线上的“岁寒三友”。

峨堡古城

依山而建的古城

海北藏族自治州祁连县峨堡镇

游客来此主要是包车游玩祁连、门源，或环游大青海湖区域等路过这里

免费　全天

峨堡古城是西宁至张掖的必经之地，自古为兵家必争的军事要塞。据《西宁府新志》记载：“（峨堡古城）在卫治西北，永安城西140里。元时筑，今遗垣尚存……且可遥制赤金之来路，诚为联络四郡之要冲也。”

现今，这里已成为祁连县峨堡镇政府的所在地。当年的那条古道已成为连接青、甘、新三省的国道，宽阔的柏油路上南来北往的汽车奔驰而过，不远处那座依山而建的古城堡，以及城内城隍庙、城外点兵台、烽燧等遗址至今依稀可见。

阿柔大寺

祁连地区最大的藏传佛教活动场所

海北藏族自治州祁连县阿柔乡

游客来此主要是包车游玩祁连、门源，或环游大青海湖区域等路过这里

免费

寺院全天开放，大殿开放时间为8:00～16:00

阿柔大寺也称为“阿力克大寺”，藏语法名“尕日登群派林”，意为“阿柔具喜宏法洲”，是目前祁连地区规模最大、最有影响力的格鲁派寺院，也是最大的藏传佛教活动场所。寺院建于清朝顺治年间，是阿柔部落头人为进京途中路经青海的五世达赖喇嘛而建的。

寺庙坐北朝南，前临八宝河，后靠贡白家隆山，由护法神殿、八宝如意塔、大经堂、住寺活佛府邸、僧舍等建筑组成。整个建筑错落有致，古朴典雅，不仅在祁连藏传佛教寺院和信教群众中享有盛名，在海北地区也颇具影响。

玩家攻略

阿柔大寺每年都有大型活动供游客参观或信徒参拜，如正月的祈愿法会、四月的守斋戒

会、六月的供养会和坐夏活动、十月的甘丹五供节以及显宗学院的四季学经期会等。

祁连石林

姿态万千，惟妙惟肖

海北藏族自治州祁连县

祁连石林又叫佛爷崖。牧民路过石林，总要下马叩头，跪拜一番，虔诚的信徒还要献上哈达等祭品，祈求神灵的保佑。

石林四季景色各异。春冬时节，大雪纷纷，石林身披银装，如擎天之柱；秋季，群山卸绿，石林矗立于金色的大地上，傲视蓝天。观赏石林之奇妙，当属夏天。盛夏时节，观赏石林，妙趣无穷。奇山怪石，青松云海，使人浮想联翩。成群的石像在蓝天的映衬下，姿态万千，惟妙惟肖。

牛心山

祁连县的必游之地

海北藏族自治州祁连县城东南2千米处

从西宁汽车站乘坐西宁到祁连县的班车即到

7:00～19:00

牛心山又称“阿咪东索”，阿咪东索是藏语，意为“众山之神”“镇山之山”。它被称为祁连的象征。牛心山地势平坦开阔，山势巍峨高耸，自西汉元狩二年（前121年）起即是养马屯兵的要地，如今更是游客来祁连县的必游之地。

对游客来讲，牛心山最吸引人的莫过于它能尽览四季风景：山体底部是春意盎然的高原河谷农家景象，有翻滚的麦浪和飘香的油菜花；向上是绿草如茵的优良牧场，人称“祁连山下好牧场”，夏意融融；中部广阔区域灌木丛生，是秋意浓浓的林海风光；再向上则从稀疏的植被逐渐过渡到石山，峰顶常年不化的积雪昭示着凛凛冬景。

玩家攻略

牛心山的主要景点有小东索和祁连石林。

牛心山

其中的小东索平时是当地人夏季野炊的好去处，茂密的草原和山底下涓涓不息的小溪使这里成为一处世外桃源。如果时间充足的话，不妨去看看。

近年来，随着祁连知名度越来越高，来攀登阿咪东索山的登山爱好者越来越多，但是在没有足够的安全准备前，千万别擅自攀登。

链接

祁连山的传说

相传在远古时期，祁连并非像今天这样物华天宝、资源丰富，而是妖魔称雄，汪洋一片。格萨尔王得知此情后，从西藏派了4位山神前来降妖除魔。山神来到祁连山塌窝处伏兵千名，结果一举获胜，阿咪东索之名也就由此而来。之后4位山神留在祁连，散播金银、繁衍牲畜，不久这里就成了“金银铜铁遍地、珍禽异兽成群、蘑菇大黄满山”的佳地。

冰沟林海

自然原始风景区的精华

海北藏族自治州祁连县冰沟村

目前没有公共交通前往，可选择自驾或包车前往

免费　全天

冰沟林海是祁连风光的主要景点，也是自然原始风景区的精华之所在。景区内原始森林密布，一年四季林荫蔽日，清泉飞流，环境清幽，是避暑度假、山水观光、休闲娱乐的理想地。

冰沟林海露营基地位于冰沟村东南方向2千米处，与县城有6千米的车程。走在景区，沿途便是雪山、森林、灌木、草原，再加

上穿梭在山间的盘山公路，有一种身在瑞士的感觉。

拉洞峡谷

谷内有许多迷人的旅游景点

海北藏族自治州祁连县八宝镇境内

“拉洞”是藏语，其地形酷似山羊的鼻梁骨，长约10千米，海拔在2750米以上，经八宝镇两村与八宝河交会。

谷内林区保护完好，且物种丰富，不但有青海云杉、祁连圆柏、金露梅、雪莲、冬虫夏草等，还栖息着一些珍稀濒危的野生动物，如狍鹿、白唇鹿、雪豹、盘羊、岩羊、棕熊、蓝马鸡、雪鸡等。谷内有许多迷人的旅游景点，供游客参观、游玩，主要有海洋古生物化石遗址、边墙梁、神仙洞等。

卓尔山 AAAA

西部最美的观景台之一

海北藏族自治州祁连县八宝镇

从西宁汽车站乘坐西宁至祁连县的班车即到

0970-8679114

旺季60元，淡季30元；门票包含乘坐环保车到山顶，有效时间延续到第二天8:00以前，因为有不少人一大早赶过来看日出

全天

卓尔山属丹霞地貌，由红色砂岩、砾岩组成，其藏语名字——宗姆玛釉玛，意为“红润皇后”，即由此得来。它是我国西部最美的观景台之一，也是众多游客祁连之旅必登的胜境。

站在卓尔山山顶，隔河相对的是一山尽览四季景色的阿咪东索山，左右两侧分别是拉洞峡和白杨沟风景区，对面是连绵起伏的祁连山，山脚下是水流滔滔的八宝河，一缕缕青云缠绕脚底，挺拔苍翠的青海松柏点缀其中，仿佛走在天境之上。冬季时，大雪覆盖卓尔山山顶，与对面雪山遥遥相望，若是此时前来，你会误以为进入了一个美丽的童话世界。

玩家攻略

在距离卓尔山不远的冰沟村有一处上台山坡，这里的油菜花因地形而尽现油菜花海的壮丽，是拍摄油菜花和青稞麦田的好地方。若是在祁连时间充足，尽量深入农村的田间地头看看，会发现一些景区看不到的真正美景。

链接

卓尔山与阿咪东索山的传说

传说，宗姆玛釉玛是龙界的公主。她深深爱上了守护祁连的山神——英武不凡的阿咪东索。后来，她甘愿冒犯天规，冲破重重阻碍想要嫁给他。龙王夫妇虽然坚决反对他们的婚事，但却无法改变女儿的决定，最后只能让她留在人间。当然，这样的选择也让宗姆玛釉玛付出了代价，她变成了一座石山。不过，她的恋人就在她的对面，与她终身相伴，共同守护着祁连的秀美山川。

卓尔山

黑河大峡谷
难得的人间仙境

海北藏族自治州祁连县

目前没有公共交通，建议自驾或包车前往

免费　全天

黑河是中国第二大内陆河，流经青海、甘肃、内蒙古三省区，被誉为“河西走廊的母亲”。神秘的黑河大峡谷就是黑河拦腰截断祁连山峰形成的。

黑河大峡谷可谓是一处难得的人间仙境。它峭壁裸露，河水湍急，坡缓滩阔，别有洞天；它气候变化多端，可能刚听雷鸣响过银峰，又会见到艳阳照着清泉；它动植物资源丰富，既有奇花异草密布，还有珍禽异兽出现……不过，因为这里周围是一片广阔的无人区，挑战难度比较大，真正来此的户外爱好者并不多。

玩家 攻略

由于黑河大峡谷景区目前开发尚不完全，喜欢探险的游客在出发之前，一定要做好充足的安全准备。

在峡谷内有一座当地裕固族所建的藏传佛教寺院——夹道寺，这是去往黑河大峡谷的必经之路，信仰佛教的游客不妨去看看。

祁连鹿场
游山玩水的最佳去处

海北藏族自治州祁连县二尕公路附近

祁连鹿场距离祁连县城40多千米，建议自驾或包车前往

8:00～18:00

祁连县有许多养鹿场，其中最出名的当属祁连鹿场——亚洲规模最大的养鹿场。这里群山环抱，地势开阔，特有的高原植被高杉柳、金鹿梅、沙棘广布，点缀着山间的花草树木。这里不仅是鹿群生活的绝佳之地，也是游人游山玩水的最佳去处。

1958年，鹿场初建时，只有当地的马鹿和白唇鹿，后来又从东北引进了梅花鹿，目

祁连鹿场商店的陈列品

前有1500只长颈鹿在此居住。游客可以在鹿场和已经被驯化的鹿合影，也可以在景区商店购买到正宗而不贵的鹿茸片、鹿血酒等滋补品。

玩家 解说

鹿场建设初期，饲养的鹿群全是由鹿场工人在祁连山上捕捉到的。捕捉野鹿的活动，实际上很是有趣。对于各个鹿场来说，这也是一项经营性的娱乐活动，因为野鹿是很有灵性的动物，捕鹿工人往往要跋山涉水、卧伏在雪山草地上几天才能捉到。捕捉回来的野鹿，大多都被放在铁丝围着的人造鹿圈里。若是有幸捕捉到鹿羔，那么鹿工就会将其驯化一段时间，再像放羊一样进行走圈放牧。

油葫芦自然保护区
雪山环绕，山峰陡峭

海北藏族自治州祁连县野牛沟乡境内

油葫芦自然保护区海拔3300～4800米，东西长27千米，南北宽约13千米，四周雪山环绕，山峰陡峭。

得天独厚的地理位置使油葫芦保持了最原始的地理风貌，境内生存的野生动物不仅种类多、数量大，而且多是珍稀濒危动物。它们在这里嬉戏玩耍，茁壮成长，生生不息。

进入油葫芦后的另一奇观便是，这里随处可见的嘛呢堆。刻满了藏族经文的岩石板

为这块神奇的土地蒙上了一层神秘的面纱，使油葫芦逐渐成为人们旅游探险和科学考察的好去处。

八一冰川

黑河流域的源头

海北藏族自治州祁连县野牛沟乡

目前没有公共交通，建议自驾或包车前往

免费　全天

八一冰川是我国第二大内陆河黑河流域的源头。该冰川是一个发育于平缓山顶的冰帽型冰川，是黑河干流河源区最大的冰川。

景区内满眼的冰川像瀑布从高山上垂下，非常壮观。如果是单纯的观景、拍照，无须特殊的户外装备。八一冰川夏天的景致略差，最好的时节是九十月。

大冬树山垭口

水草丰美的高山草甸

海北藏族自治州祁连县204省道附近

建议包车或自驾前往

免费　全天

大冬树山垭口海拔4120米，垭口两边是一望无际的水草丰美的高山草甸，羊群、牦牛散落在漫山遍野，在山坡上悠闲地吃草。此处还有一个休息站，游客们可以下车观赏风景，为之后的旅行稍做休息和准备。

俄博岭垭口

俄博岭的最高处

海北藏族自治州祁连县峨堡镇

国道227线的必经之地，建议自驾或包车前往

免费　全天

俄博岭垭口海拔3685米，是俄博岭的最高处，227国道与S304的交会点，也是从张掖到西宁的必经之路。垭口两旁是巍峨的高山，前方看似是路的尽头，转弯之后又是一片新景色。在古代，这里曾经是青藏高原与蒙古高原少数民族通商往来的站口，也是霍去病、隋炀帝曾经走过的地方。

古三角城

易守难攻的古城

海北藏族自治州祁连县黄草沟村

游客来此主要是包车游玩祁连、门源，或环游大青海湖区域等路过这里

免费

全天

三角城属宋代古城。古城遗址形状为梯形，东西长210米，南北宽120米，残墙高5米，夯筑。城东侧墙体正中位置有城门。城

大冬树山垭口

八宝河

门东侧有瓮城一座，瓮城门向南，呈三角形，面积约为4500平方米；东北和西北面城墙下挖有战壕，引山涧溪水环绕成护城河。

八宝河

河水清澈

海北藏族自治州祁连县八宝镇

游客来此主要是包车游玩祁连、门源，或环游大青海湖区域等路过这里

免费

全天

八宝河因八宝镇而得名。从县城向东，沿着河水一路都是茂盛的植物，河水在野柳、刺槐的掩映中静静地流淌，无比清澈。八宝河从县城东边绕过后，在油葫芦沟与黑河汇合，然后穿峡越谷流入甘肃省境内。

雪域温泉水世界

综合性旅游场所

海北藏族自治州祁连县卓尔山底八宝河畔

雪域温泉水世界包括娱乐场馆、人工湖、地热井以及绿化等配套项目。场馆项目主要包括：游泳池、温泉泡池、儿童戏水区、成人滑水区、餐饮区、健身康体中心、沙疗区、造浪池、演艺舞台、多功能大厅、休闲广场等。它是洗浴、娱乐、休闲、养生、温泉理疗等的好去处。

海北州乡村旅游休闲场所

海北祁连冰沟林海露营基地：该企业是本州县唯一一家生产经营野生经济植物和菌类以及特色民族旅游餐饮业的企业。其中，“峨堡”品牌山野菜、祁连鹿产品和祁连中药材深受消费者青睐。

13897506666

祁连县八宝镇冰沟

海北金银滩藏家风情园：占地面积239 760平方米，建筑面积900平方米，特色菜品主要有藏家一品鼎、藏家手撕牛排等。

13619709242、0970–8646888

海晏县西海镇西侧2千米处

景点推荐

门源旅游区

门源百里油菜花海 AAAA

一派高原田园风光

海北藏族自治州门源县浩门镇

西宁汽车站每天发往门源县的班车达十几班，3个多小时即到　6月至9月（花期为7月份）

门源县素有“门源油满街流”的说法。因在门源县的祁连山与达坂山之间的盆地处，有中国北方最大的小油菜基地。门源县的油菜种植范围西起浩门河畔的青石嘴，东到大通河畔的玉隆滩，北到与甘肃省交界的冷龙岭，南至高峻的达坂山，绵延数十千米。每年油菜花开时节，百里油菜花海成为门源的一道美丽且蔚为壮观的人造景观。

每年7月，浩门就成为花的海洋。站在河岸上向两边看，无边无际的金黄开在浩门河两边，如同两道镶了金边的银丝带般蜿蜒飘舞，与祁连山遥遥相望。此时，别具特色的高原田园风光，在蓝天白云的衬托下，会给人更丰富的遐想。

玩家攻略

门源的油菜花田大多海拔在3000米以上，部分游客可能会有一些高原反应。

门源的7月也非常凉爽，全天气温为10～20℃；如果遇到下雨天，最低气温会在10℃以下，看油菜花时，请注意保暖。

门源高海拔地区，全年注意防晒、防紫外线，特别是在夏季。

每年7月，门源百里油菜花海除了会举办一年一度的油菜花节外，还会有国际环青海湖自行车赛(门源段)和各种文体活动、大型物资交流会，非常热闹。

青石嘴元山观花台

观赏油菜花海的佳地

海北藏族自治州门源县青石嘴镇东北约2千米处

8:00～17:00

元山观花台是观赏百里油菜花海的最佳地点，也是每个来门源观花海的游客必到之地。这里是河谷平原当中隆起的一座圆形小山丘，四周都是平坦的田野，远远望去，它如同一颗镶嵌在花海中的明珠，照耀着花海。登上观花台，仿佛置身于花海中的战舰，可将祁连山冷龙岭与达坂山之间大通河谷平原的花海尽收眼底，尤其是依照字形设计的大地艺术会让你忍不住赞叹大自然的神奇。

玩家攻略

元山观花台虽然不是太高，但由于这里地处高原，海拔2900米左右，爬上去还是需要费些力气。若是雨后前来，记得带件外套，山上风大，可能会有些冷。

西宁每天有很多趟直达门源的班车，但建议乘坐西宁到青石嘴的班车，因为这里才是门源油菜花最壮观的地方；然后可以在青石嘴租车或步行前往门源县城，一路上都是油菜花，因而这条路被称为是中国最美的一条观光大道。

链接

门源油菜花观赏点

油菜花最佳观赏点除了青石嘴元山观花台外，还有两处：①县水泥厂的南山坡可以观赏门源浩门川油菜花全景和常年积雪不化的冷龙岭雪峰，但需爬40分钟的山；②从门源县城向北山的方向走，沿田间道路两侧有无边的油菜花，这是一个低视角观赏油菜花海的地方。

达坂山观景台

油菜花最佳观赏地之一

海北藏族自治州门源县与西宁市大通县的交界处

西宁新宁汽车站每天发往门源县的班车有十几班

免费　全天

达坂山观景台是门源油菜花的最佳观赏地点之一。在油菜花盛开的季节，来这里看漫山遍野的油菜花也是一个不错的选择。

从达坂山观景台可以眺望著名的岗什卡雪峰。另外，海拔3792米的达坂山公路隧道是西宁至张掖公路的咽喉要道，这里山势高峻险要，道路坡大弯急，素有"鬼门关"之称。

门源县旅游交通示意图

油菜花风光

青海 20 个最美观景拍摄点

●青海湖

青海湖是中国最大、世界第二大的内陆咸水湖，水域面积达4500平方千米。青海湖碧波荡漾，水天一色。2005年，被《中国国家地理》杂志评为“中国最美五大湖”之一。

●坎布拉

坎布拉国家地质森林公园是国内最丰富和最美丽的丹霞地貌风景旅游区之一。坎布拉风景区湖光山色相映成趣，民风民俗颇具特色。

●二郎剑

二郎剑景区在青海湖东南侧。在湖岸上可望到北岸的大山。在景区东部的湖上，有一条狭长的略高于湖面的长堤。游人可在长堤上观湖水、观鱼，在岸边摄影。

●塔尔寺

塔尔寺是一座典型的藏汉建筑风格相结合的佛教寺院，是蜚声海内外的藏传佛教圣地。特别是寺内珍藏的壁画、堆绣、酥油花，被称为“艺术三绝”，驰名中外。

●祁连风光

7月是祁连风光最美的季节。沿着祁连山脉一路走来，奇花异草争奇斗艳，各种自然景观尽现眼前，可谓“一山尽览四季美景”。走近祁连山脉，让人如醉如痴。

●卓尔山

卓尔山是众多游客祁连之旅必游的胜境。站在烽火台上，眺望整个祁连美景的时候，犹如身在仙境一般。

●龙羊峡水库

龙羊峡水库已成为美丽的旅游景点。大坝锁黄河，高峡出平湖。碧波荡漾，湖光山影。乘游船绕湖一周，苍穹碧野，心旷神怡。

●黑河

黑河是我国第二大内陆河，流经青海、甘肃、内蒙古三省区。干流自宝瓶河向北95余千米，从海拔仅有1800米的加木沟口奔腾而出，在祁连山区造就了一个神秘的峡谷地带。

●冷湖俄博梁雅丹地貌

柴达木冷湖有大面积的风蚀残丘，沙丘较大而密集，又称沙蚀林。雅丹林远远望去奇形怪状，千姿百态，十分壮观。

●年保玉则

年保玉则的主峰——则珠峰终年积雪，有面积约8平方千米的高原冰川。壮观的冰体与鬼斧神工般陡峭的山岩和180个湖泊，为年保玉则披上了一层神秘的面纱。

照壁山观景台

观赏油菜花的最佳地点之一

海北藏族自治州门源县浩门河南岸

西宁新宁汽车站每天发往门源县的班车有十几班

8:00~18:00

照壁山山体高大雄伟，其形如桃，桃峰直刺云天，横断面成壁，与宋代浩门古城的南门正面相对。西侧还有一座文静秀气、玲珑可爱的小山，称为小照壁。大小照壁山壁面遍生云杉，间有灌木丛生，常年碧翠，相互依偎，景色壮观，被列为门源古八景之一，称之“照壁凝翠”。

照壁山观景台是就近观赏油菜花的最佳地点之一。因为属于坡地景观，油菜花和青稞田错落分布。沿石阶上山到达最高处的

照壁山观景台

● 阿什贡

位于贵德国家地质公园的阿什贡七彩峰丛地貌多姿多彩，秀丽壮美；麻吾峡风蚀地貌鬼斧神工，变幻无穷；黄河景观一览无余，如花似锦；龙羊峡谷陡峭险峻，气势磅礴。

● 鄂陵湖

鄂陵湖烟波浩渺，波澜壮阔。上午，湖面风平浪静；下午常常天气剧变，大风骤起，平静的湖面波涛汹涌，浪花拍岸，景象极为壮观。

● 牛头碑

这里地势高寒、潮湿，地域辽阔，牧草丰美，自然景观奇妙，是难得的旅游观光胜地。蓝天白云之下，起伏连绵的青山和闪亮的碧波，交相掩映，分外妖娆。

● 达日黄河谷地

滔滔黄河绕过阿尼玛卿大雪山后，在青海高原留下一个长达400多千米的弧形谷地。这里海拔2000米左右、年降水量300~400毫米，气候湿润，风光宜人。

● 门源百里花海

7月是门源最动人的季节。油菜花海波腾起伏，30万亩油菜花编织成金色的地锦。百里流金，百里醉人。

● 循化绿色家园

地处黄河沿岸的循化，四面环山，黄河从县境贯穿而出，形成了优美的风光。循化的旅游资源十分丰富，有风光秀丽的自然景观和底蕴深厚的人文景观。

● 花海芬芳浴

门源县的花海芬芳浴美名远播。沁人的芳香，轻松的乐曲，纯正的蜂蜜水，四周群花环抱，游人可尽情享受花海芬芳的沐浴。

● 茶卡盐湖

这里是世间的天堂。若是晴天，这里便是一望无垠的白色世界，湖中漂浮着冰山一般的盐块，配以压低整个天际的云彩，美得令人窒息。

● 隆务寺

黄南隆务寺是甘、青六大藏传佛教名刹古寺之一。隆务寺所处的同仁县是世界非物质文化遗产——热贡艺术的发祥地，被誉为“藏族画家之乡”。

● 当代山观景台

在当代山观景台可以一览“新玉树、新家园”结古镇全貌。

观景台，可以远眺祁连雪山，俯瞰百里花海中央的浩门镇。此外，这里还是看日出、日落的绝佳地点。

花海鸳鸯

爱情鸟的乐园

海北藏族自治州门源县浩门镇西部皇城大草原内

可在浩门镇包车前往

¥30元 8:00~17:00

花海鸳鸯又称乱海子、眼睛湖，是门源一处独特的自然景观，曾被列为门源古八景之一。这里是高山珍稀水禽的自然保护区。每到春夏季节，这里会有近百只藏鸳鸯成对嬉戏，因而花海鸳鸯又有“爱情鸟的乐园”之称。

在景区周围是八瓣莲花似的山包，汇聚

门源花海

有108处泉眼。在岗什卡雪峰的映衬下，花海鸳鸯如同一面镶嵌在雪域高地的镜子，熠熠生辉，光彩照人。夏季，这里白云蓝天、晶莹剔透的雪峰、翠绿无际的草原、星罗棋布的湿地湖泊、驰骋大地的浩门马、一对对藏鸳鸯及随处可见的牛羊群，一派生机盎然，美不胜收。

链接

《西游记》与花海鸳鸯的传说

据当地人说，花海鸳鸯还与唐僧西天取经有关。当年师徒四人路经万寿山五庄观时，孙悟空曾在八戒怂恿下打翻人参果树，结果惹出大祸，直到观音用净瓶水救活了那颗仙树。不知过了多少年，当年观音菩萨停放过莲花台的地方，神奇地长出8座山来，在这八宝莲花山的中间又渗出一汪又一汪泉水，而且这水越积越多，后来成了一潭湖水，于是人们将它唤作“花海”。之后，因为这里常年有藏鸳鸯停留，花海又被改为花海鸳鸯。

花海芬芳浴景区

多元素旅游功能景区

海北藏族自治州门源县苏吉湾乡苏吉湾村

西宁新宁汽车站每天发往门源县的班车有十几班

8:00~20:00

花海芬芳浴景区是一处集花海沐浴、休闲娱乐、餐饮为一身的多元素旅游功能景区。这里有大片的油菜花海，有雪山草原，有观光栈道，也有民俗表演广场，是门源一处具有一定影响力的王牌旅游景点。

每到油菜花盛开时节，络绎不绝的游人来此，沐浴在成片花海的芬芳中，或静静地品茶、看书，或晒太阳、发呆，很是惬意。喜欢甜食，还可来杯蜂蜜水。沐浴在花海中，绝对是人间最美的享受。

门源古城

门源县城旧址

海北藏族自治州门源县境中部

门源古城高踞在浩门河北岸的一块台地上，隔河与照壁山相望。这里是门源县城的旧址。城垣呈长方形，城墙有马面，有瓮城呈半圆形。在靠近城墙的地方原有城壕，现在基本被填平，没有任何建筑物。

根据《西宁府新志》及《大通县志》记载，古城建于宋代，至于被毁的原因，民间只流传着骆驼客屠城的传说。如今，在城墙西北角还竖有青海省人民政府的石刻保护标志。

克图古城

宋代古城遗址

海北藏族自治州门源县浩门镇

克图古城即宋古骨龙城、震武城。城垣依地形呈三角形，当地群众叫三角城。遗址基本完好，残垣高4~10米、底宽12米、夯土层厚9~11厘米，城墙有马面，瓮城门开到西侧。现城内住有农户，有农田。据考建于宋徽宗政和六年（1116年）。

仙米林场

青海面积最大的林区

海北藏族自治州门源县城东40千米处

建议自驾或包车前往

全天

仙米林场又称仙米国家森林公园，是青海省面积最大的林区，覆盖了门源县东川、仙米、珠固3个镇。

它是由高山、峡谷、奇峰、悬崖和溶洞构成的复杂的地貌群，造就了雾山、奇峰、悬

仙米林场

崖、峡谷和溶洞等奇特的自然景观。其中，最出名的是幽深险峻的仙米峡谷。该峡谷沟壑纵横，地形险要，风景雄奇俊秀，是避暑旅游的理想之地。

班固寺
古老的寺庙

海北藏族自治州门源县克图镇

班固寺藏语称“班固贡曼卓通哇达杰林”，意为“班固成熟解脱闻思兴旺洲”。该寺初建于五世达赖喇嘛阿旺罗桑嘉措（1617—1682）时期，约在清顺治年间。

对其创建者说法不一，《如意宝树史》中为霍尔曲结，而《黄琉璃》则云由霍尔然坚巴·罗桑顿珠倡建，亦云由第一世敏珠尔活佛阿旺赤列伦珠（1622—1699）以墨尔根洪台吉为施主创建此寺。同治元年（1862年），班固寺正式修建了大经堂、佛堂、僧舍等。

朱固寺
广惠寺的属寺

海北藏族自治州门源县

据《安多政教史》记载，早在明代后期，这里已有一座藏僧的修行静房。该寺建成后，最初为显宗学院，以后又增设密宗学院。后因水患被毁。赞布·顿珠嘉措建成朱固寺后，于1650年开始建广惠寺，故历史上有朱固寺为广惠寺之母的说法，但广惠寺为赞布转世系统的根本道场，其势力和影响远远超过朱固寺，故一般将朱固寺列为广惠寺的属寺。

永安古城
地域辽阔，环境优美

海北藏族自治州门源县

永安古城始建于清雍正三年（1725年）。古城是抚远大将军年羹尧镇压罗卜藏丹津叛乱后，为稳定西北边境、繁荣西部经济，在甘肃、青海通道咽喉之畔建立的永安营。

夏季这里风景分外娇媚。城内地域辽阔，环境优美。这里经常举行赛马会，一队队青海良马浩门马在城墙下健步如飞，扬起一路风尘，使人感到有马踏飞鹰之感。城外九道岭与西凤山相望相守，令人无限遐想。永安城一带美丽的天然牧场上，还盛养着善走如飞的良马——大通马，这种马就是古代驰骋中原战场的名驹“青海骢”。

岗什卡雪峰
门源古八景之一

海北藏族自治州门源县

免费

全天

岗什卡雪峰，亦名“冷龙岭主峰”，是祁连山脉东段的最高峰，也是门源境内群山之首。雪峰集现代冰川的壮观和完整的植被带为一身，峰顶有百万年冰川，积雪终年不化。每当夕阳西下，晚霞轻飞，山顶晶莹白雪熠熠闪光，时呈殷红淡紫、浅黛深蓝，犹如玉龙遨游花锦丛中，暮霭升腾，被称为“龙岭夕照”，是门源古八景之一。

由于海拔不高，这里是旅游爱好者登山探险的理想场所，亦可作为登山、山地纵走的训练基地。

岗什卡雪峰

景点推荐

贵德旅游区

贵德古城

保存完整的古城

海南藏族自治州贵德县河西镇北大街

可在西宁建国路汽车站或者南川西路汽车站乘坐开往贵德县城的长途汽车

60元 全天开放

贵德古城是一处保存完整的明清古建筑群，也是青海乃至西北地区保存最为完整的古城之一。历史上的丝绸之路、唐番古道在境内交错延伸，使得这里成为通衢要道，才有古城最初的面貌。

古城呈正方形，为夯筑土城，城四周有护城河，现存东、西、北三面城门，规模宏大，建筑风格复杂多样。它的东半部建有供奉孔子的文庙，供奉关羽、岳飞、马祖的关岳庙（武庙）和供奉玉皇大帝、文昌诸神位的万寿观（玉皇阁）；西半部建有大佛寺、城隍庙和图书馆等建筑。贵德古城展示了古代建筑艺术的成就，观赏价值较高。

玩家攻略

每年4月末5月初，贵德县都会举办大型“梨花艺术节”，届时处处散发着梨花的芬芳，游客络绎不绝。艺术节期间，在梨园、林地和河边，会欣赏到怒放的梨花，而且还会举办物资交流、商贸洽谈等活动。

每年农历六月二十二，贵德会有“六月会暨物资交流大会”活动，这是演唱“花儿”与藏族“酒曲”的盛会，已有十几年的历史，如果有幸赶上，不妨凑凑热闹。

文庙

贵德文庙始建于清嘉庆元年（1796年），后来被毁，于光绪三年（1877年）重修，是青海省保护最为完整的一座文庙。

它由棂星门、泮池、戟门、乡贤名宦祠、东西配殿和大成殿等建筑组成，是历朝为县城立学、崇敬老师而修的学宫，也是文人祭祀孔子和集会的场所。

武庙

武庙即关岳庙，是关羽和岳飞的合祠，又称马祖庙。武庙位于玉皇阁东侧，是军旅、戍边将士拜谒的场所。武庙修建于清朝光绪年间，现在供奉关羽、岳飞、马祖、赵公明等神像。

武庙建筑包括砖雕照壁、门楼、钟楼、鼓楼、过厅、正殿、东西配殿等。整个武庙的建筑高低错落，结构紧凑，布局精巧。

玉皇阁

玉皇阁坐北朝南，三层阁楼用回廊木梯相连接，雕梁画栋，飞檐斗拱，在贵德古八景中有"仙阁插云"的美誉。

玉皇阁建在三层砖包土筑的高台上，为三层歇山顶式阁楼，通高25.5米，相当于八层普通楼房高。从上往下依次代表天、地、人，寓意天人合一、阴阳合化。玉皇阁底层挂着题有"山河一览"的木制匾额一块。正中的大成殿是玉皇阁古建筑群中单体面积最大的建筑。

南海殿

观看贵德湿地的佳地

海南藏族自治州贵德县河阴镇南海殿田园村

建议自驾或包车前往

50元　9:00~17:00

南海殿是梅茨山山麓的一个道教、汉传佛教、藏传佛教相依并存的旅游胜地，在贵德古八景中有"南海溪声"的美誉，也是观看贵德湿地的最佳地点。

南海殿建于明清时期，于民国时增修而成。整座建筑依山顺势，由牌坊、山门、三清宫、过厅、三世佛殿、十八罗汉殿、送子观音殿、西王母宫、文峰亭、观音雕塑、龙脉碑亭组成，气势恢宏，错落有致。南海殿已成为众多香客心中的福地。

贵德古城玉皇阁

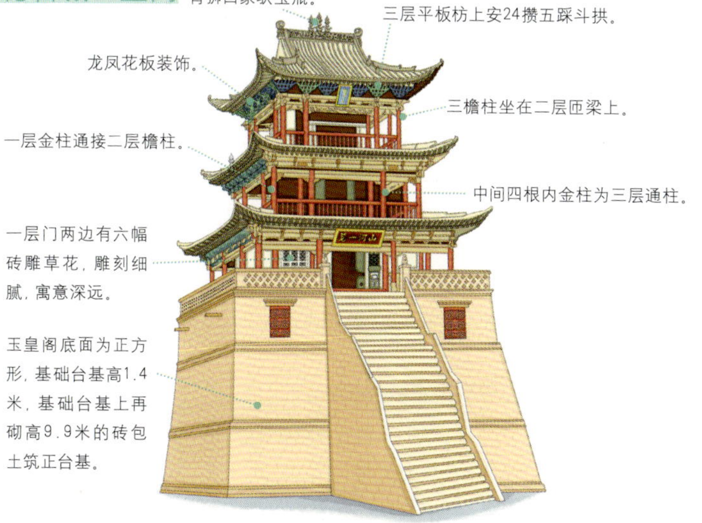

中华福运轮 AAAA

世界上最大的转经轮

海南藏族自治州贵德县黄河南岸

建议自驾或包车前往

60元

8:30～18:00

转经轮是藏传佛教中的重要法器，在藏区随处可见，但像中华福运轮这么高大的，只能在贵德县见到。它是世界上最大的转经轮，已获得吉尼斯世界纪录证书。该转经轮自上而下用紫铜以浮雕形式铸造，外镀金箔，浮雕锻铸有菩萨像、经文等宗教图案，看上去极为壮观大气。

中华福运轮底座像一朵完全盛开的莲花。入口上方巨大的蓝色牌匾上用藏、汉两种语言书写着“中华转经轮”以及题词者的署名。该匾额由十一世班禅所题，很有价值。

玩家 解说

转经轮最上面是8尊佛像，中间是吉祥八宝图，底部是16尊佛母。整个经筒巨大雄浑，制作精美，令人叹为观止。听说经轮内藏有200部《甘珠尔》，围着其转一圈，就等同于念颂200遍《甘珠尔》之功德。

大禹治水广场

欣赏贵德风光的绝佳地

海南藏族自治州贵德县黄河北岸的虎头崖

大禹治水广场由山门、8个六角亭、大禹雕塑、花岗岩浮雕、观光长廊、绿化带、黄河石等几部分组成。登上虎头崖，可以凭吊大禹治水的丰功伟绩，可拜读名家撰写的《贵德大禹治水纪念碑文》，可俯视脚下清清黄河蜿蜒东流，也可欣赏贵德优美的风光。

黄河清湿地公园

丹山碧水，恰似江南

海南藏族自治州贵德县尕让乡黄河滩村

建议自驾或包车前往

免费 全天

黄河清湿地公园又叫千姿湖，是西宁到

中华福运轮

贵德路上的一片生长着芦苇和野花的湿地。在贵德这样常年干旱少雨的地方，能有这么一片宽广的湿地，实在是难得。湿地公园以苍凉壮阔的山脉为背景，在丹山碧水之下，能让人体会到一种“抬头是高原，低头似江南”的感觉。

玩家 攻略

喜欢摄影的游客，可以在深秋季节去黄河清湿地公园，那时是观赏和拍摄此地景色的最佳时节。值得注意的是，在游览黄河清湿地公园时，千万不要私自徒步进入，以免发生危险。

水车广场

看“黄河清”的好地方

海南藏族自治州贵德县黄河滩村黄河清湿地公园

门票和停车场免费，游艇50元　全天

这里是看“黄河清”的好地方。广场上前国务院副总理钱其琛题词的“天下黄河贵德清”的巨石和《黄河少女》石膏像引来无数游人与之合影。

水车广场是以黄河水车为主体建筑的音乐广场。水车直径10米，为木质结构。黄河水车造型古朴、典雅，它与蓝天、碧水、丹山一起勾画出一幅动人的黄河风景长卷。

贵德国家地质公园 AAAA

被称为“高原小江南”

海南藏族自治州贵德县尕让乡阿什贡村

自驾车旅游十分方便，沿101省道行驶即可

100元　8:30~17:00

贵德地处黄土高原与青藏高原的过渡地带，四面环山，南北高，平川开阔，土地肥沃，因而被称为是“高原小江南”。

贵德国家地质公园是一处以自然地貌景观为主要特征，以多样生态景观和丰富人文景观为特色的综合性地质公园。景区包括阿什贡园区、黄河河谷园区、麻吾峡园区3个主园区，是观光旅游、休闲度假、科普教育和科学研究的极佳场所。

阿什贡园区

阿什贡园区又称七彩峰丛景区，是贵德国家地质公园的核心景区。景区以“地脉绵延根在地，人缘千古情为源”为内涵，以“七彩峰丛、轩辕后土”为主题，并由13个以“土”为核心的主题广场和7条色彩不同、造型各异的丹霞峡谷组成。其中，景区的丹霞地貌十分奇特，山峰突兀林立，地质造型古怪神奇，尤其是女娲峡、千佛峡、通天峡等都是世界上罕见的自然奇观。

玩家 解说

阿什贡的丹霞地貌是地球内外营力的杰作。白垩纪至第三纪红色砂砾岩层，因为黄河水下切和喜马拉雅造山运动隆升的作用，从地层深处渐渐裸露出来，又经过千万年流水的侵蚀和风的雕凿，便形成了千姿百态的耸岩峭壁。

这里赤壁丹崖广泛发育，形态险峻，多为顶平、身陡、麓缓的方山、石墙、石峰、石柱等，观赏价值很高。

黄河河谷园区

黄河河谷园区为贵德国家地质公园的三大园区之一。“天下黄河贵德清。”这里尽现与众不同的繁花似锦般的黄河景观。此处的黄河水清澈见底，毫无浑浊感；周边的黄河吊桥、黄河水车广场则为其增添了更多神韵。夕阳西下，古朴的黄昏与蓝天、碧水、白云构成的是如诗如画的别样黄河景观。

贵德国家地质公园

也纳塔为土筑包砖，上建圆桶形佛龛，青砖砌成，白灰抹面；上竖13层柱状宝顶座，上端装有日月宝顶。宝塔雄踞黄河南岸，塔形宏伟壮观，塔尖宝顶耸入云霄。

麻吾峡园区

麻吾峡园区是一处展示麻吾峡风蚀景观的地方。麻吾峡为南北走向，峡谷两边山峰矗立，耸立的山崖上有诸多圆形或不规则椭圆形的小洞穴和凹坑，这是劲风吹动沙粒或尘粒撞击裸露的岩壁表面而形成的。这些洞穴、凹坑构成了各式各样的景观，如“仙人指路”“百鸟朝凤”“风霜老人”等。景区的景观惟妙惟肖，变化多端。

也那寺
贵德古八景之一

海南藏族自治州贵德县河阴镇城东区

建议自驾或包车前往

免费

也那寺又称“贵德白塔”，因也纳氏族为主所建而得名。初建于唐代。相传塔基底部埋有避水宝珠，经黄河千百年冲刷，仍不坍塌，被誉为“避水宝塔”，是贵德县古八景之一。

拉脊山
气候多样，绿草如茵

海南藏族自治州贵德县东北部

建议自驾或包车前往

免费　全天

拉脊山又名拉鸡山，藏语称“贡毛拉”，意为“嘎拉鸡（石鸡）栖息的地方”。山顶最高峰海拔4524米。拉脊山是湟中与贵德的分界线，为西宁至贵德的必经之地，也是黄土高原和青藏高原的一个分界线。

由于海拔较高，山上气候类型多样，开车上垭口时一日内可以经历雨、雪、雾、岚、阴、晴、霰等气候景观。这里的红山嘴草场坡地平缓，水草丰茂。每当夏季来临，山坡上绿草如茵，繁花似锦。

拉脊山牧场

贵德县乡村旅游休闲场所

海南贵德黄河山庄：占地约4800平方米，院内环境雅致、风景宜人，干净卫生、服务周到，是旅游者就餐、住宿的理想选择。特色菜品主要有当地牛羊肉、农家土鸡、黄河鱼、野兔系列、当地特色蔬菜、面点等。

0974-8553169

贵德县河阴镇城北村四社（港公路98号）

海南贵德清真三一园：占地约2100平方米，建筑面积860平方米。特色菜品主要有烤全羊、土鸡、黄河鱼、小吃等。

0974-8550076

贵德县河阴镇张家沟三社

扎仓温泉

被誉为"佛泉圣水"

海南藏族自治州贵德县西南方向15千米处

建议自驾或包车前往

当地藏族群众把扎仓温泉称为"德仁吉曲库"，意即"平安、幸福的热水泉"。由于药效神奇，每年有近4万名省内外游客慕名前来沐浴疗养，众游客皆称其为"佛泉圣水"。

整个热水矿泉区现有24眼大小不同的泉眼，源头水温达93℃，水质透明无色，属多微量元素弱碱性硫黄矿泉水，可直接饮用，可治愈多种疾病，尤其对风湿劳损、神经疾患、消化系统疾病、皮肤病有奇特的疗效，久浴还兼具美容、保健、减肥的功效。

琼毛寺

古老的雍仲本教寺院

海南藏族自治州贵德县河西镇南约13千米外的瓦家村

建议自驾或包车前往

免费

琼毛寺是贵德县河西镇瓦家村的一座本教寺院，也是安多最古老的雍仲本教寺院之一。1351年，年逾50岁的索僧东巴益喜坚赞在此动工兴建三层阁楼式经堂，由此奠定了琼毛寺的基础。当时，经堂内供奉的塑像包括三世佛、八大菩萨、德拉护法神尊、玛赞护法神。此外，经堂内还有显密各本尊的壁画，还有本教佛经、像、塔等。索僧东巴益喜

扎仓温泉

坚赞以该经堂为基地弘法，后人遂将索僧东巴益喜坚赞誉为本教的第二佛陀。

荣一寺
上下兰角二寺之一

海南藏族自治州贵德县东沟乡上兰角村

荣一寺亦称“龙西寺”“荣乙寺”等，与拉扎寺一起史称“上下兰角二寺”。《如意宝树史》云，一为兰角崔臣坚赞的静房，一为兰角夏茸的寺院。《安多政教史》则云，荣一寺初由朱活佛修建，称之为“阿达尔群佩林”，后由荣一喇嘛任住持，遂称“荣一扎仓”。该寺于1986年批准开放，现有殿堂6间，僧舍15院55间，寺僧12人。

尕让寺
安多藏区密法的中心

海南藏族自治州贵德县尕让乡

尕让寺四周地呈莲花，自然形成莲花宝洲。寺庙坐落在多丹护法神山的山腰，山上至今还保存有几处莲花生大师修行的山洞。

尕让寺建寺已有1000多年，历代成就者无数，尕让寺已经成为宁玛心髓和新伏藏法修行的中心，也是安多藏区密法的中心。

黄河奇石苑
颇具魅力的私家园林

海南藏族自治州贵德县尕让乡阿什贡村

0974-8561262

黄河奇石苑，雅号裸苑。石苑是一座以巨型万年奇石和参天百年古树点缀而成的黄河流域唯一的奇石公园，青藏高原最具魅力的私家园林。

奇石苑将奇石观赏、生活情趣、做人之道以诗石结合的方法，用各具特色的三苑（裸苑、诗苑、磨苑）形式，以中华民族的母亲河——黄河为背景，用磅礴的黄河文化展示出华夏文明的风采。

玩家攻略

季节特色：春季，梨花、杏花烂漫，果树成荫，山清水秀；秋季，瓜果飘香；冬季，沸泉冬温。

常设旅游活动：4~5月梨花节、黄河文化节；7月“六月拉则”会、环青海湖国际公路自行车赛。

黄河奇石苑

景点推荐

海南州南部景点

赛宗山

酷似一头饮水巨象

海南藏族自治州兴海县中部

赛宗山是安多地区藏族群众传说中的三大著名风景区之一。藏语统称为“三宗”，即普郎样宗、安窘南宗、迪毛宗。迪毛宗就是赛宗山，意为“猴子的山寨”。

远远望去，赛宗山酷似一头饮水巨象，象鼻下垂于寺前切莫沟。山上沟壑纵横，洞窟遍布；苍松古柏，葱茏秀丽；有许多充满神秘色彩的地名，如“吉祥坡”“如意奶牛蹄”等。

赛宗寺

与格鲁派六大寺齐名

海南藏族自治州兴海县赛宗山上

赛宗寺藏语称“扎嘎者宗托桑云丹达吉林”，意为“白岩猴寨闻思功德兴隆洲”。赛宗寺由活佛阿绕仓于民国十二年（1923年）创建，隶属于隆务寺。

主体建筑百柱大经堂可与西藏甘丹寺大经堂相媲美，内供阿绕仓大师、兜率天众、十六尊者等巨型塑像和千佛铜像以及全套大藏经、《宗喀巴师徒全集》等许多经典，另有无数曼遮、象牙、托钵、净水杯、银灯、铜灯等贵重法器。殿堂内有释迦牟尼、莲花生、宗喀巴以及阿绕仓的金身塑像。藻井、墙群的绘画既有佛经故事，又有动物山水，绚丽多彩，栩栩如生。每逢藏历猴年，数以千计的信教群众从各地来此朝拜、转山，盛况空前。该寺佛像、佛经、佛塔等极为丰富，与格鲁派六大寺齐名。

直亥旅游景区

空气清新，森林茂密

海南藏族自治州贵南县过马营镇东南部63千米处

直亥景区具有独特的高原气候，山大谷深，空气清新，森林茂密，流水潺潺，环境幽雅，风景优美，既有神奇的神话传说，又有含多种矿物质的温泉，还有茂密秀丽的天然植物园等自然景观，是盛夏人们避暑、旅游、休闲的理想之地。

直亥景区主要分布在央宗沟、德孔沟和秀让沟，主要景点有全县海拔最高（5011米）、山顶常年积有皑皑白雪的阿尼直亥雪山；有常年水温保持在40～60℃、富有神话传说能治百病的108眼直亥温泉；有一年365天中只有在农历五月初五这天流淌的直亥岗曲泉；有景色秀丽的美女林（莫曲沟林）等。

塔秀寺

青山环绕，幽静庄严

海南藏族自治州贵南县西南15千米处的佳哇达穆玛山谷

塔秀寺全称“塔秀寺清净持戒洲”，青山环绕，幽静庄严。塔秀寺曾是甘青地区主要的讲经传法道场，前来接受灌顶、聆听教戒的僧俗信徒络绎不绝，名望日益兴盛。

现全寺建筑260余间，大经堂、小经堂、嘛呢转经房、佛邸、僧舍依山势层叠塔秀寺而上，错落有致。大经堂坐西朝东，位于寺院正中，包括一个以走廊环绕而成的长方形庭院和1座面阔5间、进深5间的双层平顶大殿。廊内整齐地排列着嘛呢转经筒。穿过庭院，拾级而上，即可进入大殿。大殿为藏式平顶二层砖木结构，正面中供十世班禅大师画像，两侧供奉文殊菩萨和释迦牟尼塑像。建筑富丽堂皇，布置庄严肃穆。

塔秀寺

玩家 攻略

塔秀寺的主要宗教活动为法会。塔秀寺时常接受“菩提道次第论”，四季作开光灌顶，每月上旬举行长善净恶仪轨，每月12日为三护法神诵经祈祷，另有每年正月十一日的晒佛节。该寺活佛央增罗桑克珠嘉措精通佛学，造诣深广，在贵南地区宗教界很有威望，多次在塔秀寺或应邀到其他寺院主持万人参加的时轮灌顶佛事活动。

鲁仓寺

尼尔仓活佛所建寺院

海南藏族自治州贵南县茫拉西北2千米的哈买日山根

鲁仓寺藏语称“鲁仓讲修兴善洲”，又因系尼尔仓活佛所建寺院，亦称“尼尔讲修兴善洲”。由尼尔四世罗桑却吉尼玛建于清光绪十五年（1889年）。尼尔仓本为今贵德县常牧乡尼尔寺活佛。全寺有房屋955间，其中称作“恰当玛”的大经堂、“拉康赛当玛”的大殿及“鲁什则拉康”殿各1座，为该寺主体建筑，计142间。

赛力亥寺

同德县第三大格鲁派寺院之一

海南藏族自治州同德县唐谷镇赛力亥龙哇中部

赛力亥寺系同德县第三大格鲁派寺院之一，全名尕丹彭措旦杰林，属格鲁派西藏色拉寺系统。清康熙三十四年（1695年），西藏色拉寺格西德周和扎什伦布寺格西藏哇仓受五世班禅的委派，携带佛教珍品到青海安多地区修建寺院。后寺院所有建筑物被毁。1985年重建佛殿一座，修建僧舍及其他房屋200余间，旦正康、言力亥康等藏有1千多卷经书。

兔儿滩遗址
马家窑文化半山类型

海南藏族自治州同德县巴沟乡团结村南侧

遗址是团结村农民在20世纪70年代中期进行农田基本建设时偶然发现的。1983年，青海省文物考古队试掘后，确证为马家窑文化半山类型，具有母系氏族制的特点。

随葬品中出土文物25件，这些文物大体可分为两类：一类为泥质红陶器，陶质细腻，呈砖红色，泥条盘筑手制彩绘；一类为加砂粗红陶系，陶质坚硬火候高，胎壁薄，其中5件带有黑彩。这些文物为研究黄河上游最西端马家窑文化半山类型的形成和发展，提供了十分重要的依据。

斗后宗古城遗址
易守难攻之古城

海南藏族自治州同德县巴水乡政府东约10千米的尕日干曲北岸

斗后宗古城遗址为唐汪文化遗址。遗址呈不规则椭圆形，南为尕日干曲，东、西、北三边以沟壑与南巴滩隔断，形成易守难攻之古城。

城北偏西有一门阙，据说是城门。城内地势较平坦，中间有一圆形土台。城内西南部，古建筑遗迹依稀可辨。斗后宗古城遗址的发现，对研究黄河上游原始社会向阶级社会过渡的历史提供了极为重要的实物资料。

南巴滩草原
壮阔平坦，百花齐放

海南藏族自治州同德县

南巴滩草原之美在于壮阔和平坦。整个草原面积竟达50万亩之多。每到夏季，大地吐绿，南巴滩草原被装扮得犹如绒毛地毯，不论是白花、黄花，还是雪莲花、馒头花、赛欠花、金女花，像约好了似的，争奇斗艳。到了七八月，南巴滩草原上千顷油菜花同时绽放，引来无数游人驻足观赏。

同德河北森林
松枝柏枝相映成趣

海南藏族自治州同德县

同德河北森林天然林区森林资源丰富，林区总面积8116公顷。区内古木参天，芳草没膝，山花烂漫，鸟雀鸣啾，松枝柏枝相映成趣。林区民族文化活动丰富多彩。同德县藏族人口占90%，藏族能歌善舞，民间艺术文化水平高。林区附近经常举办一些大型演唱会、赛马会，吸引着八方游客。

南巴滩草原

攻略资讯

- 交通
- 住宿
- 美食
- 购物
- 娱乐

交通

火车

青藏铁路横穿海北州境南部海晏、刚察2县的湖滨地区。其中，干线1条、支线3条，通车里程为490千米。海晏火车站位于海北州海晏县，火车站有从西宁等城市开来的火车，且本站距离青海湖等景点较近，交通便利。

汽车

●海北藏族自治州

海北州境内有宁张、湟嘉、民门、岔察、峨祁5条国道、省道干线公路。海北州实现了乡乡通公路，29个乡通客运班车，初步形成了省和县、乡公路交通网络。

门源县汽车站：位于门源县青石嘴镇北街与青浩路交叉口，每天都有发往西宁、民和、张掖、武威、西海、祁连、默勒、大通、湟中的车，县内还有发往各乡村的班次。

●海南藏族自治州

以恰卜恰镇为中心，国道109线、214线，省道西久线为主骨架，州、县地方道路为脉络，州内黄河两岸5县40个乡镇的“四横”“三纵”公路网络基本形成。

共和倒淌河汽车站：位于青藏公路附近，客流量相对于其他州内县城来说较大，路线较多。

门源青石嘴公路

门源油菜花海

住宿

随着近几年祁连旅游热潮的兴起，海北州、海南州建起了不少酒店、宾馆。无论是星级酒店还是农家乐、家庭旅馆，不仅数量较多、设施齐全，而且都很干净。住宿地点主要集中于州政府所在地以及县城，另外就是各大景点附近。需要注意的是，在旅游旺季酒店价格会有上下浮动且难以预订，建议出行之前首先联系好住所。

海北藏族自治州

●祁连丽晴国际饭店

祁连丽晴国际饭店坐落于祁连县繁华地段，毗邻祁连县人民广场、县中心，交通极为便利。异域风情的餐厅供应美味菜肴。从酒店的窗户，可以眺望祁连县县城景观及周围自然景观，前望牛心山，后倚卓尔山，让人流连于美景中。 海北州祁连县祁连人民路民族中学旁边 0970-5946999

●祁连吉缘饭店

在饭店里，可眺望牛心山和卓尔山。位置优越，房间宽敞舒适，服务周到，配有丰富的早餐。 祁连八宝镇广场西路东侧近财政局 0970-8685678

海南藏族自治州

●黄河大酒店

黄河大酒店地处海南州政府所在地恰卜恰镇繁华的黄金地段，地理位置优越，交通便利。酒店设施齐全，装修豪华典雅，主题突出的藏式装修别具一格。 海南州共和县恰卜恰镇青海湖南大街 0974-8522888

●贵德景悦阁酒店

酒店临近德文化主题公园，交通便利。客房舒适干净，设施齐备，服务周到。酒店有中西餐厅、咖啡厅等，适合入住。 贵德河东乡周家村 0974-8535666

青海湖畔的帐篷

美食

海北州、海南州是以牧业为主的藏族自治州。因此，当地饮食以牧民群众日常饮食为主，别有民族风味。海北州美食主要有锅塌、尕面片、奶茶、拉条、手抓羊肉、羊羔盖被等，海南州美食主要有血肠、酥油茶、酥油糌粑、烤羊肉串、锟锅馍馍等。

海北州

●锅塌

青海的家常面食，一种底部似烙饼、上部似蒸馍的食物，因是采用焖、烙两种方法做成的，膨松酥软，味道极好。

玉米锅塌

●尕面片

将揉好的软面切成细条，放入面盆里用湿布盖上，片刻之后拿在手里捏扁、揪断，每个大约手指宽，投入沸水中，煮熟即可食用。

尕面片

●拉条

拉条也叫拉面，是祁连县的一种传统地方风味美食。拉条的口感筋道爽滑。一般拉条有扁形的“韭叶”和圆形的“二细”两种。

拉条

●羊羔盖被

羊羔盖被是将肥嫩羊肉放入油锅中爆炒，稍滚后，将切成块的面饼或花卷放在羊羔肉上，用文火焖熟。羊羔肉的这种吃法，面中有肉味，而肉质十分细嫩，入口不腻。

羊羔盖被

海南州

●血肠

藏族地区的农牧民，宰羊时，羊血不单独煮食，而是灌入小肠内煮熟吃。将灌好的血肠煮沸，全家席地围坐，割而食之。血肠清香软嫩，不腻不柴。

●酥油茶

酥油茶是藏族民众的特色饮料，多与糌粑一起食用。酥油茶有御寒、提神醒脑、生津止渴的作用。此种饮料用酥油和浓茶加工而成。

酥油茶

●酥油糌粑

吃酥油糌粑时，先倒奶茶小半碗，再放入酥油、炒面、曲拉、糖，在碗中用手指拌匀，并捏成小团食用。它具有酥油的芬芳、曲拉的酸脆、糖的甜润。酥油糌粑营养丰富，可充饥御寒。

酥油糌粑

●烤羊肉串

将新鲜的羊肉切成块并穿到竹签上，之后放到特制的长方形烤炉上用火焙烤；烤到表面脆黄、肉质熟透、香味浓烈时，即可食用。烤好的羊肉串，趁热吃，肉嫩味香，使人经久难忘。

烤羊肉串

●锟锅馍馍

锟锅馍馍是在金属的锟锅模具中烤制而成的，故群众习称“锟锅”。烙出的锟锅馍馍，外脆内软，绽开如花，异香扑鼻。

锟锅馍馍

购物

海北州

海北藏族自治州境内山河众多，地理条件卓越，区内具有浓郁的民族风情，民俗艺术品都极具纪念价值。其主要特产有祁连玉、烈香杜鹃、氆氇等。

●祁连玉

祁连玉呈各种绿色，有浅绿、翠绿、墨绿、白色及过滤色，结构致密，色泽鲜丽、柔和，有较高的工艺欣赏和经济价值。其雕制品细腻、滋润，具半透明感。

祁连玉

●烈香杜鹃

烈香杜鹃是青海高山灌丛中的主要灌木之一，种类达10余种。藏医用烈香杜鹃的花、叶和嫩枝入药。烈香杜鹃具有清热、止咳、平喘、祛痰的作用，内服治慢性气管炎、外用消炎散肿。

烈香杜鹃

●氆氇

氆氇为藏族人民手工制作的毛织品。它的色彩鲜艳，手感良好，质地厚实，平正挺括，经久耐磨。氆氇的纬密特大，有良好的保湿性能，不会被雨雪淋透。

海南州

海南藏族自治州境内山清水秀，自然环境优美，物产丰富。海南州境内的贵德县河谷川水地区林木葱郁，阡陌纵横，盛产瓜果，是有名的“高原瓜果之乡”。海南州的主要特产有蜂蜜、鹿茸、秋子梨、贵德辣椒等。

●贵南油菜花蜂蜜

贵南油菜花蜂蜜是海南州贵南县的特产。油菜花蜂蜜为特浅琥珀色，透明、黏稠的液体或结晶体，滋味甜润，具有蜜源植物特有的花的香味。

贵南油菜花蜂蜜

●鹿茸

雄鹿的嫩角没有长成硬骨时，带茸毛，含血液，叫作鹿茸。它是一种贵重的中药，用作滋补强壮剂，对虚弱、神经衰弱等有疗效。

●秋子梨

青海秋子梨比其他梨子突出的地方在于它的味道，我们知道味觉是最容易留在人们心中的东西。青海秋子梨因果肉柔软、香甜而独具特色，是梨类中的顶尖极品。

秋子梨

●贵德辣椒

贵德辣椒原产地在海拔2200米左右的贵德黄河谷地。贵德辣椒因其身长、皮薄、肉厚、微辣、口感较脆而闻名省内外。

贵德辣椒

娱乐

海南州

●门源县油菜花文化旅游节

在油菜花文化旅游节期间，门源县开展

回族民俗及花卉展、奇石摄影农民画展、大地艺术栽培观赏、非物质文化遗产展演、浩门马文化展暨赛马会、花儿与少年演唱等活动，让广大群众和来自各方的游客在欣赏门源美景的同时，深刻感受到了丰富多彩的文化和民俗风情的独特魅力。

位置：海北州门源县

时间：6~7月

海南州

●环青海湖国际公路自行车赛

环青海湖国际公路自行车赛，简称“环湖赛”。环湖赛高海拔、长距离、多爬坡的特点，使得比赛尤为精彩，观赏度高，队伍能力强。环湖赛比赛线路设计以碧波浩瀚、鸟翼如云的青海湖为中心，并向周边地区延伸，沿途自然风光雄奇壮美，旖旎迷人。

位置：青海省的环青海湖地区和邻近的甘肃省及宁夏回族自治区

时间：每年的6~8月

●青海湖国际诗歌节

青海湖国际诗歌节创办于2007年，每两年举办一次。诗歌节以诗歌艺术的形式，表现青海各族人民奋发图强的时代精神。青海湖国际诗歌节落成了世界海拔最高的“青海湖诗歌广场”，设立了青海湖国际诗歌节“金藏羚羊国际诗歌奖”，目前已在国内外享有极高的声誉，被国际诗坛列为当今世界最著名的国际诗歌节之一。

位置：青海湖二郎剑景区

时间：8月（每两年一届）

●贵德黄河文化旅游节

贵德县依托丰富的自然和文化景观，在黄河沿岸投资兴建了松巴民俗村、千姿湖湿地公园等一批旅游景点及配套设施，完善休闲度假功能。在黄河文化旅游节期间，将举行射箭比赛、青年歌手大赛、油画摄影书法展、美食节等10余项文化活动。

位置：海南州贵德县

时间：4月

环青海湖国际公路自行车赛上的车手

发现者旅行指南

海西·玉树

概览

亮点

可可西里自然保护区

中国建成的面积最大、海拔最高、野生动物资源最为丰富的自然保护区之一。自然保护区内主要是保护藏羚羊、野牦牛等珍稀野生动物、植物及其栖息环境。

唐古拉山

唐古拉山又称“当拉山”，藏语意为“高原上的山”，蒙语意为“雄鹰飞不过去的高山”。唐古拉山为长江的发源地。

茶卡盐湖

茶卡盐湖是固液并存的卤水湖。盐湖水域宽广，银波粼粼。天空白云悠悠，远处苍山峥嵘，四周牧草如茵，羊群似珍珠撒落。

可可西里

昆仑山

昆仑山在中华民族的文化史上具有“万山之祖”的显赫地位，又称“中国第一神山”。昆仑山东段最高峰玉珠峰为青海省对外开放的山峰，是朝圣和修炼的圣地。

柴达木盆地

柴达木盆地是中国三大内陆盆地之一。这里不仅是盐的世界，还有丰富的石油、煤，以及多种金属矿藏，有“聚宝盆”的美称。柴达木盆地的雅丹地貌世界闻名。

线路

格尔木市经典二日游

第一天先前往察尔汗盐湖观光，随后去昆仑桥游览，之后前往纳赤清泉游玩。有时间的话，去玉珠峰欣赏日落，夜宿附近农家院。

第二天先去昆仑山口游览，之后至唐古拉山口游览，在山口可以俯瞰脚下的可可西里无人区。

唐蕃古道寻古之旅

第一天先前往玉树市游览尕朵觉悟神山，之后参

结古寺

观歇武寺，可夜宿玉树市。

第二天前往三江源自然保护区游览，完毕后参观通天河晒经台，之后前往嘉那嘛呢石城。

第三天先游览结古寺，完毕后可前往格萨尔王广场观光，之后参观文成公主庙。

为何去

海西拥有极具特色的自然风光和人文景观，长江源头、雅丹地貌、茫茫戈壁、道教圣地昆仑山等闻名遐迩。海西还拥有浓郁的蒙古族、藏族风情，是体验少数民族民俗风情的最好去处。

茶卡盐湖

玉树素有“江河之源、名山之宗、牦牛之地、歌舞之乡”的美誉。这里山明水秀，历史厚重，同时玉树是青海省藏族文化保存最完整也是最丰富的地区之一，非常值得前来品味。

何时去

七八月为前往海西旅游的最佳时节。此时可以尽情领略瑰丽的草原风情。前往此地时，游客应带上防晒品，避免皮肤在阳光下长时间曝晒；雨季时，应做好防雨措施，带好雨具等。

结古镇风光

前往玉树的最佳时节为七八月。七八月的玉树草原，牧草茂盛，一片碧绿，蔚为壮观。玉树赛马节和康巴文化艺术节也在此时拉开帷幕。

海西・玉树旅游示意图

区域解读

海西蒙古族藏族自治州区号：0977
玉树藏族自治州区号：0976
总面积：约505 617km²
总人口：约93万人
主要少数民族：藏族、蒙古族

地理 GEOGRAPHY

区划

海西蒙古族藏族自治州下辖3个市（德令哈市、格尔木市、茫崖市），3个县（乌兰县、都兰县、天峻县）。

玉树藏族自治州下辖1个市（玉树市），5个县（杂多县、称多县、治多县、囊谦县、曲麻莱县）。

地形

海西州地形地貌奇特，主要由昆仑山、阿尔金山、祁连山环抱的柴达木盆地和唐古拉山北麓高原两部分组成。境域主体为中国四大盆地之一的柴达木盆地，它是中国海拔最高的内陆盆地，平均海拔3000米。州境南缘的唐古拉山地区海拔多在4500米以上，主峰格拉丹东由21座海拔6000米以上的雪山组成，植被稀疏，冰峰耸立。海西是长江、黄河、澜沧江的发源地，境内河流众多，水量充沛。盆地内有大小河流70余条，其中长流性河流有40余条。多年平均径流量超过1亿立方米的有那陵格勒河、沱沱河、疏勒河、格尔木河、布哈河、香日德河、巴音河、大通河、诺木洪河、察汗乌苏河、塔塔棱河11条河流。

昆仑山

玉树是青藏高原的主体组成部分，北有苍茫雄浑的昆仑山，南有巍峨挺拔的唐古拉山，两大山脉，遥遥相望。玉树处于群山包围之中，大部分山峰海拔4000~5000米。境内河网密布，水源充裕。黄河干、支流在州境内总长559千米，长江为3380.2千米，澜沧江为1792千米，总流域面积为23.8万平方千米，占全州总面积的89.12%。在西部的可可西里地区，同时也有众多的内陆湖泊分布。

气候

海西属于典型的高原大陆性气候。气候独特，四季不分明，日照时间长，太阳辐射强，昼夜温差大，常年干旱、多风、少雨。年平均气温4℃左右，年平均降水量177毫米，90%左右的降水都集中在5~9月。

玉树属典型的高原高寒气候。全年无四季之分，只有冷暖两季之别；冷季长达7~8个

月，暖季只有4~5个月。年均温2.9℃，1月均温-7.5℃，7月均温12.5℃。年降水量487毫米。

历史 HISTORY

海西历史大事记

两汉早期，今海西东部为先零、卑禾等羌人部落活动范围，西部属"若羌国"。

汉平帝元始四年（4年），王莽置西海郡，今海西东部属之。王莽末郡废，复为羌地。

南北朝时，吐谷浑王拾寅在伏罗川（今都兰县境内）筑城定居，伏罗川一度成为吐谷浑王国的政治中心。

隋大业五年（609年），隋军击败吐谷浑，在其地设置四郡，今海西东部属西海郡，西部属鄯善郡。隋末，吐谷浑复据故地。

唐贞观十年（636年），吐谷浑成为唐属国。龙朔三年（663年），吐蕃王国灭吐谷浑据有其地，今海西州曾隶吐蕃腊城节度使。

宋代，今海西西部为撒里畏兀尔（黄头回纥）地，东部为吐蕃地方政权——唃厮啰势力范围。

元代，今海西州西北地区为甘肃行省沙州路辖区，其余大部为宣政院所属吐蕃等处宣慰司辖区。元顺帝时，设曲先答林元帅府，封卜烟帖木儿为宁王，镇守今柴达木西部地区。

明初，今海西州地区为安全、阿端、曲先、罕东四卫地，由西宁卫兼管。崇祯十年（1637年），居住在今新疆的卫拉特蒙古和硕特部，在其首领固始汗的率领下进入青海，统治了今海西地区。明万历年间迁往黄河以南放牧的藏族部落，于清朝咸丰年间陆续迁回黄河以北放牧，其中的汪什代海部落逐渐进入海西。还有一部分藏族是从青海省东部一带迁来的。

清雍正三年（1725年），清廷编定青海蒙古左右两翼盟29旗，今海西州境划定9个蒙古旗，统归"钦定办理青海蒙古番子事务大臣"管辖。

民国元年（1912年），今海西地区隶属青海办事长官。民国四年（1915年），今海西地区由甘边宁海镇守使兼管。

可可西里国家级自然保护区之野驴

1949年11月成立都兰县人民政府，辖今海西州全境。1954年1月海西蒙藏哈萨克自治区正式成立，1955年12月更名为“海西蒙藏哈萨克自治州”，1985年5月更名为“海西蒙古族藏族自治州。”

玉树历史大事记

魏晋南北朝时期，玉树属苏毗王国。

隋朝前后，玉树地区为苏毗和多弥二国辖区，唐时被吐蕃兼并，宋时为黎州属下的囊谦小邦之地，元朝归吐蕃等路宣慰司管辖。

明朝玉树地区属朵甘思宣慰司；明末清初，玉树各部头人为青海蒙古和硕特部赠爵为诸台吉；清朝受青海办事大臣直接管辖，为囊谦千户领地，下有百户独立长等部落。

民国初年，玉树地区隶青海办事长官，旋政隶蒙番宣尉使和甘边宁海镇守使。民国六年（1917年）设玉树理事。民国十八年（1929年）改为玉树县，辖今自治州全境，设置玉树、囊谦、称多3县，统由玉树行政督督察专员公署管辖，县之下千百户制度因袭如故。

1951年12月25日成立玉树藏族自治区，1955年改为自治州，是青海省第一个、全国第二个成立的少数民族自治机构，也是全国30个少数民族自治州中主体民族比例最高、海拔最高、人均占有面积最多的一个自治州。

文化 CULTURE

蒙古族传统祭祀活动——祭敖包

蒙古族的传统祭祀活动很多，如祭天、祭火、祭祖、祭敖包等。其中，祭敖包是最重要的祭祀活动，是草原民族崇尚自然思想的表现形式之一。

“敖包”是蒙古语，意为“堆子或鼓包”。蒙古民族祭敖包的习俗由来已久，其所祭祀的内容十分丰富。蒙古民族的萨满教崇

祭敖包

拜蓝天。在蒙古人的心目中，确有一个至高无上的神灵，那就是“长生天”，蒙古人赋予它以极大的神力。

在古代蒙古族人的观念里，天和地是浑然一体的，认为天赋予人以生命，地赋予人以形体，因此，他们尊称天为“慈悲仁爱的父亲”，尊称大地为“乐善的母亲”。蒙古族人还崇拜山岳，崇拜河流，认为这一切都是由神灵掌管着。蒙古族人因为把万物都看作神灵来崇拜，从而也崇拜山川及土地的其他各部分或掌握这部分的神灵。所以，祭敖包不是单一的祭天或祭地，祭敖包是祭各种神灵。

祭敖包是蒙古民族盛大的祭祀活动之一。敖包通常设在高山或丘陵上。它是用石头堆成的一座圆锥形的实心塔，顶端插着一根长杆，杆头上系着牲畜毛角和经文布条，四面放着烧柏香的垫石；在敖包旁，还插满树枝，供有整羊、马奶酒、黄油和奶酪等。祭祀时，在古代，由萨满教巫师击鼓念咒，膜拜祈祷；在近代，由喇嘛焚香点火，颂词念经。牧民们围绕着敖包，从左向右转三遭，求神降福。

独树一帜的藏族饮食文化

藏族是一个以快乐性情和轻松节奏面对人生的愉快祥和的民族，大部分从事畜牧业，少数从事农业。牲畜主要有藏系绵羊、

酥油

山羊、牦牛和犏牛。农作物有青稞、豌豆、荞麦、蚕豆、小麦等。

大部分藏族日食三餐，但在农忙或劳动强度较大时有日食四餐、五餐、六餐的习惯。藏族一般以糌粑为主食。食用糌粑时，要配上浓茶，若再加上奶茶、酥油、“曲拉”（奶渣，由打出酥油后的奶子经熬好后晾干而成，若用酸奶或甜奶熬制则更香美）、糖等一起食用，则更香甜可口，糌粑被誉为藏族的“方便面”。

青海、甘肃的藏族食烙薄饼和用沸水加面搅成的“搅团”，还喜食用酥油、红糖和奶渣做成的“推”。藏族过去很少食用蔬菜，副食以牛、羊肉为主，猪肉次之；食用牛、羊肉讲究新鲜。民间吃肉时不用筷子，而是用刀子割食。藏族喜饮奶、酥油茶及青稞酒。

藏族民众普遍信奉藏传佛教。藏历年“洛萨节”（汉族新年）是最大的节日，届时家家都要用酥油炸裸子，酿青稞酒。初一，年迈长者先起床从外边打回第一桶“吉祥水”；全家人按长幼排座，边吃食品边相互祝福；长辈先逐次祝大家“扎西德勒”（吉祥如意），晚辈回敬“扎西德勒彭松错”（吉祥如意，功德圆满）；之后，吃酥油熟人参果，并互敬青稞酒。

此外，藏族还要过“雪顿节”，意为“向僧人奉献酸奶的节日”，藏语酸奶称为“雪”，“顿”为宴意，节日在藏历七月一日，持续3～4天。“望果节”，目的是娱神酬神，祈愿丰收，向巫师敬酒，每个人都从自己田里采集三穗青稞供在家中神龛上。“沐浴节”，在藏历七月上旬，持续一周，届时整个青藏高原的藏族男女老少都到水域嬉戏、游泳、洗刷衣物，并备以酒、茶及各种食物，中午野餐。

民歌之乡——玉树

被誉为“民歌之乡”的玉树，是藏族民歌的富矿区。玉树民歌历史悠久，它的产生可追溯至人类语言的产生。至藏王松赞干布时期，随着藏文字的出现，民歌以口语、地方语、共同语、书面语的形式得到发展。不同种类的玉树民歌风格迥异，各具特色，音域开阔，意境深远。

传统意义上的玉树民歌由“勒”“拉伊”“闯勒”“古莫”，与歌谣类的“琼勒”（酒歌）、“均勒”（夯墙歌）、“哟啦”（收割打场歌），以及婚礼曲、迎宾曲、挤奶曲等种类构成。“勒”的内涵比较丰富，除忌男女爱情外，广涉天上人间、万事万物。“拉勒”即山歌，用地名或部落名来命名曲调，以歌唱家乡风貌、抒发个人情感为主要内容。“拉伊”即情歌，以男女爱情为主要内容；因涉及爱情，所以不能在亲人在场时和有血缘关系的异性面前唱。“闯勒”中也有涉及男女相互爱慕、思念、幽怨的一些内容，但主要内容为反映游侠自由放浪、四处漂泊的经历。“古莫”也是情歌。

玉树民歌或自吟自唱，或对唱互歌，一般为三段式。第一、二段喻物，第三段点题，是玉树民歌的基本表现手法。

玉树民歌是玉树藏族人民情感的结晶、心声的流露，是民众生活的百科全书，是了解民众生活的镜子。它涉及玉树人民的语言、文字、生活习俗、宗教信仰、审美观念，是研究藏族不同社会形态的珍贵文化遗产。

景点推荐

青藏铁路沿线

香日德班禅行辕

由历代班禅主管的格鲁派寺院

海西蒙古族藏族自治州都兰县香日德镇以西4千米处的上柴开村

香日德班禅行辕为历代西藏政教领袖往返于西藏与内地之间的驻锡地。目前，在香日德班禅行辕有10多位僧人，他们中的大多数来自日喀则的扎什伦布寺。寺院由大经堂、寺院展览馆、僧舍组成。

香日德班禅寺创建于1780年，由六世班禅倡议所建。当时寺院分为两部分：一处为宗教活动场所，藏语称“德钦颇章”，就是现在的寺院。另一处是专门接待过往宗教上层人员和有关使者的食宿站，藏语称“德钦拉让”，位于现香日德政府所在地。

香日德班禅寺不仅成为历世班禅往返内地时进行政教活动的主要场所，而且也成为由历代班禅主管的格鲁派寺院。

诺木洪遗址

遗址有3000余年的历史

海西蒙古族藏族自治州都兰县宗加镇诺木洪村

诺木洪文化相当于中原地区青铜器时代晚期文化，距今有3000余年的历史。遗址和出土文物证明，古诺木洪的物质和精神生活方面达到了一定的水平，否定了柴达木自古无人烟的说法。

遗址是由三个小沙丘组成的，呈品字形排列，并在三个沙丘之间形成了一个天然的广场。在近半个世纪对诺木洪塔里他里哈遗址的全面考古发掘中，已发现房屋残迹11处、土坯坑圈9处、木栅栏1处、瓮棺式墓葬3座，同时出土了数千件石器、陶器、骨器、铜器、木器与毛皮缝制品等历史遗物。

诺木洪农场

野生动物的庇护地

海西蒙古族藏族自治州都兰县宗加镇诺木洪村

诺木洪农场是一块镶嵌在柴达木盆地里的绿洲，距今已有60多年的历史。整个农场南北宽度只有三四千米，但东西长度有近20千米。

柴达木盆地边缘的哈瓦村，是蒙古族聚居区，这里遍地是结满红色沙棘果的野生沙棘林。沙棘是沙生植物，是生命异常顽强的灌木植物，耐干旱、耐盐碱，它不仅可以抵抗风沙，还成为野生动物的庇护地。

贝壳梁

具有较高的地学旅游价值

海西蒙古族藏族自治州都兰县宗加镇

在南北霍鲁逊湖区以东有极为壮观的贝壳梁，系千万年前沧海变大陆时众多贝壳到盆地底处求生存堆积而成的。

贝壳大如铜钱、小如拇指，数以亿计的贝壳，同含有盐碱的泥沙凝结在一起，层层叠叠，千姿百态。贝壳梁是古海的遗踪，也是沧海桑田的最好见证。贝壳梁是研究青藏高原地质演变的有力证据，具有较高的地学旅游价值。

热水古墓群

具有浓郁的中亚艺术风格

海西蒙古族藏族自治州都兰县热水乡

免费

古墓群遗址原为戈壁沙漠，而今已经被绿荫覆盖。热水古墓群为我国唐代早期大型吐蕃墓葬群，古墓共计200余座。

墓区内的墓葬主要分为梯形和圆形两种。墓室以石块砌筑，由墓道、中室、左右侧室和后室组成。墓葬均有封土堆，封土堆前还有规模巨大的祭祀坑，坑内出土有木车、木牍、丝织品、玻璃器皿、金银器等遗物，部分出土物的形制及图案具有浓郁的中亚艺术风格。

海寺花海

花开烂漫

海西蒙古族藏族自治州都兰县

建议自驾或包车前往

7月收取10元环境保护费　全天

离开都兰县城，向东行至15千米处，一片花的海洋就会展现在你的面前。藏传佛教的寺院加上周围的草场，统称为海寺花海。每年7~8月，花开烂漫，游人可以从这里徒步前往种满樱桃树的山沟。

海寺花海

都兰狩猎场
青海对外开放的狩猎场

海西蒙古族藏族自治州都兰县南部

都兰国际狩猎场是青海第一个对外开放的狩猎场。目前，中国已在这个青藏高原最大的高原狩猎场开设了三个猎区。猎场区内山坡有急有缓，阳坡陡峭，阴坡平坦；沟岔曲折，冈峦兀立，晨雾氤氲，溪水潺潺。猎场以狩猎岩羊为主。

狩猎场有车、马、骆驼、牦牛，任由客人选用，还有热情的向导为猎人带路。都兰国际猎场为开放游动式猎场，每年4、5月和9、10月两次对外开放狩猎。目前，每年接待国外游客数百人，已有一定的接待能力。

将军楼公园
为纪念慕生忠将军而建的公园

海西蒙古族藏族自治州格尔木市交通巷与开拓街交叉口

乘1、2、7路公交车可到

免费

公园全面开放，公园内的博物馆和将军楼每周二、四、六9:00~11:00和14:00~16:30开放

将军楼公园名字来源于这座城市的奠基人慕生忠将军。公园内的将军楼是戈壁上方圆千里之内矗立起的第一座楼房，开创了格尔木历史的新纪元。将军楼旁一座同时代修建的平房，是慕生忠将军生活起居的地方。游客可以自由地在楼外转悠，但所有房间都不对外开放。

此外，园内还有一座地质博物馆和一座纪念馆。博物馆气势雄伟，规模宏大，整体形状像水立方，下面部分是大理石的，非常坚固。博物馆独特的造型吸引了许多游客拍照留影。

将军楼公园的《铸剑》

昆仑公园
一座开放式的公园

海西蒙古族藏族自治州格尔木市中心江源中路和八一中路的交叉口

昆仑公园是一座开放式的公园，是格尔木人的主要休闲场所。园内以昆仑湖为中心，设有金和儿童乐园、动物园、游泳池、茶楼等。

公园中央是一个三层平台，下方有一深坑，摆放着几十桌台球桌，蔚为壮观。公园东侧是一个人工湖，可以划船。公园内的藏北情朗玛厅是一个藏族歌舞厅，晚上有歌舞表演；每逢周末，男女老少围成一圈跳锅庄舞，非常热闹。

格尔木蒙古族风情园
领略蒙古族文化的好场所

海西蒙古族藏族自治州格尔木市中心西10千米处

格尔木蒙古族风情园是一处集餐饮、娱乐、休闲、度假为一身的综合性场所。游客在风情园中，可以欣赏到精彩的民族歌舞，可以品尝到以牛、羊肉手抓为主的多种青海风味小吃和各种特色的民族食品，还可以骑上骏马、骆驼一览大草原的无限风光。夜晚来临时，园内会举行独具特色的草原篝火晚会，让游客领略到蒙古族古老而厚重的文化。

柴达木盆地

中国四大盆地之一

海西蒙古族藏族自治州格尔木市

免费

柴达木盆地是中国四大盆地之一。这里不仅是盐的世界，还有丰富的石油、煤，以及多种金属矿藏，有“聚宝盆”的美称。

柴达木盆地的雅丹地貌世界闻名，这是由风化引起的。柴达木盆地也属于狂风盛行的沙漠地域，在春秋两个雨季，盛行大风。由于受到西部昆仑山脉的阻挡，狂风在这里改变风向，同时风速也降了下来，于是在这块带状地域沉积了很多的卵石和沙粒。

察尔汗盐湖

世界著名的内陆盐湖之一

海西蒙古族藏族自治州格尔木市柴达木盆地

可从格尔木市区包出租车前往，往返费用为150元左右

免费

9:00~18:00

察尔汗盐湖位于柴达木盆地南部，地跨格尔木市和都兰县，由东达布逊湖以及南霍鲁逊湖、北霍鲁逊湖、涩聂湖等盐池汇聚而成，为中国最大的盐湖，世界上最著名的内陆盐湖之一。因水分蒸发，湖面上形成坚硬的盐盖，青藏铁路直接从此地穿行而过。湖内蕴含数量、种类众多的无机盐，为中国矿业基地之一。

玩家攻略

察尔汗盐湖拥有难得一见的盐花奇观。这里的盐花形态各异，或如珍珠、珊瑚，或如亭台楼阁、飞禽走兽，矗立于盐湖中，一片片，一丛丛，若白色浮雕，将盐湖装点成美丽的仙境世界。很多游客到察尔汗盐湖，都是为观看这若上帝精雕细刻的盐花奇观。

万丈盐桥

万丈盐桥位于察尔汗盐湖之上，是一座由厚达15~18米的盐盖构成的天然盐桥，全长32千米，折合市制可达万丈。盐桥将察尔汗盐湖从中间劈成两半。盐桥旁无护栏，下无桥墩、流水，如玉带飘于湖面，构成柴达木盆地的一大奇观。桥面光滑整洁，与山色湖光相映，堪称举世无双。

青海盐湖钾肥厂

察尔汗盐湖附近有一个规模巨大的钾肥厂，即青海盐湖钾肥厂。它与位于美国盐湖城和以色列死海地区的另外两个钾肥厂一起并称世界三大钾肥厂。厂区内有一巨型水库，深6米，面积达3平方千米，附近的钾盐都是由这里挖掘出的。因钾肥厂附近盐分含量太高，导致周边寸草不生，景色荒凉、怪异。

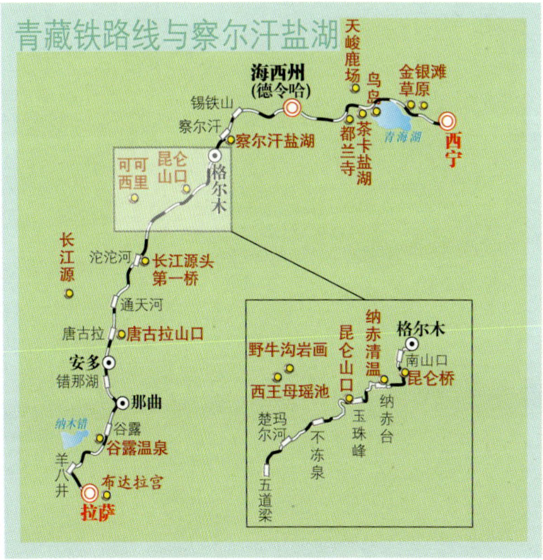

玩家攻略

察尔汗盐湖附近属于高原大陆性气候，昼夜温差大且多风沙，即便盛夏前去旅行也需带上保暖衣物，做好保暖准备。

察尔汗盐湖博物馆

察尔汗盐湖博物馆位于青海盐湖钾肥厂内，是一处主要介绍察尔汗盐湖开发和利用的历史，以及展出盐花产品、察尔汗盐湖出产的各类矿产的地方。盛开的盐花为馆内一大亮点，它们均是天然形成的，晶莹透明，千姿百态，极为诱人。馆内以盐绘制的巨大的世界地图，也非常壮观，常常引人拍照留念。

链接

察尔汗盐湖的传说

在察尔汗流传着这样一个传说：在很久之前，察尔汗遍地都是金银珠宝，当地的山神魔怪们为了争夺金银珠宝而连年征战，给当地带来了很大的灾难。仙居昆仑山深处的西王母得知后，决心解决此事，于是命令司水神放下天水，将金银珠宝都淹没，让山神魔怪们拿不到，以留给人间的后代，于是形成了察尔汗盐湖。

东台吉乃尔湖

湖水盐分含量极高

海西蒙古族藏族自治州格尔木市柴达木盆地

建议自驾前往

免费　全天

东台吉乃尔湖区深居柴达木盆地腹地，是一个以卤水为主的特大型锂矿床。湖的颜色与青海湖不同，由于含铜量较高，湖水呈现出鲜绿色，岸边尽是覆盖着的白色结晶。

湖的周围是大片的雅丹地貌，搭配上鲜绿色的湖水，犹如“海上舰队”。道路从湖的中间穿过。由于湖水的盐分含量极高，最好不要用手触摸。

格尔木胡杨林

世界上海拔最高的胡杨林

海西蒙古族藏族自治州格尔木市郭勒木德镇托拉海牧业社

从市区自驾或包车前往

全天

格尔木胡杨林是青海唯一的胡杨林，也是世界上海拔最高的胡杨林。

胡杨林南靠巍巍昆仑山脉，北面是茫茫戈壁盐滩，夹在其中的沙漠化地带里，显得尤为珍贵。一条叫托拉海的季节河从沙地中流淌过来，划着美妙的曲线绕过树林。林中伴生着芦苇、梭梭、红柳、盐爪爪、骆驼刺等沙生植物，与这里栖息的野生动物野鸡、狐狸、狼、野兔等，共同组成一个特殊的生态系统。

格尔木胡杨林

玩家 攻略

去往胡杨林可以从东坡或者北坡进入，建议去的时候直奔北坡，北坡离胡杨林更近，赶在日出前到达还能看到更美的景象。去的时候最好带上充足的水和食物，以及指南针。

胡杨林有两个主入口：一个看新胡杨林，一个看老胡杨林。

三岔河特大桥

青藏铁路第一高桥

海西蒙古族藏族自治州格尔木市昆仑山北麓

可以在乘坐青藏铁路列车经过时观看，或从格尔木包车前往

免费　全天

三岔河特大桥地处海拔3800多米的高山峡谷中，是青藏铁路第一高桥。整个大桥气势磅礴，两岸风光壮美。为保护藏羚羊，大桥还特意做了方便藏羚羊迁徙的设计。

大桥桥面距谷底54.1米，共有20个桥墩，其中有17个是圆形薄壁空心墩，墩身顶部壁最薄处仅有30厘米。整个大桥气势磅礴、雄伟壮丽，两岸风光壮美。

昆仑山

古称中华“龙祖之脉”

海西蒙古族藏族自治州格尔木市

可从格尔木市自驾或包车前往

全天

昆仑山古称中华“龙祖之脉”。山体高大雄壮，山上万壑纵横、雪峰连绵，珍禽、异兽时有出没……巍峨中蕴含壮美、神秘，仙境般的瑶池风景区令人神往，突兀雄起的玉珠峰造就冰雪奇观，诱惑世界各地的登山爱好者前来探险。不少文人墨客都对其有景仰之情，李白曾写下“若非群玉山头见，会向瑶台月下逢”的美诗，毛主席也曾以“横空出世，莽昆仑”来歌颂它。

玩家 攻略

自驾进入山区，要注意安全，不少地方路况

昆仑山

不好；昆仑山景色多姿，春、夏、秋、冬各有魅力，且景区很大，前去旅行要多留出些时间；若一个人旅行的话，要多做些准备，做到对各景区概况有所了解，以便游览更加方便。

昆仑桥

青藏公路上的一大险关

海西蒙古族藏族自治州格尔木市南部的昆仑山下

可从格尔木市自驾或包车前往

昆仑桥又称“一步天险桥”，位于昆仑山下，为青藏公路上的一大险关。它飞架于一步天险之上，全长虽仅4米多，却因发源于高山峡谷的格尔木河从桥下奔流而过，形成惊涛拍岸之势；桥的两岸为绝壁相对，巉岩林立，地势相当险峻。若站于桥上俯瞰，可见湍急河水于深邃幽谷中呼啸而去，其响声震耳欲聋，令人闻之丧胆。

除曾是青藏公路上难度最大、耗时最长又非常重要的桥梁之外，昆仑桥还是青藏线唯一一座仍“健在”的石拱桥；在青藏公路2000多千米的路程上，也只有昆仑桥仍由人看守着。它古老、沧桑，却依旧挺拔，见

证了青藏线由贫瘠、落寞到富足、繁忙的全过程。

纳赤台

昆仑山中第一个不冻泉

海西蒙古族藏族自治州格尔木市纳赤台镇

建议包车或自驾前往

0977-6117282 免费 8:00~18:00

纳赤台又称“昆仑神泉”。在藏语中，其名字意为“沼泽中的台地”。泉池四周以花石板砌成的多边形图案装饰，清泉由池底奔涌，成蘑菇花形，很是引人注目。

纳赤台为昆仑山中第一个不冻泉，虽位于海拔3540米的高寒地区，常年冰天雪地，水温极低，但泉水从未封冻，且量大稳定，水质清澈透明。另外，泉水中还富含多种对人体有益的微量元素和气体，可供人们直接饮用，如清泉甘露，当地人给予其“冰山甘露”的美称。

玩家解说

纳赤台紧挨着青藏公路，是公路边的一处独特景观。纳赤台东侧不远处的昆仑圣泉，则是昆仑山矿泉水的原产地。泉水可以直接饮用，凉凉的，微甜，很清澈，据说常喝、多喝能生津治胃病，美容养颜。泉池中间涌出来的清泉就像朵盛开的蘑菇花，晶莹透亮，涌向四周。

链接

纳赤台的传说

相传，当年西王母曾于昆仑山中瑶池之畔宴请诸神，宴会上诸神各诉其功绩，其中，创造神凡摩表示要将昆仑山之北打造成花毯毯之地，使之水草丰美，牛羊群集，千里飘奶香。西王母为凡摩的描述所惊喜，心旷神怡之余便赠予凡摩几樽瑶池琼浆。宴会结束，凡摩在归途中觉得意犹未尽，便顺手把樽畅饮，不料大醉，致使金樽掷地，琼浆四溢。溢出的琼浆变成了纳赤台，即昆仑泉，而凡摩乘坐的莲花神辇也化为了赤台群山。

无极龙凤宫

依山傍水，风景秀丽

海西蒙古族藏族自治州格尔木市南部的昆仑山上

无极龙凤宫为昆仑山上供奉三圣母的道观，取名龙凤宫，意在传达中华民族是龙的传人、凤的后代。宫殿所处位置依山傍水，风景秀丽，环境极为优美，不少游人慕名而来。

殿内供奉有西王母、九天玄女、金圣老母神像，以及十世班禅大师像；殿前还有哼哈二将及多种人物、动物的雕像，其造型之生动逼真、优美雅致，令人惊叹。殿内飘出的袅袅香烟为其增添了不少神秘色彩。

玉珠峰 AAAA

昆仑山东段最高峰

海西蒙古族藏族自治州格尔木市南

玉珠峰又称“可可赛极门峰”，位于昆仑山口以东，为昆仑山东段最高峰。山脉南缓北陡，南坡路线清晰，攀登难度较小些，适于初学者攀登；北坡则很复杂，有冰裂缝、冰塔林、冰陡坡、刃形山脊等种种地形，适合大部队的登山训练活动。登山者可在南坡体验在高海拔地区登山，在北坡则学习更多的冰雪技术和登山战术。

此外，玉珠峰吸引旅行者的还有独特的冰雪景观。这里山顶终年积雪，云雾缭绕，蔚为壮观，为苍凉的昆仑山增添了别致的白雪景观。

玉珠峰

玩家 攻略

玉珠峰地区属大陆性气候，全年降雨量仅200毫米，地处5000米以上的高海拔地区。6~8月气温较高，晚上最低温度约−10℃，但冰雪状态不稳定，易发生裂缝；4~5月及9~10月温度较低，夜晚最低温度达−20℃，但冰雪状态相对稳定。山上气候呈现周期现象，一般早上天气最好，中午有云层，有时还有小雪，傍晚则会转晴。攀登玉珠峰的最佳时间是6月或8月底、9月初。

西王母瑶池

水草丰美，景色旖旎

📧 海西蒙古族藏族自治州格尔木市

西王母瑶池是昆仑山的一处美丽、神秘的仙境，也是道教圣徒崇拜的神湖。它海拔极高，湖泊巨大，湖水碧绿，清澈粼粼。湖面上经常有众多水鸟飞翔，湖畔则有野牦牛、野驴、棕熊、黄羊、藏羚羊等野生动物出没；周边水草丰美，景色旖旎。

湖泊旁有一处平台，据说那就是传说中每年农历三月初三、六月初六、八月初八西王母设蟠桃盛会宴请各路神仙的地方。周边立有“西王母瑶池”纪念碑石。每年有无数的炎黄子孙，从世界各地来此寻根朝拜，他们会在附近挂上经幡，祈求幸福安康。

昆仑山口

汽车探险线的必经之地

📧 海西蒙古族藏族自治州格尔木市109国道旁

昆仑山口位于昆仑山中段，为青藏公路穿越昆仑山脉的必经之地、咽喉之所，也是世界屋脊汽车探险线的必经之地，亦称“昆仑山垭口”。

山口立有昆仑山口标记碑及“杰桑·索南达杰纪念碑”。山口标记碑为汉白玉材质，由主碑、副碑、陪碑、雕塑、底盘组成，寓意昆仑山屹立于中国960万平方千米的坚实土地上。“杰桑·索南达杰纪念碑”是为纪念为保护可可西里野生动物而捐躯的藏族人杰桑·索南达杰而竖立的。

格尔木周边

链接

杰桑·索南达杰

杰桑·索南达杰（1954—1994），藏族，曾担任青海省玉树藏族自治州治多县委副书记，于1992年创立治多县西部工作委员会（西部工委），开展可可西里地区生态保育的工作。1994年，在与盗猎者的搏斗中身亡。2005年，陆川执导的电影《可可西里》的主角日泰，便是以索南达杰为原型创作的。

格尔木河

河上有“一步天险”

海西蒙古族藏族自治州格尔木市

格尔木河上源分两支：左支奈金河（奈齐格勒河），发源于昆仑山脉的博卡雷克塔格山的冰川，是格尔木河的主源；右支修沟郭勒河（舒尔干河），发源于唐古拉山。

格尔木河上有“一步天险”，也叫“一线天”。对于“一线天”，从上方的青藏公路通过时是难以体会的，必须下到底部河岸，才能看到由河水穿凿成的深达40米的深谷，谷底河水湍急，两岸绝壁相对，狭窄处仅一步之隔。传说，“一线天”能测试去昆仑山修行的人是否虔诚——不诚心的人会掉入深谷，只有一心向善的人才能一步登天。

格尔木河

格尔木水电站

昆仑山下的明珠

海西蒙古族藏族自治州格尔木市昆仑山下

格尔木河上气势雄伟的格尔木水电站，被称为昆仑山下的明珠。格尔木河是柴达木盆地南缘的一条大河，它的背后是一个碧波闪闪的人造水库，库容为400多万立方米；它的前面是一条飞架嶙峋峡谷两岸的凌空铁索天桥。水库的水从大坝的三扇泄洪闸门喷涌而出，犹如霰雪，又似瀑布，玉珠四溅，水雾飞腾。

楚玛尔河

藏羚羊栖息地和迁徙通道

玉树藏族自治州西部

“楚玛尔”为藏语，意为“红水河”，又译为曲玛莱河、曲麻河、曲麻曲。楚玛尔河流域呈狭长形，地面多干涸沟谷，植被稀少，砂砾广布，湖泊萎缩，风积地形发育。

楚玛尔河的两岸是藏羚羊主要的栖息地和迁徙通道。每年6~8月，可见成群结队的临产藏羚羊长途跋涉由昆仑山东部经过此地向西，进入可可西里腹地卓乃湖、可可西里湖、太阳湖等地生产。

楚玛尔河大桥

专为藏羚羊迁徙而建

玉树藏族自治州西部

楚玛尔河大桥位于可可西里无人区南部边缘，是一座专为藏羚羊迁徙而建的大桥，也是青藏铁路的重点控制性工程。

楚玛尔河区域是藏羚羊的主要栖息地和迁徙通道。楚玛尔河大桥就是藏羚羊东西迁徙的主要通道，大桥有78个桥孔，供藏羚羊等野生动物通过。

玩家攻略

楚玛尔河全年有7个月的冰冻期，年均气

温－4℃，有时即使七八月也会有暴风雪。前去旅行，要注意气候及天气条件，提前做好准备。

玩家 解说

楚玛尔河上游地区属于可可西里的一部分，这里是中国最大的一片无人区，也是中国目前大型野生动物分布数量最多的地区，附近时常有觅食的小群藏羚羊、野驴、野牦牛、白唇鹿和狼等稀有动物出没。在楚玛尔河以北，清水河特大桥和五北大桥处，也都建有野生动物通道。

可可西里自然保护区

被称为“世界第三极”

玉树藏族自治州

可从西宁或玉树各县镇包车前往

8:00～17:00

可可西里蒙语为“青色的山梁”，被誉为“美丽的少女”，藏语称该地区为“阿青公加”。可可西里自然保护区为目前世界上原始生态环境保存最完美的地区之一，也是最后一块保留着原始状态的自然之地，被称为“世界第三极”。

可可西里是中国最大的无人区，自然环境极其恶劣。但在这片广阔的土地上栖息着种类繁多的珍稀野生动物，如野牦牛、藏羚羊、野驴、白唇鹿、棕熊等，其中有20多种动物属国家重点保护的一、二类野生动物。

特有高原野生动物的存在，使可可西里成为目前世界上原始生态环境保存最完美的地区之一，也是目前我国建成的面积最大、海拔最高、野生动物资源最为丰富的自然保护区之一。可可西里已经由“生命的禁区”演变成“野生动物的乐园”，而其神秘、独特也诱惑着世界各地的游客前来探索。

玩家 攻略

在可可西里，不要招惹那些单独行动的野生动物，也不要将镜头一直对准它们，以免引起它们的反感，向人们发起攻击。可可西里无人区里，曾发生过很多牦牛因被激怒而顶翻越野车的事件。

索南达杰自然保护站

可可西里自然保护区的索南达杰自然保护站，海拔4479米，于1996年5月奠基，并于1997年9月在可可西里东侧的昆仑山脚建立。

这是中国民间第一个自然生态环境保

可可西里自然保护区

可可西里国家级自然保护区保护站

可可西里国家级自然保护区管理局现有5个保护站。各保护站除负责各自辖区内野生动物和生态环境保护、开展巡山反盗猎斗争外，还担负着接应和支援主力巡山队、在青藏公路进行路查和向保护区周边地区群众进行宣传教育的任务。

不冻泉保护站： 位于昆仑山口以南20千米处，距格尔木市180千米，海拔4600米，是保护区的北大门。自1999年3月建立以来，工作人员一直住在帐房里，2002年建成砖结构房屋并已投入使用。

楚玛尔河保护站： 位于青藏公路楚玛尔河大桥以北20千米处，海拔4600米，距格尔木市240千米。保护站使用兵站废弃的房屋。

五道梁保护站： 位于青藏公路3007千米处，是进出保护区的咽喉所在，海拔4680米，距格尔木市270千米。保护站购置的是兵站的旧房屋。五道梁有商店、饭馆等10余家，购物方便。

沱沱河保护站： 位于青藏公路3120千米处，海拔4630米，距格尔木390千米，是保护区的南大门。保护站的工作人员办公、生活都在帐房里。

卓乃湖保护站： 是位于保护区腹地的一个流动的帐房保护站，海拔4790米，是藏羚羊集中产仔的地区，距青藏公路150千米，距格尔木市430千米。

护站。作为可可西里反偷猎工作的最前沿基地，索南达杰自然保护站促进了可可西里藏羚羊保护的进程。它的名字来自一个真实的故事：1994年1月18日，治多县西部工委书记索南达杰为保护藏羚羊，一人同18名偷猎者枪战，英勇牺牲。故保护站以他的名字命名，以示纪念。

乌兰乌拉湖、卓乃湖

乌兰乌拉湖和卓乃湖是分别位于可可西里地区西南和东北的两个面积较大的湖，同时也是1989年时，可可西里科学考察队的考察路线的两端，这条路线几乎贯穿了整个可可西里地区。

卓乃湖：一个大型淡水湖泊，周围为沼泽地，邻近地区有许许多多小型湖泊池塘。湖泊水源来自周围山区的许多小河流。可可西里的绝大多数母羚羊在每年七八月都会集中到卓乃湖以南一片不大的草原产仔，9月返回越冬地与公羊合群。

乌兰乌拉湖：由北、西、东三个湖以环状排列而成，三湖的中心是一片陆地。乌兰乌拉湖是可可西里地区面积较大的水面。与这里其他的湖一样，乌兰乌拉湖澄澈、宁静、宽广。北湖岸边是珍奇的藏羚羊的饮水处，也是格尔木市唐古拉山乡与玉树州治多县的交界处。

玩家解说

卓乃湖是一个音译过来的地名，藏族同胞把藏羚羊叫“Zu”，卓乃湖的名字也因此得来。

可可西里湖

可可西里湖为半咸水湖、内流湖。岸边有盐碱结皮。湖以山名命名，水色浅绿。以冰雪融水补给：西北部冰川融水形成的连水河

可可西里

从湖西端注入，源于西南面汉台山的冷水河从湖西南注入；北面兴军山、东西黑石山、南面可可西里山，均有溪流以潜流形式汇入湖内。湖岸多为砂土带，植物覆盖度低，是高原野生动物出没之所。

玩家 攻略

1. 前往可可西里自然保护区的规定

为保护可可西里自然保护区的原始生态环境，可可西里生态旅游每年游客的数量限制在1000人以内，每批团队的游客数量限制在15人以内。要前往可可西里旅游，需提前到格尔木的可可西里自然保护区管理局办理相关手续。通过体检，方才有资格申请；高血压等病症的申请者，不被允许进入。同时，可可西里对游客也有严格的环保要求，游客在进入保护区后须遵守环保方面的各项规定和注意事项。

2. 生态游的主要内容

可可西里团队生态游的主要内容是，沿巡山路线攀登，观赏雪山草原，观察高原珍稀野生动植物，体验巡山队员的巡山生活，并组织进行各种环保活动，倡导人们保护可可西里自然保护区的生态环境。

3. 游览注意事项

可可西里平均海拔4500米以上，为青海海拔最高的地区之一。这里气候恶劣，医疗卫生条件差，游客前往，要做好充足的准备，包括保暖、防晒，以及应对高原反应及突发情况等。

可可西里天气寒冷，无论春夏秋冬，都要带上保暖衣物，建议穿冲锋衣、冲锋裤与羽绒服。因海拔高，日光强烈，去可可西里要带上防晒物品，如眼镜、帽子、防晒霜，以免晒伤。

未充分适应高原反应的游客，应先选择在格尔木多待几天适应一下，然后根据身体素质决定是否前往。高原安、红景天等预防高原反应的药物应提前服用。另外，要带上止泻药、跌打损伤药、感冒药、晕车药等，以预防突发情况。

在游览时，要与野生动物保持距离，以免受伤等；黄羊和藏羚羊喜欢与汽车赛跑，它们速度很快，血脉偾张，游客开车要注意把握速度，避免被它们盯上。

玩家 解说

可可西里保护区的北面是昆仑山脉，南面是唐古拉山脉和乌兰乌拉山脉，西面是阿尔金山脉，只有东面是开阔地。盗猎分子常从青藏公路向西侵入保护区。虽然有三四百千米的公路穿过保护区，但真正能进山的只有两条路线：北线从不冻泉、卓乃湖、可可西里湖、太阳湖，直至新疆境内的鲸鱼湖；南线沿沱沱河西进，至乌兰乌拉湖、西金乌兰湖。

保护区管理局的5个保护站一线排开，严

可可西里自然风光

密把守着可可西里的东大门。卓乃湖保护站和不冻泉保护站守住北线，沱沱河保护站守住南线，楚玛尔河保护站和五道梁保护站守住中段，5个保护站犹如5位尽职的牧羊人守护着自己的羊群。

五道梁
青藏公路上的中继站

玉树藏族自治州曲麻莱县

五道梁位于被世人称为“生命禁区”的青藏高原和西部高山地区，因附近有五道山梁而得名。这里海拔较高，天气极为寒冷，全年冬季漫长而几乎没有夏天。

对很多长途跋涉的人来说，五道梁还是漫长青藏公路上的中继站，这里有兵站、泵站、机务段、气象站、保护站和公路段等国家设置单位，以及分布于公路两边的诸多饭馆、修车铺、加油站。于五道梁站西南处眺望，可以看到可可西里山和可可西里自然保护区。

玩家 攻略

五道梁是青藏公路上的一处中继站，有不少杂货店、小饭店、修车点，很多长途班车也从这里经过，进藏游客可在这里休息、补给，做好进藏前的准备。可可西里保护区管理局在此设有保护站。五道梁兵站设施齐全，可供住宿，费用约每晚25元/人。

玩家 解说

因五道梁一带土壤植被较少，空气含氧量相对较低，且海拔高，气温也很低，经过此地要做好保暖措施。很多人在这里会出现严重的高原反应，所以五道梁也一般被认为是进入青藏高原的门槛，如在此地没有什么问题，那就可以放心进藏。

唐古拉山
多条河流的发源地

海西蒙古族藏族自治州唐古拉山乡

唐古拉山为长江、澜沧江、怒江等多条河流的发源地，附近雪山连绵，冰川耸立，遍布湍急河流，自然环境原始诱人；诸多的珍稀高原野生植物生长于此；河谷、湖泊之间水草丰美，有很多优良牧场，常见牛羊及多种野生动物的身影。

唐古拉山

这里自然景色奇特，高山、河流遍布，尽管很多地方环境都相当险峻，但其原始的粗犷之美仍吸引着来自世界各地的游客。

玩家 攻略

到唐古拉山游览，可选择在周边住宿。五道梁、唐古拉山乡有一些招待所、兵站等可供住宿；万一前不着村后不着店，也可借住在当地藏族牧民家。总之，游客可根据实际情况选择住宿地。

链接

唐古拉山的传说

唐古拉山历来以巍峨、艰险著称，历史上有一些传说就描述了其艰险。相传，当年文成公主进藏途中，行至唐古拉山时，被漫天的大雪堵住去路，无法前行，经僧人指点，公主将其所乘坐的金轿上的莲花座留下镇风驱雪，才安然穿过山脉。据说，成吉思汗率军想取道青藏高原进攻南亚次大陆时，也是在唐古拉山被挡住去路，恶劣的自然条件致使其无法前进，只能望山兴叹，败退而归。

唐古拉山口

被称为“风雪仓库”

青海、西藏两地的交界处

自驾或包车前往，乘坐火车去拉萨时会路过

免费　8:00~18:00

唐古拉山口为青海、西藏两地的天然分界线，海拔约5231米，为青藏公路的最高点。唐古拉山地处冻土区域，气候极为寒冷，且空气稀薄，天气十分不稳定，即使夏天，也经常有冰雪、冰雹，因此被称为“风雪仓库”。

许多人到这里都会有明显的高原反应。山口立有为修建青藏公路而献身的人民解放军雕像纪念碑、海拔高度碑、军民共建兰西拉光缆工程竣工纪念碑，以及诸多由游客堆起的嘛呢堆。

玩家攻略

一般长途班车都会在唐古拉山口稍作停留，可在写有“唐古拉山口”字样的石碑旁合影留念；但要注意身体状况，如不适则不要待太长时间。附近的唐古拉火车站是世界上海拔最高的火车站，也是青藏铁路的最高点；在站台上向西望，可以眺望唐古拉山的最高峰格拉丹冬雪峰。

格拉丹冬

颇具特色的冰川雪山

海西蒙古族藏族自治州唐古拉山乡

格拉丹冬位于唐古拉山中段，藏语意为“高高尖尖之山峰”，为唐古拉山脉之主峰。格拉丹冬雪山是长江的发源地，也是我国最具特色的冰川雪山之一。同时，格拉丹冬雪山冰川的伸缩变化非常明显地揭示了当地乃至青藏高原和全球气候的变迁，极具科研价值。

格拉丹冬峰周围自然景观奇特壮观。冬季，这里是冰雪的世界，山上山下，银装素裹；夏秋季节，烈日炎炎，冰消雪融，山下天然草原上盛开着五颜六色的野花，姹紫嫣红，草原上点缀着成群的牛羊。

沱沱河

长江正源

海西蒙古族藏族自治州唐古拉山乡

由青藏公路84道班继续南行44千米即到

沱沱河发源于唐古拉山脉主峰格拉丹冬西南侧的姜根迪如冰川，是长江正源。沱沱河景观十分壮丽，雪山冰峰，无垠的草地，

沱沱河日落之景象

蓝天白云倒映在河水中，构成了令人心旷神怡的美景。

沱沱河周边有长江第一桥、长江源头纪念碑、可可西里保护站等。

玩家攻略

沱沱河附近区域是青藏公路昆仑山口至唐古拉山口路段中海拔最低的地方。这里气候、环境也都较好，但从这里往雁石坪沿途没有加油点，要提前做好准备。沱沱河附近有专门的观景平台，那里视角较好，适合游客观赏长江源头的风景。

沱沱河大桥
世界海拔最高的桥梁之一

海西蒙古族藏族自治州唐古拉山乡

沱沱河大桥位于沱沱河站南面三四百米处，是唐古拉山地区修建最早和最长的一座钢筋混凝土大型桥梁，是当今世界海拔最高的桥梁之一。

沱沱河是万里长江的正源，其附近雪山连绵，峡谷耸立，飞驾于河上的沱沱河大桥则如一道长虹悬挂于山岭峡谷之中，形成一幅美丽画卷。大桥气势壮美，堪称真正的“长江源头第一桥”，它与美丽的沱沱河一起成为青藏铁路上最具吸引力的一处景点。

长江源纪念碑
庄严而圣洁

海西蒙古族藏族自治州唐古拉山乡

走过沱沱河大桥，在桥北的小山坡上有一座白色花岗石纪念碑，即为长江源纪念碑。碑石正面雕刻有前国家主席江泽民题写的“长江源”三个大字，背面刻有描绘长江源的碑文。

纪念碑通体白色，立于沱沱河沿，俯瞰着蜿蜒的沱沱河及过往行人，庄严而圣洁，是蓝天白云、万里河流的最好点缀。游客到此纷纷拍照留念。

通天河
水量丰沛，气势磅礴

玉树藏族自治州治多县

可从玉树州结古镇包车前往

免费　全天开放

通天河，古称“牦牛河”，位于万里长江源头，因《西游记》中的“孙悟空大战通天河”而闻名。它是沱沱河与当曲在沱沱河大桥下游60千米的囊极巴陇地区汇合而成的。通天河左右两岸支流众多，水量丰沛，气势磅礴。

通天河区域自古以来就因路途极为险峻，且河中乱石穿空、水流湍急、惊涛拍岸、涛声如雷，自然条件恶劣而被称为天堑，古时很多汉藏使者、传经布道的僧侣、求神拜佛的信民都曾徘徊于此。今天，河上已建起了一座七孔钢筋水泥大桥，天堑已变通途。随着声名日渐传播，其壮美的风光也吸引了越来越多的观光游览者。

通天河渡口白塔

顾名思义，白塔位于通天河渡口。白塔在嘛呢石中间矗立，通体以石垒建，历经百年而不塌，可见其干砌石建筑的高超工艺。白塔底部四周堆满了有关佛教故事的精美的石刻版画。

通天河晒经台

《西游记》里有晒经一节：唐僧师徒取经归来，渡通天河时被老龟掀翻落水，经书

通天河

随之掉入河中；师徒上岸后，于一大石头上晾晒被水浸湿的经卷，经卷上的字也因此被神奇地印在石头上了。今天，通天河大桥南岸，有一块巨大的“晒经台”，人们认为它就是传说中唐僧师徒晾晒经书的那块石头。石上的字迹仍清晰可见，石头旁的古柏树上则挂满了经幡，“通天河晒经台”也因此成为通天河的一大旅游景观。

三江源纪念碑

三江源最显著的标志

玉树藏族自治州通天河畔

三江源纪念碑位于通天河畔，它的建成也标志着三江源自然保护区的正式成立。纪念碑由花岗岩雕成，碑高6.621米，基座面积363平方米，分别象征着长江正源地格拉丹冬雪峰6621米的高度及三江源保护区36.3万平方千米的面积。

纪念碑正面的“三江源自然保护区”碑名由前国家主席江泽民题写；背面的汉、藏文碑文由全国人大常委会原副委员长布赫撰写。纪念碑高大雄伟，挺拔壮观，最上方有两只伸向天空的巨手，象征着人类对三江源自然保护区的保护。该纪念碑是三江源自然保护区最显著的标志。

玩家攻略

随着近年的名声大振，三江源自然保护区正以其独特、原始之美吸引着众多的旅行者。但应注意，因当地自然条件恶劣，三江源自然保护区之旅仍属于探险之旅，具有一定的危险性和不可预测性。游客进入前应在各方面都做好充分的准备；条件不成熟，不可贸然前去。如要去源头，一定要找当地的向导带领，以免因迷路而发生危险。

另外，三江源自然保护区的生态环境非常脆弱，青海省对进入三江源、玉树等自然保护区的探险游、自驾游等有严格的规定，游人进入其中应严格遵守规定，爱护环境，以保护这片珍贵的自然保护区。

玩家解说

三江源纪念碑的设计可谓寓意深刻，除了碑高及基座面积的寓意外，其基座高度为4.2米，象征着三江源4200米的平均海拔；碑体由56块花岗岩堆砌而成，象征着中国的56个民族。

三江源中的“三江”指长江、黄河和澜沧江，它们均发源于玉树境内，故称玉树为“三江源”。三江源自然保护区覆盖玉树、果洛全境和海南、黄南、海西的部分地区，分25个核心区、25个缓冲区和1个实验区，核心区面积达11.19万平方千米，占三江源面积的30.83%。这里是我国面积最大、海拔最高的天然湿地和生物多样性分布区，也是世界高海拔地区生物多样性最集中的地区和生态最敏感的地区，被誉为“中华水塔”，具有重要的生态意义、经济价值。

三江源纪念碑

景点推荐 唐蕃古道沿线

尕朵觉悟神山
藏传佛教四大神山之一

- 玉树藏族自治州称多县尕多乡境内
- 在结古镇三岔路口有班车和私营小面包可以搭乘
- 免费
- 全天开放

尕朵觉悟神山，藏语又称“觉悟夏尕”，意为“白圣客”。它与西藏的冈仁波齐、云南的梅里雪山、青海果洛的阿尼玛卿山并称为藏传佛教四大神山。

尕朵觉悟神山由主峰及几十座环绕的山峰组成，其中主峰海拔5395米。山顶终年积雪，山形尖峭挺拔，群峰林立。尕朵觉悟神山周围散布着诸多历史遗迹，如赛康寺、唐蕃古道、格萨尔王登基台及一些古老的藏族村落，并有格萨尔王的传说流传于此，尕朵觉悟神山因此成为玉树，乃至青海地区有名的山峰，并吸引诸多旅行、探险者前往。

玩家解说

在传说中，尕朵觉悟神山是一位智勇双全的将军，分布于其周围的28座山峰分别是他的7位战将，7位神医，7位铸剑师，7位裁缝师。另外，还有他的奶奶、子女等山峰也围绕着他。

链接

尕朵觉悟神山转山

尕朵觉悟神山转山分大转、中转、顶转3种。其中，大转需8~10天，且只有在最后的两天才能看到主峰；中转需2~4天，全程徒步约55千米，但因路况相对好些，有一段较长的路段可以通车，完全需要徒步的路段只有约25千米，最适合普通游览者选择；顶转只需要1天，但路程很危险，曾多次出现事故。

多数初到玉树的游览者大都选择2天的中转：第一天转山，夜晚在山中宿营；第二天前往转山最后目的地赛康寺。转山的交通工具可选择马匹，在附近村落里就可找到。若有当地人指导，一起转山，则是相当好的事情。

转山过程中，应时刻留意脚下。山路很有挑战性，往往一边是悬崖，一边是溪流，一旦出现失误会很危险。山区的气候变化很快，需做好相关的物资准备。

赛康寺

尕朵乡最大的寺院

玉树藏族自治州称多县尕多乡

赛康寺位于尕朵觉悟神山之下，为尕朵乡最大的一座寺院，有上千年历史。寺院依山而建，外观为白色墙壁、藏红屋檐及金色的金顶，从远处看十分醒目。

当地人多会来此朝拜，他们在寺院内的大院子里跪拜，听喇嘛咏诵经文；之后等待喇嘛在颂完经后，出来在他们的头上洒圣水，据说这可以带来福报，消除一切孽障。仪式非常虔诚，令人敬畏。游客也可像藏族牧民一样来此朝拜，感受信仰的力量，结束尕朵觉悟神山转山之旅。

玩家 攻略

赛康寺也是一座以教规森严出名的寺院。寺院内，女人不可以留宿，以寺院前的小河为界，对面才允许女人居住；每天17:00之后，寺院周围还禁止女人靠近。

歇武寺

藏传佛教萨迦派寺庙

玉树藏族自治州称多县歇武乡

歇武寺全称“歇武多千寺”。寺庙依山而立，主体为红色，从远处看非常醒目。寺庙初建于11世纪初，属噶举派，自1265年元朝帝师八思巴入住寺庙，并将其改为藏传佛教萨迦派寺庙后，现已传至第16代活佛。

歇武寺最突出的建筑是大经堂。大经堂内有诸多重要文物，如新塑萨迦五祖像、僧人墓塔8座及佛经300部，其中包括佛经珍贵藏文版本如《甘珠尔》和《丹珠尔》。寺庙曾经历多次整修，最后一次是在1998年。

玩家 攻略

歇武寺有法会，其中主要的有藏历三月二十八日的“智典”会，七月二十日的“日多”会和十二月二十九日的“格多”会等。

拉布寺

玉树格鲁派大寺之一

玉树藏族自治州称多县拉布乡

拉布寺为玉树地区的格鲁派大寺之一。寺院周边有格拉山、叶热公嘉山、玛嘉山，均是该寺的神山。寺庙历史悠久，有诸多珍藏文物，寺内的石板雕刻佛像艺术造诣很高，值得观赏。

尕藏寺

萨迦派寺院

玉树藏族自治州称多县称文镇

尕藏寺藏语名“尕藏班觉楞”，意为“善缘富乐洲”，为称多境内规模最大、历史最悠久的萨迦派寺院。

寺内收藏有大量的原藏文物，包括铸造于明代的妙金刚菩萨，明代的铜钹、跳神舞衣，清代的无量寿佛像等。其中，以铸有唐朝年号的一尊释迦牟尼像最为珍贵，据传为文成公主时代唐朝赠予吐蕃的。

八思巴讲经台
著名的历史遗迹

玉树藏族自治州称多县称文镇尕藏寺附近

八思巴讲经台为称多拉布民俗村著名的历史遗迹，以元朝帝师八思巴的名字命名。1278年，八思巴从大都（北京）返回藏区，在路过称多时，曾在这里讲经说法，传经灌顶，吸引了当地众多信众聚集。后其弟子阿尼当巴和阿尼仲巴俩兄弟建立了尕藏寺及这座讲经台，以示纪念。

嘉那经石城
世界上规模最大的经石城

玉树藏族自治州结古镇

嘉那经石城不仅是我国藏区，也是世界上规模最大的经石城。它由25亿多块刻着六字真言和各种经文的嘛呢石堆成，是一处罕见的文化圣迹。

嘉那经石城的南、北、西三面砌有高高的经石墙，精美的彩绘浮雕佛像和巨幅六字真言彩色石刻就镶嵌于墙上，精美绝伦。在石城外，经常有当地的男女老幼信众转“廓拉”，他们手摇经轮，围绕石城转圈，据说每转一圈，就相当于将刻于嘛呢石的全部经文诵读了一遍，转的圈越多则修行越深。

玩家 解说

据传，嘛呢石堆最初为结古寺第一世嘉那活佛修建。随着时间流逝，嘛呢石堆的体积越来越大，200多年间堆积起25亿多块嘛呢石，不少嘛呢石上还挂有佛像的彩色经幡。嘉那经石城的中央还竖立有红色神塔。

当卡寺
历史悠久，文物丰富

玉树藏族自治州结古镇南约10千米处

包车前往约20元　免费

当卡寺倚山而建，气势雄伟，颇为壮观。属噶玛噶举派寺院。该寺历史悠久、文物丰富。

寺内现有80柱大经堂1座、20柱小经堂1座，还建有佛像、怙主殿、讲经院和100多间僧舍。此外，寺内还有释迦牟尼佛像、莲花生大师像、蒂洛巴、纳若巴、玛巴和米拉日巴等噶举派始祖以及祖婆阿斯秋吉卓玛等护法神像。藏历每年十一月二十三日至三十日的“祖婆护法神”供养法会在这里举行。

结古寺
萨迦派在青海的主寺

玉树藏族自治州结古镇

结古寺藏语称“结古顿珠楞”，意为“结古义成洲”。寺院以建筑宏伟、文物丰

嘉那经石城

富、寺僧众多在藏区寺庙中颇有名气，为萨迦派在青海省内的主寺。

寺院依山而建，多间殿堂、僧舍错落有致地分布，似亭台楼阁般耸立于山峰之上，主体建筑为都文桑舟嘉措经堂。

玩家 攻略

结古寺在结古镇北面的山坡上，可以从结古镇打车前往，车费约10元。

格萨尔王广场
玉树的象征与代表

玉树藏族自治州结古镇

格萨尔王广场以藏族史诗传说故事《格萨尔王传》中的英雄格萨尔王的名字命名。广场中央有巨大的格萨尔王雕像，雕像中的格萨尔王身骑战马，雄姿英发，一如传说故事中的那般英勇。在藏族人心中，格萨尔王是他们的精神代表，象征着勇敢、坚强与生生不息的战斗精神。

今天，格萨尔王广场已是玉树的象征与代表，承载了玉树的精神与文化。游客可以在这里了解玉树，走近玉树。广场巨大，当地人会在这里举办重要的集会与活动。

链接

《格萨尔王传》

《格萨尔王传》是一部由藏族人民集体创作的英雄史诗，它由西藏民间千余年流传的口头文学整理而成。全书共120多部，100多万诗行，2000多万字，是世界上最长的一部史诗，被誉为“东方的《荷马史诗》”。

这部史诗中塑造了一个具有特殊品格和非凡才能，神、龙、念（藏族原始宗教里的一种厉神）三者合一的半人半神的英雄格萨尔王：他自诞生之日起，就开始为民除害，先后降伏了诸多人间妖魔，并且抑强扶弱、造福百姓，为藏区的统一、安定作出了重要贡献。

文成公主庙
为纪念文成公主而建

玉树藏族自治州结古镇东南25千米处的贝纳沟

文成公主庙又名“沙加公主庙”，是当地人为纪念文成公主而建的。文成公主庙是一处既有唐代艺术风格又有藏式平顶建筑特

文成公主庙

点的古式建筑。寺庙为藏式建筑，建于百丈悬崖之上。寺庙周边环境幽静，景色绮丽，四周的悬崖和面积较大的石头上刻有数不清的藏经。

文成公主庙共3层，屋顶为金色，金光闪闪地射向四方，光彩夺目。文成公主像坐落于寺庙中央，端坐于狮子莲花座上，典雅端庄；雕像旁有分立于上下两层的8尊石刻佛立像，佛像高约3米，雕刻精致入微，形象逼真，极具艺术魅力。

玩家 攻略

去文成公主庙，可选择包车前往，车费50元左右。可将文成公主庙与邻近的勒巴沟岩画、通天河一同游览。

玩家 解说

唐贞观十五年（641年），文成公主由长安出发前往西藏，与吐蕃松赞干布联姻。文成公主一行在进藏途中，曾在玉树的贝纳沟停留，当地首领和群众曾为她举行隆重的欢迎仪式，而公主则将耕作、纺织技术教给当地群众。

文成公主离开后，当地群众为了纪念她，依照文成公主的画像，在石壁上为其塑造了一座雕像，其后又建立了寺庙，即是现在的文成公主庙。目前，该庙已成为藏汉团结的象征、当地信徒们顶礼膜拜的佛堂，香火缭绕，终年不衰，并被誉为玉树高原上的“洞天福地”。

禅古寺

因管护文成公主庙而著名

玉树藏族自治州结古镇禅古村

“禅古”直译为“花石头”，得名于下寺附近一块花色磐石。禅古寺属藏传佛教噶举派寺院，修持本派“大手印法”，因修建和管护文成公主庙而享有盛誉。

禅古寺现存有80柱大经堂1座，名曰“江伊扎梅德勒囊江”，系原扎武、拉达、布庆、拉秀4个百户共同修建。相传在一次地震中，其他建筑皆毁，唯此经堂无损，足见其设计之独特、建造之坚固。禅古寺以西藏曲浦寺和四川八邦寺为母寺，一直联系密切。

巴塘热水沟

在康区享有盛誉

玉树藏族自治州巴塘乡

巴塘热水沟海拔约3900米，因沟中多温泉而得名。巴塘热水沟谷内曲径通幽，植物茂盛，野生动物众多，风景宜人。

清澈的藏曲河带着温泉的气雾沿沟蜿蜒奔流。可沐浴疗病的温泉水清澈透明，几十个泉眼若沸若蒸，雾气腾腾，十分壮观。不同温度的温泉池可以治疗不同的疾病，对

巴塘热水沟

各种皮肤病、胃病、风湿性疾病有特殊的疗效，因此在康区享有盛誉。

玩家 解说

据有关部门对温泉的水质分析，水中富含人体健康发育必需的微量元素50余种，为国内并不多见的优质无污染饮用矿泉水。对皮肤病、消化系统疾病和风湿类疾病有奇特疗效。

吉然寺

在藏区颇有影响的一座寺庙

玉树藏族自治州巴塘乡境内的卓玛巴杂崖根

吉然寺全称“吉然菩提洲”，因吉然家族在此世袭传承并弘法而得名。“吉然”是家族姓氏，自称是吐蕃四大原始氏族之一，早期信奉本教，到8世纪改宗信仰藏传佛教宁玛派。寺内修有经堂，遗迹较多，因而在藏区颇有影响。

勒巴沟岩画

尽现藏族宗教石刻的历史

玉树藏族自治州结古镇东32千米处的通天河西岸的群山间

勒巴沟岩画面江而凿，处于勒巴沟沟口。勒巴沟内蓊郁的草木，也难以掩盖住岩画和数不胜数的、遍布沟内的嘛呢石刻散发出来的神秘气氛。从沟口的唐末释迦牟尼像到现今打制的嘛呢石，你可以看到整个藏族宗教石刻的历史。

勒巴沟岩画

勒巴沟岩画画面镌有佛、菩萨、香客、瑞兽等。技法为阴线轮廓打击。勒巴沟岩画的发现，对历史上的汉、藏文化交流和唐蕃古道等方面的研究，弥足珍贵。

隆宝滩自然保护区

被誉为“黑颈鹤之乡”

玉树藏族自治州结古镇西南

隆宝滩周围高山耸峙，海拔4000米以上，气候寒冷。这里是青藏高原珍禽异兽及一些贵重药材的产地，被世界鸟类专家誉为“黑颈鹤之乡”，是世界鸟类专家和科研工作者瞩目和向往的地方。保护区有世界珍禽研究所至今未能猎获的高原珍禽黑颈鹤，还有斑头雁、棕头鸥、雁鸥、赤麻鸭、秋沙鸭、雪鸡等10余种禽鸟。

隆宝滩境内水草丰美，人参、蕨麻遍地。在溪流、湖泊沼池内，鱼类、两栖爬行类和水生浮游动植物大量繁殖，使这里成为鸟类繁衍生息的理想之地。而当地藏族群众也将黑颈鹤奉为神灵。

玩家 解说

黑颈鹤一般在每年3~4月由我国的云贵高原飞回到隆宝滩垒窝筑巢。5月初开始孵化，30多天后小鹤便破壳而出，随大鹤在滩上觅食嬉戏，10月天气寒冷后，飞回云贵高原过冬。

泞吉湖

盛产高原裸鲤鱼

玉树藏族自治州上拉秀乡境内

泞吉湖海拔4200米左右，湖面90多平方千米，湖水最深处有30米左右。湖水矿化度较高，属咸水湖。湖中盛产高原裸鲤鱼。每逢春夏季节，斑头雁、鱼鸥、赤麻鸭、大天鹅、黑颈鹤等鸟类在此孵卵育雏。

泞吉湖清澈见底，犹如一面美丽的明镜镶嵌在青山之中，牛羊、帐篷环抱四周。当地百姓把此湖奉为度母菩萨的圣湖，于每年七八月举行祭祀活动。

藏娘古塔
康区最大的佛塔之一

玉树藏族自治州玉树市仲达乡

藏娘古塔藏语全称为“藏娘切旦巴吉伦波”，意为“藏娘佛塔旺伟自成”，是康区最大的佛塔之一。

藏娘古塔形状独特，保存完整。佛塔藏有诸多佛教珍品，塔前的碑文则记录了拜见此塔的无量功德。弥德大师500年转世一次的特殊转世制度，也由此开始。藏娘古塔的修建，标志着佛教在康区后弘期的开始，在藏传佛教发展史上有着重要的意义。藏娘古塔在藏区具有较大影响，许多佛教徒不辞路途遥远前来朝拜、游览。

桑周寺
为保护藏娘古塔而建

玉树藏族自治州玉树市仲达乡

桑周寺是为保护藏娘古塔而建的。1260年，藏传佛教高僧嘎阿尼当巴（曾任元朝帝师）在古塔之旁修建了该寺。桑周寺现有大小经堂3座、佛殿4座和若干僧舍等建筑。寺内保存的许多宗教文物，在人物刻画、制造工艺等方面达到了很高的艺术水准，反映了丰富的历史内容。

然察大峡谷
通往达那寺的必经之路

玉树藏族自治州囊谦县境内

然察大峡谷是通往达那寺的必经之路。峡谷景观独特，浑然天成，集“险、秀、雄、奇、幽”于一身，吉曲河穿峡谷奔流而出。峡谷内怪石嶙峋，松、柏及各种灌木在石缝中、悬崖峭壁间傲然而生。峡谷河水湍急，溪水潺潺，清澈见底；盛夏时节鸟语花香，晚秋之季红似香山，令人流连忘返。

古老的宗郭寺坐落在谷口之顶悬崖之上，一座萨迦王的古灵塔静静地矗立在寺院旁，数十只羊在僧人修行处自由地生活着。这里远离城市的喧嚣，静谧而祥和。大峡谷田园与草原、村庄与牧场和谐共处，俨然一幅令人神往的高原田园风光的画卷。

然察大峡谷

达那寺

有近千年的历史

玉树藏族自治州囊谦县境内的达那山中

达那寺居于山腰间，有近千年的历史，远望如悬挂于半空之中，令看者胆战心惊。寺庙建筑规模宏大，主体建筑为叶巴经堂，经堂下方的殿堂内塑有噶丹派佛塔；殿堂为藏、汉、纳西三族合璧式样，据说推门而入，能根据发出的不同声响预知前途命运。寺内的一座二层楼厅式的帕摩竹巴灵塔殿内，还供奉有帕摩竹巴灵塔。

玩家 攻略

达那寺因历史悠久、宗教文化底蕴深厚，与印度的达那寺齐名。在信徒心中，人们认为朝拜了达那寺，就相当于亲临了印度佛教圣地，由此不少朝拜者慕名而来，很多人将朝拜达那寺视为人生快事。

链接

达那寺与格萨尔王

达那寺的出名与藏族古代英雄格萨尔王有着重要的联系，当地人认为这里是格萨尔王曾经生活过的地方，寺内存放的诸多文物也都被认为与格萨尔王相关。叶巴经堂右下1/4处有格萨尔经堂，内部供奉有格萨尔王像；叶巴经堂的另一小殿中供放着相传为格萨尔所念诵的“帕本”经卷；寺院所在的达那山西面的龙保山上有相传为格萨尔及其部将的墓葬塔。有人甚至称达那寺为“岭国寺”。

才久寺

收藏有众多知名文物

玉树藏族自治州囊谦县囊谦喀

才久寺藏语全称为“仲顿囊谢舟群科楞”，意为“周巴讲修显密法轮洲”。该寺为古时囊谦地方地位最高的世俗首领囊谦千户的家寺，约初建于明末清初，属周巴噶举派寺院。寺庙雄伟壮观，寺内收藏有众多知名文物。才久寺曾在玉树地震中遭到严重破坏，后经修整，大致恢复原貌。

玩家 攻略

囊谦的寺院很多，每一座都有自己的特色。才久寺很古老，僧舍很多，僧人热情善良。有需要的话，可以选择在寺内住宿。

尕尔寺

藏传佛教噶举派最大的一座寺院

玉树藏族自治州囊谦县白扎乡的巴麦村

尕尔寺为藏传佛教噶举派最大的一座寺院，有近千年历史。寺庙坐落于一座海拔3700多米的高山上，分上寺和下寺。寺内建筑达数百间，不规则地分布于山南边的大山坡上，由下而上，直至山顶。

尕尔寺以景色奇异、自然景观独特而出名。从尕尔寺的上寺四下张望，只见形态各异的山峰纵卧，它们有的像球，有的像柱，有的像门，有的像墙；山上则各种树木挺立，五彩经幡飘扬，远处湖泊、草原交错，整体犹如美丽的“世外桃源”。

玩家 攻略

前往尕尔寺的路很不好走，路面崎岖，路的一边是悬崖峭壁、遮天林木，一边则是狭窄的河流，但一路上风景却是大美。尕尔寺像被时光遗忘的老人，无与伦比的自然环境雕刻出其独特的面貌。

尕尔寺的经幡

景点推荐 德令哈周边

卢山岩画

反映古老的柴达木文化

海西蒙古族藏族自治州天峻县江河乡的南山北麓

卢山岩画散布于南山坡上的30多块花岗石长粉岩上，共计270多幅各类图画。画面描绘的主要内容有动物（以牛、马、鹿、鹰、豹子、狗为主，牛最多，鹿次之）、狩猎、战争、生殖及藏文字等。整个场面以写实手法反映了高原动物群居生息的场面，岩画作于佛教盛行于当地的元明清代。

卢山岩画生动地反映了古老的柴达木文化，不仅有很高的艺术价值，也有极高的学术意义。

天峻石经寺

以藏传佛教艺术造型著称

海西蒙古族藏族自治州天峻县

10元

天峻石经寺1957年建成。整个石经寺由甘珠尔石经院、时轮佛塔、石经佛龛、巨锅长明灯四部分组成。主体建筑石经院坐北朝南，由四面石经墙和院门组成，每面墙除了石经以外，还有许多佛龛及雕刻在石板上的佛像。石经院中心空地上，用石经板垒筑着一座高大的时轮佛塔。这座佛塔外观奇特，风格古雅。在时轮佛塔前，置有一巨锅，点燃的酥油灯常年不熄。

石经寺具有藏传佛教艺术造型的特点和很高的文物价值。

鲁芒沟岩画

岩画以磨刻和锤打而成

海西蒙古族藏族自治州天峻县天棚乡鲁芒沟内约4千米的东山根

鲁芒沟岩画共3处，均磨刻和锤打而成。岩画构图严谨，形象逼真，动物形态简单大方，主要动物有骆驼、马、牛、猪、山羊、大头羊、狗、狼等。岩画工匠以写实手法反映了高原动物群居生息的场面。据考证，岩画作于佛教盛行于当地的元明清时代。

天峻石林

浑然天成，妙意盎然

海西蒙古族藏族自治州天峻县城西部的天峻山上

天峻石林是喀斯特地貌孕育出的奇景盛观。石林多半呈青灰色，褐红、灰、白等色掺杂其间。数以百计的群山石林，有的笔直高大，有的婀娜多姿，有的傲骨不凡，有的憨态可掬，惟妙惟肖。这些石林色彩丰富，横涂竖抹，有淡雅的，有浓烈的，浑然天成，妙意盎然。

二郎洞

有着动人的传说故事

海西蒙古族藏族自治州天峻县关角山

二郎洞洞口面朝西，背后有条小河。人们将二郎洞与英雄格萨尔王相联系。相传格萨尔王与霍尔打仗时，格萨尔的大将吾叶德合战死，格萨尔悲痛之下拔剑砍下北侧的一个山头，又用剑戳成山洞，在大洞内为其诵念《甘珠尔》经文108部，历时9年零9天，终超度成仙。

茶卡盐湖 AAAA

有柴达木“东大门”之称

海西蒙古族藏族自治州乌兰县茶卡镇盐湖路9号

从西宁长途汽车站乘坐发往乌兰县的班车在茶卡镇下车即到

门票70元，小火车50元

7:00～18:30

茶卡盐湖位于柴达木盆地东部边缘、黑

茶卡盐湖

马河乡以西，有柴达木“东大门”之称。古代这里是丝绸之路上的一大重要站点，也是商贾、游客进疆入藏的必经之地。在藏语里，茶卡盐湖意为“盐海之滨”。茶卡盐湖是柴达木盆地有名的天然结晶盐湖，其盐储量可供全国人民使用约75年。

茶卡盐湖面积巨大，景色优美；湖面时而碧波荡漾，莽莽苍苍，时而宁静祥和，融秀丽、壮美为一体，极具特色。天气好时，湖面还会形成海市蜃楼之奇观，有房屋、牛羊等各种景象，引人注目。有观光小火车通往湖心区，在那里可以看到现代化大型采盐船采盐时喷水吞珠的壮丽场景，并能欣赏到美丽的盐湖日出和绚烂晚霞。

玩家 攻略

- 乘坐观光小火车深入湖心区域，是多数游客到茶卡盐湖必做的事。在这里，了解盐湖奇观、观看采盐船采盐的壮观场景、透过湖水欣赏形状各异的盐花，是非常独特的体验。若有兴致，不可错过盐湖日出与日落之景象。
- 可以与青海湖一同游览，从青海湖自驾到茶卡盐湖约2小时。
- 徒步在湖面上行走时，注意不要离铁轨太远，以免掉到盐湖中。另外，最好选择早晚时去，因中午阳光很强烈。最好准备好防晒的物品。

金子海

输送的清泉常年流淌

海西蒙古族藏族自治州乌兰县城向西南方向行车约80千米

金子海蒙古语意为“阿东木拉古湖”。相传成吉思汗领兵经过此地时，丢下的金盏化为金子海。

金子海面积为0.45平方千米。从湖边叉出两条河流，向东南和西南方向输送的清泉常年流淌。湖的西部和西北部为沙漠。湖的东部和东南部被2米多高的芦苇所环绕，近湖地段为百米宽的草带。

柯柯盐湖

青色盐湖

海西蒙古族藏族自治州乌兰县

柯柯盐湖蒙古语意为“青色盐湖”。湖面海拔3010米，南北狭窄。湖水为钠盐型，渐趋干涸，现仅东西两端有小面积水面。晶间卤水来源为穿过山前倾斜平原沙砾层后在其前缘遇黏土层而溢出的泉水，泉眼有665处以上。盐矿蕴藏量大，每平方千米达750万吨左右，便于露天开采，再生能力强，建有柯柯盐厂进行开采。

哈里哈图森林公园

保存完好的天然林

海西蒙古族藏族自治州乌兰县幸福路4号

哈里哈图森林公园位于柴达木盆地荒漠区，是西北干旱地区海拔最高的森林公

哈里哈图森林公园

园，是青海省海西州保存最完好的天然林之一，为柴达木沙漠里的一颗绿色明珠。

哈里哈图山植被繁多，有禾本科杂草、圆柏、云杉等，还有多种灌木、药用植物、牧草等。野生动物也在林区内广泛分布，有猞猁、沙狐、白唇鹿等20多种。园区内雪山草地、森林溪流交相辉映，春季生机盎然，夏季山清水秀，秋季果味飘香，冬季银装素裹。

都兰寺

历史悠久，文化厚重

海西蒙古族藏族自治州乌兰县铜普镇

都兰寺全称“噶丹桑阿玉仁佩林”，意为“具喜密宗增益洲”，因位于都兰河畔，故俗称都兰寺。

都兰寺的历史最早可追溯到元世祖至元八年（1271年）。据说，当时有位叫阿嘉措的禅师隐身在塔延森林中坐禅，信仰藏传佛教。其后相继有索南嘉措、元丹嘉措、罗桑桑丹、罗桑益希、罗桑阿旺毛兰木等颇有名气的5位禅师，次第在这里坐禅，至今在塔延森林中尚存几十处禅房遗址。明万历十一年（1583年），三世达赖喇嘛索南嘉措到塔尔寺讲经时，道希汗禅师专程到塔尔寺朝拜，得到三世达赖喇嘛准许，在塔延山口修建了一所禅室，这就是都兰寺的雏形。

尕海湖

海西州的一大淡水湖

海西蒙古族藏族自治州德令哈市尕海镇

建议包车或自驾前往

50元　9:00~18:00

尕海湖所在的地域，藏胞称之为“措宁”，就是“牦牛走来走去的地方”。尕海湖是海西州的一大淡水湖，是青藏高原东部的一块重要湿地，被誉为高原上的一颗明珠。尕海湖水草丰茂，许多南迁北返的珍稀鸟类在此落脚和繁殖，黑颈鹤、灰鹤、天鹅等珍禽遍布湖边草滩。

尕海湖

哈拉湖
青海第二大湖泊

海西蒙古族藏族自治州德令哈市

建议自驾前往

免费

哈拉湖蒙古语为“哈拉淖尔”，意为“黑色的湖”，是青海第二大湖泊，也是深藏在祁连山腹地、鲜为人知的高原咸水湖。该块湿地分布着大大小小数十个湖泡，常年蓄水。

前往哈拉湖的道路基本为砂石路，或是车辆碾压形成的便道，道路蜿蜒于祁连山脉的高山丘陵之间，一路风光无限。

柏树山
德令哈人的一块福地

海西蒙古族藏族自治州德令哈市北面10千米处

建议自驾或包车前往

免费

全天

柏树山最高峰海拔4000多米，是德令哈市的天然屏障。登上山顶，德令哈万般风光尽收眼底。

柏树又称青海岩柏，抗寒耐旱，不论在砾石堆中，还是在峭壁岩层中都能茁壮成长。所以，在柴达木干旱的山峦丘壑，它始终蓊郁苍翠，葱茏欲滴。柏树林间草地上，红柳丛丛，山花簇簇，蝶蜂嬉戏，上下翻飞。柏树山是德令哈人的一块福地，是人们休闲的好去处。

巴音河
德令哈市的“母亲河”

海西蒙古族藏族自治州德令哈市

免费

巴音河蒙古语意为“幸福的河”。巴音河纵贯德令哈市区，是德令哈境内最大的河流，被称为德令哈市的“母亲河”。

巴音河河道宽阔，河水清澈见底，两岸树木茂盛。河岸边有专供市民锻炼的场地，是德令哈市民锻炼和休闲的好去处。

褡裢湖
一幅绝妙旖旎的画卷

海西蒙古族藏族自治州德令哈市西南

柏树山

如宝镜般镶嵌于戈壁荒原的可鲁克湖与托素湖，分列青藏铁路北南两侧，它们一淡一咸，一小一大，被一条小河连接起来，形如褡裢，故称为“褡裢湖”。传说两湖泊是由一对古时的情侣变化而成，也称“情人湖”。湖岸草木茂盛，牛羊成群，飞鸟云集，与远处的群山、碧蓝的湖泊构成绝妙的旖旎画卷。风平浪静时，湖面烟波浩渺，美丽祥和；天气变化时，则湖水澎湃，波涛汹涌，摄人心魄。

玩家 解说

每年春天，天气转暖、湖水融化时，多种珍稀野生珍禽，如黑颈鹤、斑头雁、鱼鸥、野鸭等，会从遥远的东南亚诸岛飞到褡裢湖一带建窝筑巢，生儿育女。湖中岛屿成为“鸟儿的乐园”和“蛋的世界”，褡裢湖一带也因此被国家列为自然保护区。

海子诗歌陈列馆

为纪念海子而修建

海西蒙古族藏族自治州德令哈市格尔木东路

海子诗歌陈列馆主要展示青年诗人海子的代表诗作及相关资料、图片、书籍。海子于1988年在青海旅行时经过德令哈，并写下了著名的诗篇《姐姐，今夜我在德令哈》，从此海子成为德令哈的另一种象征，不少行者因此追随海子而来。为纪念海子，2012年海子诗歌陈列馆在德令哈市开馆。

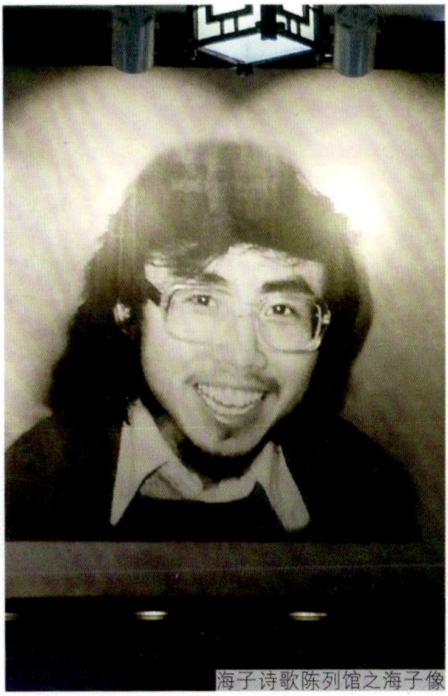
海子诗歌陈列馆之海子像

白公山

神秘的外星人遗址

海西蒙古族藏族自治州德令哈市西南的怀头他拉乡

白公山矗立在托素湖畔。白公山山脚下有3个形状不规则的三角形岩洞，以中间的岩洞为最大。岩洞内遍布清一色的砂岩。10多根直径10~40厘米的铁管从顶上斜穿到洞内，经多年腐蚀仍清晰可见。铁管穿入山体，与山体紧密结合，似被直接插入岩石之中一般，令人惊叹。关于此现象的成因，有人将其归为外星人说，于是这里便成为神秘的外星人遗址。

怀头他拉岩画

珍贵的游牧民族文物

海西蒙古族藏族自治州德令哈市怀头他拉乡西北约40千米处

据考证，怀头他拉岩画创作于北朝后期和隋唐时代。岩画技法精湛，风格独特，题材多样，包括动物、人物、狩猎、放牧、植物、舞蹈以及性爱等，手法以凿刻、磨刻和磨划为主。岩画不仅艺术价值高，极具观赏性，还有很高的学术价值。作为珍贵的游牧民族文物，颇有研究意义。

玩家 攻略

怀头他拉岩画分布得不集中，自己过去看比较难找，最好找司机或向导指引。

黑石山水库

中型水利枢纽工程

海西蒙古族藏族自治州德令哈市境内

巴音河中段流经德令哈市，该段上游现

紫金山天文台青海站

已建有黑石山水库。该水库是一座以灌溉防洪为主，兼有发电、旅游、水产养殖等综合效益的中型水利枢纽工程。水库的建成，为德令哈地区工业、农业的发展及防汛等作出了巨大贡献。

紫金山天文台青海站
理想的天文观测点

海西蒙古族藏族自治州德令哈市以南的白公山旁

紫金山天文台青海站始建于20世纪80年代初，海拔3200米，也被称为德令哈天文观测基地。青海站在此设有直径13.7米的天文望远镜，是国内唯一一个毫米波观测站。德令哈地势高，空气透明度好，是亚洲最理想的天文观测点之一。

德令哈旅游交通示意图

雅丹林
独特的地貌景观

海西蒙古族藏族自治州冷湖行政区

包车或自驾前往　免费　全天

“雅丹”是维吾尔语，意为“风化的土堆群”，也是风蚀地貌的别称。雅丹林是柴达木西部的独特地貌景观，当地人把它称为魔鬼城、迷魂阵。它浩瀚如海，富有观赏性。

在冷湖1.7万平方千米的土地上，雅丹林的面积占到94%以上。雅丹林远远望去奇形怪状，千姿百态，十分壮观。由于地形较复杂，身临其境，有迷失方向的危险。

景点推荐

三江源地区

贡萨寺

寺内藏有大量的佛经

玉树藏族自治州治多县

贡萨寺是12世纪由拔戎噶举派的创始人拔达玛旺秀的心传弟子秋杰次成帮巴创建的，由此产生秋杰活佛转世系统。第二世秋杰索南扎巴扩建寺院并改宗为直贡噶举派。15世纪，五世达赖喇嘛又将该寺改宗为格鲁派寺院。

1981年，寺院从治多县城北面闹市旺江旧址搬迁到现在的新址，并修建了大经堂、弥勒佛殿、密宗和护法神殿及活佛寝宫等建筑，寺内存有《甘珠尔》《丹珠尔》等佛经不计其数。贡萨寺宗喀巴大佛为世界最大的室内铜制镀金佛像，并被授予“大世界基尼斯之最”证书。

烟瘴挂大峡谷

长江干流通天河上的大峡谷

玉树藏族自治州曲麻莱县曲麻河乡措池村

烟瘴挂大峡谷是长江干流通天河上的第一个大峡谷。通天河在莫曲河口被冬布里山阻挡，河水在群峰之间左右冲闯，形成这条10余千米长的水上通道。

峡谷两侧是犬牙交错的喀斯特地貌，险峻、阴暗、幽森；峡谷中牧草生长茂盛，无牧民居住，多野生动物，其中以狼与熊居多。无风的早晨，烟瘴挂峡口下游牙曲的暖流形成的雾气覆盖通天河，紧贴水面逆通天河而上，如游蛇般滑入峡谷之中。

格萨尔王登基台

格萨尔王称王登基的遗址

玉树藏族自治州曲麻莱县麻多乡

格萨尔王登基台为《格萨尔王传》中格萨尔王赛巴夺魁而称王登基的遗址。登基台是一块体积巨大的奇妙石头，形似莲花宝座，如同从地下生长出来。当地人认为这是格萨尔王登基的地方，并将其作为圣迹瞻仰。登基台的外围建有8座佛塔和周长约800平方米的嘛呢石圈。

群果扎西滩

吉祥的水头

玉树藏族自治州杂多县

免费　全天开放

群果扎西滩位于海拔5200米的杂纳荣草原，为澜沧江上游扎曲河之源。群果扎西滩藏语意为“吉祥的水头”。草原四周群山上的许多小溪像倒悬在天际的珍珠项链，顺着冲击而成的冰槽汩汩而下，向着草原中部的群果扎西滩流去。这些小溪在群果扎西滩绕过30多个总面积在1000平方米左右的湖泊，顺着自然形成的小沟，游龙似的南来北往，迂回曲折，与滩上诸多泉水汇合。澜沧江上游支流之多，恐怕连长江、黄河都望尘莫及，有名有姓的就达数十条，无名无姓的难以胜数。因而，藏族牧民管它叫“杂曲（意为水流众多）河。”

澜沧江源

澜沧江东源头区

玉树藏族自治州杂多县西北

澜沧江是湄公河上游在中国境内河段的名称。它是中国西南地区的大河之一，是著名的国际河流、东南亚第一长河、亚洲第三长河。源于青海，经西藏、云南出国境，流经老挝、缅甸、泰国、柬埔寨和越南，最后注入中国南海。全程长约4900千米，中国境内河长约2000千米。澜沧江源头在吉富山麓扎阿曲的谷涌曲。

澜沧江东源头区，地形独特，自然景观也非同一般。由扎那日根山放眼望去，是一片一望无际的大草原，绿茵茵，平展展，藏族牧民称之为“杂纳荣”草原。杂纳荣草原属高山草甸草场，草场上生长着各种奇花异草，有的亭亭玉立，随风起舞；有的争芳斗艳，故弄风骚；有的含苞欲放，饱沾雨露。草原四周环绕着陡峭、怪石突兀的群山，而澜沧江不竭的源头——以巨冰筑成的扎那日根山就坐落在这里。山脚缓缓流淌的小溪，则是澜沧江的始源。

澜沧江源

攻略资讯

- 交通
- 住宿
- 美食
- 购物
- 娱乐

德令哈城市风光

交通

飞机

●海西

格尔木机场位于格尔木市区以西10千米处，坐落在海拔2842千米的戈壁荒漠中，是西北地区海拔最高的机场。

格尔木机场每天都有航班飞往西宁。其中，周一、三、五、日执行格尔木—西宁航线，周二、四、六执行西安—西宁—格尔木航线。要前往其他城市，可在西宁中转。

德令哈机场位于海西州德令哈市西南部，2014年竣工通航。目前有往返西宁和德令哈间的航班。

●玉树

玉树机场位于玉树藏族自治州结古镇境内，目前玉树机场已开通玉树至西宁、玉树至拉萨、玉树至成都等航线。从省会西宁飞抵玉树仅需1小时左右。

火车

●海西

青藏铁路正式通车后，已开通从北京、成都、重庆、西宁、兰州、上海、广州驶往拉萨的火车。青藏铁路沿途经过众多的旅游景点。

格尔木火车站位于格尔木市迎宾路39号，每天发往西宁的列车有2趟，每天经过格尔木去拉萨的火车有5趟，分别来自北京、上海、成都/重庆、广州、兰州、西宁。

青藏铁路

汽车

●海西

格尔木市位于109、315、215国道的交会处，地理位置重要。

格尔木长途汽车站：格尔木最主要的汽车站，位于格尔木市江源南路23号，主要发往西宁和甘肃敦煌以及格尔木周边乡镇。

●玉树

玉树州已基本形成以结古镇为中心，以国道干线为主骨架，以县乡公路为辐射的公路交通网络。

西宁长途汽车站每天有5班发往玉树的班车。从玛多到玉树没有直达班车，只能到离玛多县城2千米外的三岔路口去等途经此地的西宁到玉树的班车。由玉树进藏，可先到四川甘孜州石渠县，然后从石渠到德格，便可进入西藏。

住宿

海西

海西州住宿主要集中于格尔木市、德令哈市、乌兰县等县城周边以及部分景点地区，几个地方住宿条件差异较大。格尔木市内有豪华、经济等多种类型的酒店可供选择；德令哈市内找住宿的地方很方便，城市小，宾馆主要集中在市中心。去茶卡盐湖旅行，可选择在乌兰县茶卡镇住宿，附近有一些宾馆；因地处偏远，这里的宾馆条件相对一般，但也可满足一般旅行者的基本需求。

●森元品质酒店

德令哈森元品质酒店东邻美丽的巴音河畔，北靠巍峨的柏树山，周边有外星人遗址、哈拉湖、白公山、紫金山天文观测站、金子海、托素湖等美丽的景点。酒店占地面积3.5亩，有客房、餐饮、娱乐、会议等多种服务设施。 海西蒙古族藏族自治州德令哈市河西天峻西路 0977-8225555

●德令哈中德大酒店

酒店位于商业繁华中心，地理位置优越，交通便利。这是一家集住宿、餐饮、茶艺、商务、休闲为一体的综合型商务酒店。酒店服务周到，基础设施齐全。 德令哈体育广场南侧光明路 0977-8204888

德令哈市区

玉树

玉树州住宿主要集中于首府结古镇、各乡镇以及景点周边。结古是玉树较繁荣的地方，住宿选择较多。一般宾馆的价格在150元左右，普通招待所价格只有几十元。乡镇以及景点周边，则多为家庭旅馆以及农家乐。需注意，玉树每年7月底举办赛马节，那时到玉树的观光游览者很多，需要提前订好住宿地。

●玉树宾馆

玉树宾馆坐落于结古镇中心地段，交通便利，地理位置优越。宾馆有大型康体设施、宴会厅、KTV、阅览室、会议中心、多功能厅、商务中心、休闲吧、民族歌舞表演厅、旅行社、停车场等多项综合服务设施。

玉树藏族自治州结古镇民主路格萨拉康巷6号

0976-8822999

●玉树格萨尔酒店

格萨尔酒店是一家集客房、餐饮、量贩KTV于一身的酒店。酒店周边环境便利，距离玉树车站只需3分钟的车程，距玉树机场不到20分钟车程。玉树藏族自治州结古镇胜利路双拥巷1号(市政府斜对面) 0976-7809999

美食

海西

海西蒙古族藏族自治州有最正宗的蒙古族和藏族的特色饮食，如高原牧民的全羊、手抓羊肉、糌粑、奶茶等；如果赶上每年夏秋的牛奶生产旺季，还会有达拉、曲拉、酸奶等美食。海西州特色美食主要有菊花饼、烤全羊、旗花面、紫米糕等。

特别需要注意的是，内地游客在海西州享用烤肉、酥油茶时，切忌过量，以免引起身体不适。

酥油茶

●菊花饼

菊花饼是以面粉为主要食材制成的一道美食。菊花饼外形美观，饼皮经过烘焙松发后，酥层片片卷起，犹如菊花瓣，饼面带有晶莹小粒。本品制法较简单，同时可以达到美观的要求。此饼含油量较少，但极松软，口味不腻。

●烤全羊

“烤全羊”是青海牧区的一道传统而具有独特风味的宴客佳肴。烤全羊外部肉焦黄发脆、内部肉绵软鲜嫩，羊肉味清香扑鼻，颇为适口，别具一格。

烤全羊

●旗花面

旗花面是青海的独特风味小吃，盛名远扬。因它所用的萝卜、土豆都切成小片，面切成像小旗子一样的平行四边形，故而得名“旗花面”。

旗花面

●紫米糕

紫米糕是一款美味点心，主要原料是紫米、江米、白糖等。这道点心制作简单、营养丰富，鲜香可口。青海一般宴请重要客人时制作。

紫米糕

玉树

玉树市的餐馆一般以川菜为主，还有些藏餐和清真菜馆，口味偏辣。

玉树当地主要食物就是一些藏式风情美食如糌粑、手抓羊肉等，街上的小餐馆内都可品尝到，一些餐馆很有特色。另外，有一种叫“肋巴”（Kebab）的烤肉非常值得推荐，很多到过玉树的游客都对其念念不忘。

●糌粑

糌粑是藏族牧民的传统主食之一。糌粑的制作方法是：将青稞（属大麦类，有白色、紫黑色两种）晒干炒熟，磨成细面；将酥油溶化在热奶茶中，然后加入青稞面，并搅拌成团状；之后将青稞面用手捏成块状直接放嘴里吃。

糌粑

●肋巴

肋巴有点类似土耳其烤肉。这是一种先把羊排骨煮到半熟，然后再刷上酱，在炭上烧烤的风味肉串。

肋巴

购物

海西

海西州地处柴达木盆地，南接昆仑山，地域辽阔、物产丰富。在海西，既能见到来自昆仑山的彩石、软玉，又有出自柴达木盆地的盐雕，还有挂毯、藏刀等少数民族特有的工艺品，以及产于高原上的发菜、羊绒、枸杞、花蜜等，以上物品都是留作纪念或者馈赠亲友的很好选择。

格尔木市和德令哈市是海西州的两个重要商业城市，主要的商场有位于格尔木市的西单商场格尔木店、格尔木市购物中心、格尔木雅奇百货有限公司和位于德令哈市的海西购物中心等。

●昆仑玉

昆仑玉质地细润，淡雅清爽，油性好，透明度高。昆仑玉可分白玉、灰玉、青玉、白带绿、糖包白等，以晶莹圆润、纯洁无瑕、无裂纹、无杂质者为上品。

昆仑玉

●桃花玉

桃花玉也称桃花石。石质微透明，富有玻璃光泽。经加工抛光，桃花玉纹理清晰，画面组合协调，色美质丽，可与彩玉石媲美，颇具观赏价值。

●盐工艺品

自古以来，大青盐在民间就有镇宅辟邪、驱邪祈福的作用。盐雕工艺品采用纯天然绿色的制作方法加工而成，既有盐的纯洁又有玉的润泽，每一件作品都惟妙惟肖、晶莹剔透。

盐工艺品

玉树

玉树州特产很多，最具特色的有珍贵的藏药材和保健品。此外，还有具有民族风情的工艺品。

结古镇上有很多南方人在路边开设的手工作坊，可以买到藏饰等玩意儿，但质量、花色都很一般。买纪念品一定要去逛逛镇上的藏族大市场，市场楼里各式各样的店铺会令你大开眼界。这里藏族用品繁多、精致，但价格也比街边店贵不少。在这里开店的基本全是藏族，很多东西虽贵，但在路边店或是西宁的小商品市场买不到，同样的东西这里的做工明显要好。需注意的是，大市场关门早，最好白天逛；如果等晚上回到镇上，就只能逛逛街边店了。

●唐川嘎保

唐川嘎保是青海特有的藏药材，全草入药，具有镇痛散肿的作用，治毒疮、痈疽、白喉、腹痛、体痛及皮肤病。但有毒，内服慎用。

唐古特青兰

●唐古特青兰

唐古特青兰又称“甘青青兰”，藏语称“知羊格”，为唇形科植物。藏医用唐古特青兰的地上部分入药，具有清肝热、愈疮、止血等作用。

●藏毯

藏毯是世界三大名毯之一。藏毯分各种不同的尺寸，不同的风格，如有高贵素雅型的、浓重华贵型的，有地毯式的、挂毯式的，样样均可以称得上是艺术精品。

藏毯

娱乐

海西

格尔木市内娱乐场所多集中在八一路和昆仑路附近，适合年轻人休闲娱乐。市中心的人民公园、儿童公园，环境优美，是散步休憩的好去处。巴音河纵贯德令哈市区，沿河两岸绿树环绕，是人们休闲娱乐的好地方。

由于海西州是多民族聚居地，每当各民族的传统节日来临时，大家都会聚在一起，载歌载舞，共同庆祝。特别是蒙古族每年7月中旬的祭“俄博”和夏天举行的那达慕大会，是草原牧民们一年一度的盛会。这些节庆中既有传统的祭祀活动，又有各种热闹的比赛。

●那达慕大会

那达慕，蒙语是“娱乐”或“游戏”的意思。它在蒙古族人民生活中占有重要的地位，是为适应蒙古族人民生活的需要而产生的。那达慕大会的内容主要有摔跤、赛马、射箭、赛布鲁（蒙古语，意为“投掷”）、套马、下蒙古棋等民族传统项目，有的地方还有田径、拔河、排球、篮球等体育竞赛项目。

位置：格尔木郭勒木德镇

时间：每年7月26日

那达慕大会上的骑手

●藏族六月六歌会

歌会期间，藏族群众身着藏服，带上食品，到草原上扎帐，临时形成一座帐篷城，举行声势浩大的赛马盛会。歌会期间，还开展马上骑射、马术表演、赛马、射箭、举石头、对歌、赛牦牛等活动。人们向优胜者献哈达、敬美酒。历时3～7天，天天热闹到深夜。

位置：海西蒙古族藏族自治州

时间：每年农历六月

玉树

玉树有丰富多彩的文化娱乐活动，其中以玉树赛马和康巴歌舞最有名气。想要深入感受玉树特色，不可错过节庆活动。玉树歌舞种类多样，每一种都精彩绝妙，极具艺术及观赏价值。

●康巴文化艺术节

康巴文化艺术节由青海玉树州、四川甘孜州、云南迪庆州和西藏昌都地区三州一地轮流于七八月联合定期举行。届时，美丽的玉树草原上将会出现数千顶帐篷，组成一座五彩缤纷的帐篷城。

节日期间，除了举办盛大的开幕式外，还会举行独具地方民族特色的歌舞、服饰表演和精彩的赛马、赛牛、马术等民间体育表演。

位置：玉树藏族自治州

时间：每年七八月

●玉树赛马节

如今，玉树地区无论祭山敬神还是迎宾送客、操办婚事等，都离不开赛马竞技。当一匹匹骏马与一位位身披华丽战袍的、矫健的康巴汉子一同亮相时，现场观众的喝彩声、口哨声不绝于耳；当康巴汉子们在马背上作出各种高难度动作飞驰过赛马场时，现场更是高潮迭起，马蹄声、欢呼声合奏出整场最激荡人心的旋律。

位置：玉树藏族自治州扎西科草原

时间：每年7月25日开始

玉树赛马节上的民众

索引

我们的理念

做发现者，才能走得更远。发现秀美景色、探寻历史痕迹、体验文化脉络、寻找地理起源等深层次的旅行知识，是我们不停脚步的动力。我们不仅是在做一本旅行指南，能为旅途上的行者做出一部内容丰富、态度严谨、值得边走边读的行囊书，是我们永恒不变的追求。

《发现者旅行指南》编辑部

总 策 划 丁海秀
执行策划 李荣强　安颖侠

项目统筹 周国宝　龚道军
内容编辑 刘　挺　王叶青　方明杨
刘秀红　丁天丰　张文齐
商子微　张亚飞　苏雪莹
沈　皓　魏建飞　张灵燕
许晨晨　杨康健　张　鑫
刘晓璐　刘慧慧　王春雪
刘智勇　李荣强
美术总监 左小文
美术编辑 侯心如　王春晓
图片编辑 朱盼盼　马志鹏
插图绘制 尚祖山　李秋红
排　　版 水长流　赵媛媛

图片提供 微图网　汇图网
中国图库网　全景网
锐景创意　集成图像
站酷海洛　shutterstock
fotoe　dreamstime
孙西国　马林宏　徐　行
高应胜　薛　冬
西部老马　钱多多

出炉过程

在编辑部成员的共同努力下，这套耗时两年有余的旅行指南终得以付梓。其间，我们亲历景点，翻遍资料，只为确保撰写的内容准确有效；我们实地考察，联系景区，只求绘得一幅精美的景区图；我们花尽心思，几易版式，只为呈现出前所未有的阅读体验。如今，这套精心打造的旅行指南，能放到您的行囊或书架，我们深感荣幸。我们期待与您一起走向远方，重新发现旅行的价值。

联系我们

我们的成长需要您的支持。您对本书的每一条意见我们都会珍视。同时也欢迎您与我们一起分享旅游体验，稿件一旦被采用，您将会获取相应稿酬。您可以将意见和稿件投递到我们的邮箱（tepfx@163.com）。

丛书策划 丁海秀
责任编辑 巨瑛梅

图书在版编目(CIP)数据

青海 /《发现者旅行指南》编辑部编. -- 北京：旅游教育出版社，2017. 1（2019.8）
（发现者旅行指南）
ISBN 978-7-5637-3509-9

Ⅰ. ①青… Ⅱ. ①发… Ⅲ. ①旅游指南—青海 Ⅳ. ①K928.944

中国版本图书馆CIP数据核字（2016）第316586号

青 海（第2版）

《发现者旅行指南》编辑部 / 编

出版单位 旅游教育出版社
地　　址 北京市朝阳区定福庄南里1号
邮　　编 100024
发行电话 （010）65778403 65728372 65767462（传真）
本社网址 www.tepcb.com
E-mail tepfx@163.com
印刷单位 北京华联印刷有限公司
经销单位 新华书店
开　　本 905毫米×1100毫米 1/32
印　　张 9
字　　数 290千字
版　　次 2019年8月第2版
印　　次 2019年8月第1次印刷
定　　价 68.00元

图书如有装订差错，请与发行部联系

特别提醒

本书信息在出版前已经认真核实过。但由于现实发展太快，旅游信息随时可能发生变化，我们无法承诺保证本书信息的准确性和完整性，并只能在法律规定范围内承担责任。如因此给读者带来不便，我们深表遗憾。

中国地图

审图号：GS(2016)1582号